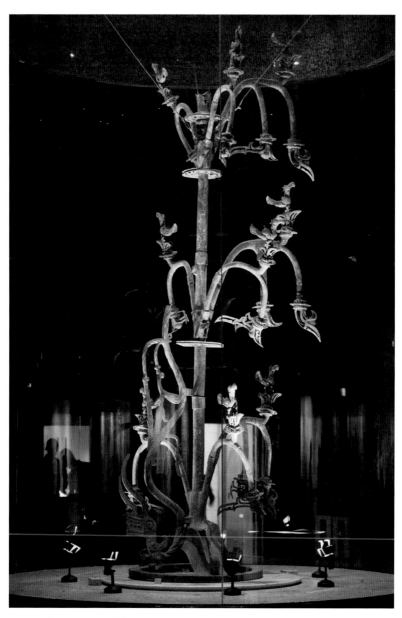

三星堆出土的青銅神樹（©Siyuwj/wiki）。

四川清白鄉漢墓出土的西王母圖像（©Daderot/wiki）。

東漢搖錢樹（©Artokoloro/Alamy Stock Photo）。

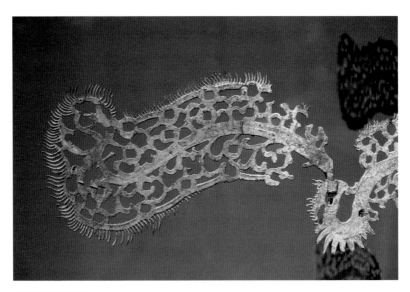

搖錢樹局部細節（©Daderot/wiki）。

搖錢樹局部細節（© 三猎 /wiki）。

青銅人像（©Wiliam Perry/Alamy Stock Photo）。

戴著黃金面具的青銅人像（©nik wheeler/Alamy Stock Photo）。

四川金沙遺址出土的太陽神鳥金飾（©TAO Images Limited/Alamy Stock Photo ）。

秦漢帝國

與沒有歷史的人

殖民統治下的古代四川

EARLY
CHINESE EMPIRES
AND THE PEOPLE
WITHOUT
HISTORY

胡川安 — 著

目次

秦在成都平原的殖民政策（西元前二八五—西元前二二一年）
小結

推薦序 1
透過比較的方法與新的歷史材料理解早期中國歷史

葉山（Robin D.S. Yates）
加拿大麥基爾大學[1] 講座教授、皇家學會會員[2]

　　長期以來讓中國歷史學家最為困擾的問題，是中國如何成為當今的中國？還有中國如何從遠古的過去持續到現今的狀況？少數民族和文化在中國長遠的歷史進程中，扮演什麼樣的角色？他們對於主流中國文化（以男性受教育的菁英儒家士大夫為主）有什麼影響？我們又如何定義「中國」，還有他們何時變成「中國人」？秦與漢帝國的統一，在什麼程度上是無可避免的？當帝國統一後瓦解成較小的政權（舉例來說，漢帝國崩潰之後，北方的魏、東南的吳，還有四川的蜀所形成的三國時期），統一的政權一定會再建立起來嗎？

　　以往這些視為理所當然的問題，在本書中我們可以從一個比較的視野，而不是從國族主義的立場來看。過去認為中國文

1　McGill University.
2　Fellow of the Royal Society of Canada.

化似乎是很獨特的，有能力一再重新建立起統一的政權。而且國族主義的立場主張在前現代的帝國中，沒有其他的文化發展出如此獨特的歷史進程。從其他文化的例子來看，羅馬帝國統治地中海世界將近四百年，她的繼承者拜占庭帝國，建都於君士坦丁堡（現在的伊斯坦堡）；波斯帝國和鄂圖曼土耳其帝國，國祚和文化的成就都讓人印象深刻，他們的繼承者瓦解成較小的政權和文化，成為當今的民族國家。關於帝國的「概念」從古至今一直都存在著，像是西班牙帝國在美洲將自己視為羅馬帝國的延續，但其中存在很多顯著的差異。瓦解的鄂圖曼帝國在二十世紀的今天持續有政治和文化的分支。透過這些例子，似乎只有中國是以少數的知識分子提倡統一的理念，而且在長期的歷史過程中轉化成實際的發展。[3]但真的是如此嗎？

　　胡川安博士的《秦漢帝國與沒有歷史的人：殖民統治下的四川》是少數開始嘗試解構國族主義立場的研究，透過東亞大陸上文明發展重要的地區——四川，了解其被整合到主流中國文化傳統的過程。本書所研究的四川，是一個生態和環境上與中原迥異的地方，有著充滿活力的新石器傳統，然後發展出以三星堆為主，具備高度特色的青銅時代文明。四川的青銅文化和河南商代中原的青銅文化有連結，但仍然展現出相當清楚的

3　See Yuri Pines, *The Everlasting Empire: The Political Culture of Ancient China and Its Imperial Legacy* (Princeton: Princeton University Press, 2012).

特色（想想看三星堆兩個祭祀坑強烈風格的青銅面具，在中原完全沒有看過）。除此之外，四川文明還與其他長江中、下游、東南亞的青銅文化有關係。中華文明發展的過程中，持續將周邊的文化整合進去，然而，在特殊環境發展出來的四川，為什麼仍然能持續獨立發展，並且展現自己特殊的認同呢？

胡博士從西方歷史研究和人類學的傳統中汲取靈感，研究古代四川如此特別的例子，解釋在中國歷史上這個異類他者的文化、人群和政體。他分析秦和漢統治下四川的歷史，利用比較的視角，採用「沒有歷史的人」（the people without history）的概念和「殖民」（colonization）的想法到四川的例子中。本書指出秦國如何統治四川的政權和文化，還有對於巴和蜀的族群政策是一個很重要的歷史問題。除此之外，秦如何讓行政系統轉化，然後剝削四川的經濟資源同樣也是重要的歷史問題。如果沒有四川，對於秦而言征服長江下游的楚會更加困難，會花費比預期更多的時間，對於後來的漢帝國來說也是如此。四川成為秦征服天下的重要基地，雖然受到殖民母國的宰制，但其仍然維持自身獨特的文化和傳統。

胡博士嘗試用比較的方法梳理古代四川與中原發展的過程，展現了新穎的研究取徑。以往的想法認為中華帝國的擴張，是在征服周圍的地區後，進行了「漢化」。帝國的文化比起邊緣的地區和文化來得優越，而且這些地區和人群整合進帝國是個自然和理所當然的過程。在本書的研究中，胡川安博士透過新的概念指出一些為人所熟知的四川歷史人物，還有一些

四川的物質文化在漢帝國其他地區變得相當流行。邊緣地區的人物與物質影響帝國中心的文化，本書賦予他們歷史的重要性與影響力，讓四川不僅是單純地被「漢化」，還有積極的抵抗和改變帝國的文化，讓「沒有歷史的人」有了聲音。本書的重要貢獻在重新思考中國歷史的重要進程，同時值得注意的還在所採用的方法學，整合了出土文獻、傳統歷史著作和出土的物質材料。

　　歷史的書寫會隨著時代持續的發展和改變，早期中國的歷史因為採用了新概念和觀點，並且運用新的方法，伴隨著大量新的考古證據，不斷地被重新書寫。胡博士運用這些新的證據和方法，重新書寫早期中國的歷史，四川的例子和中國其他地方沒有什麼不同。近來還有一些重要的新證據即將出現，例如成都市天回鎮老官山漢墓的發現，相關的資料正在整理中。待在這個地區發現的醫書完整出版，四川地區的豐富傳統也會更多地呈現出來，同時我們也能獲得四川文化在西漢帝國統治下的新發現。[4]透過新的材料，在胡博士所建立的基礎上，我們將會得到更豐富的啟示。

4　成都文物考古研究所、荊州文物保護中心，〈成都市天回鎮老官山漢墓〉，《考古》2014.7：59-70；梁繁榮和王毅編，《揭祕敝昔遺書與漆人：老官山漢墓醫學文物文獻初識》（成都：四川科學技術出版社，2016）。

推薦序 2

從古代四川的歷史了解世界歷史
的普遍過程

李峰

哥倫比亞大學早期中國歷史和考古教授

　　欣聞胡川安先生大著《秦漢帝國與沒有歷史的人》即將
由聯經出版付梓行世，這是一件喜事！胡川安先生從臺灣來
北美求學，八年寒窗，在二〇一七年完成他的博士論文（也
就是這本書的英文稿），順利取得加拿大麥基爾大學（McGill
University）博士學位。回臺後工作之餘，及時修改並完成了
此書的中文本，成為他學者生涯中的一個里程碑，我要首先向
他表示祝賀。胡川安先生命我作序，考慮到我和這本書有一些
間接的關係，就不揣淺陋，欣然應允了。

　　我和胡川安先生認識，是他在麥基爾大學的導師，著名的
秦史學家葉山教授介紹的。那時川安是博士第三年，加拿大和
美國制度相似，那就是要通過一個資格考試，才能取得作博士
學位論文的資格。這種考試一般要選三到四個研究領域，而負
責任的老師一般會指導學生選擇與下一步畢業論文有關係的領
域，進行一到兩學期的系統學習，然後參加考試。葉山教授邀

請我做川安中國考古學領域的指導教授，我接受了邀請。當時川安和我商定的總題目是〈古代帝國的考古學〉（Archaeology of Ancient Empires），目的是系統學習怎樣從考古的物質證據來研究帝國。在這個總題目之下我們設定了四個專題：一、羅馬化問題；二、帝國的比較考古學研究；三、中國早期帝國的考古學；四、畫像石墓。每個專題之下都有一份長長的書單。我過去常常用這種方法指導學生，原因是它一方面可以涵蓋博士論文所需的基本知識，另一方面，學生將來工作後這份書單可以很容易地變化成一門課的內容。不同的是，我們的學生一般是自己去讀這些書，然後考試即可，而川安方面則有葉山教授的嚴格要求，即學生必須階段性地和老師討論這些書的內容。就這樣，我們約定每月見一次面，每次兩小時，共討論四次。地點在紐約哥倫比亞大學肯特大樓我的辦公室。

這樣，二〇一二年秋季，胡川安先生每個月從蒙特婁（Montreal）來紐約一次，共四次。每次往返要穿越美加邊境不說，乘坐灰狗巴士（也是我當學生時的常用交通工具）單程車程加上中途休息大約要九到十個小時，往返兩日，非常辛勞。這使我心中感到多有不忍，也常常讓我想到哥大歷史上的一件往事，或者說是憾事。一九四七年著名的經濟學家波蘭尼（Karl Polanyi）被哥倫比亞大學雇用，那時的美國正是極右的麥卡錫主義興起的時代。波蘭尼的夫人因為是前奧地利共產黨黨員，無法取得美國簽證。無奈之下，波蘭尼夫婦只好把家安頓在加拿大的多倫多，而波蘭尼自己則每週從多倫多乘飛機到

紐約哥倫比亞大學大學上課。即便艱難，波蘭尼在哥大期間以「古代帝國的經濟」項目申請到福特基金會的一大筆資助，設立了古代經濟史的講座。也正是這個講座開創了古代經濟史的研究領域，培養了一大批學者，其中就包括給他做助教，後來成為二十世紀最偉大的史學家之一的摩西・芬理（Moses I. Finley）。比起波蘭尼，川安雖然年輕些，但是他那種為了學術而遠程跋涉的精神也非常可貴，而且，他每次到紐約之前，都會認真地將自己這一個月讀的書寫一份提要發給我，這樣我們見面時就可以集中討論那些最重要的或最直接有關的著作。我想，有了這種不畏艱難、孜孜不倦精神，他將來一定還會有作為的。

二〇一二年十二月六日，我受麥基爾大學邀請赴蒙特婁參加胡川安先生的博士資格考試。同時擔任考試委員的還有葉山教授和麥基爾大學研究中國文學的丁荷生（Kenneth Dean）教授。不出所料，川安在考試中表現出色，特別是在我的那一部分，他幾乎圓滿地回答了我所有的提問。還記得考試結束後，葉山教授對我和丁荷生教授講，他參加過哈佛等校的多次博士考試，就連哈佛的學生也做不到川安這樣的出色表現。一個老師是不會多誇自己的學生的，葉山教授能這樣講，顯見川安的情況特殊，而他十分滿意。

胡川安先生這部大著，簡而言之，反映了美加地區博士論文的典型設計，即主題突出，行文流暢。整本書的目的是為了解決一個主要問題（即 Research question），而書裡的章節則

圍繞著這個中心的問題展開。這和中國大陸或臺灣乃至日本常見的博士論文不太一樣，後者往往是對一個專題的相關資料的徹底清理，並在此基礎之上得出相關結論。

　　以問題為導向的著作有目的明確、結構緊湊、主題一以貫之的優點。胡川安先生這本書的中心問題是：四川地區的古代文明，是否與以黃河中游為中心的早期中國文明相區別的一個獨立的文明？如果是，四川地區是怎樣由一個獨立的文化區，通過秦漢早期帝國的殖民，逐漸變成中華帝國的一個組成部分？關於這個問題的前半，我想現在研究早期中國文明的學者都會同意川安的觀點，即四川地區青銅時代的古代文明是一個有獨立起源，並自成發展體系的獨立文明。關於這個問題的後半，不同於過去中國史學中已經固化的「漢化—蠻夷化」的兩極視角，作者採取被征服者的角度，強調被征服者的主體積極性（Agency），從而揭示了一個複雜和動態的歷史過程。在這個過程中，本地人口對於作為殖民者的秦漢帝國採取了多元的態度：有抵抗，有合作，也有消極對抗，更有人利用帝國提供的安全保障和其他制度性的便利條件（如對更遠地區所謂「西南夷」的殖民）和商業機會，巧妙地提高了自己的社會地位，或謀取了巨大的經濟利益。在後一點上，特別是書中第三至四章對秦漢帝國治下的四川地區社會變遷和經濟活動的分析非常精采，可以當作早期帝國的一部地方經濟史來讀。而書中第六章更是將前幾章四川地區在宗教和文化上獨特個性的討論，落實到了物質文化的證據上。這些均是本書的精采之處。相信讀

者會和我一樣從本書中學到很多知識。

　　更應該指出的是，本書研究的問題有著廣闊的歷史普遍性，也可以說是人類歷史上最常見的一個歷史過程（Historical process）或現象。遠到古代腓尼基人和希臘人在地中海和黑海沿岸的殖民活動，或周人在山東地區對所謂東夷民族的殖民活動，近到明、清帝國在雲貴高原的殖民統治，這樣的例子不勝枚舉。胡川安先生能用豐富翔實的文獻和考古資料，揭示這個過程中複雜的動態機制（Dynamics），從而提供一個典型的研究範例，這對世界史的研究也很有意義。要說這部大著尚有什麼可改進的地方，那就是也許能夠加強在大的歷史背景中的一種更強的比較視角。譬如，青銅器技術出現於西亞並逐漸在歐亞大陸傳播；中國的黃河中游社會在西元前三千年下半接受這個技術後，很快發展出了一個複雜和龐大的技術體系，成為之後商、周國家的基礎。從這個大的背景看，四川地區無疑是這個大的體系的一部分，或者說是在由黃河流域傳來的青銅器技術的影響下，實現了本地社會的飛躍，從而進入了早期國家時代。另如，秦漢帝國和羅馬帝國是非常不同的政體，其擴張過程和造成的影響也很不一樣——秦漢帝國的擴張主要表現在隨領土延伸的官僚體系的擴張。里耶秦簡[1]表明秦帝國的地方官僚組織大量缺員，這種官僚體制在地方的擴張，對於四川這樣實行嚴格殖民統治的地區社會一定有很深遠的影響。關於這些

---

[1]　湖南西部里耶鎮出土的秦朝竹簡。

問題，作者均可以在今後的研究中繼續探索。只要有一部好的研究著作，才可能有機會讓它變得更好！

2020 年 12 月 19 日於紐約森林小丘家中

自序

胡川安

作為一個歷史學徒，大學的時候我深深受到民族主義史觀的影響。當時我熟讀了錢穆先生的《國史大綱》數十遍，並且沉浸於他對於中國歷史的論述。我始終記得他在《國史大綱》前面所說的：「對本國歷史的溫情與敬意。」懷抱著浪漫且孺慕之情，愛好中華文化。然而，隨著知識的開展，我漸漸認識到同一個時代的學者顧頡剛和傅斯年。大二那年在臺大對面的書店買了整套的《古史辨》，並且開始讀傅斯年對於古代歷史的看法，他認為擴充歷史研究的方式就是要增加材料，並且擴張研究的方法。

大三的時候，開始讀了杜正勝院士的著作。從《周代城邦》、《編戶齊民》和《古代社會與國家》，對於中國古代史進行了有機且整體的歷史解釋，而且杜正勝院士強調要有臺灣觀點的中國古代史解釋。進了臺灣大學歷史研究所之後，開始古代史的研究。由於不滿足於歷史系所開的課，沒有辦法理解考古和人類學的方法，於是同時雙修了人類所。

　　碩士開始，我到了中國進行田野，從山東、河南、陝西，最後選定了四川作為我研究的基地。當時臺大人類學系的陳伯楨教授（1973-2015）帶領我到四川，我們從成都、郫縣、綿陽，到都江堰……，前前後後去了好幾次。他讓我了解親臨當地的感受，還有田野調查工作的重要性。碩士畢業後，我感到自己在知識層面上的薄弱，特別是理論上的貧乏，缺乏比較的視野。於是，我開始精進日文、英文和法文，選擇出國讀博士，希冀增進自己在理論上的認識。

　　感謝我的博士論文指導教授葉山老師，還有亨利・魯斯（Henry Luce）基金會的幫忙，我有了全額的獎學金。除了學費全免外，還有固定的生活費。在加拿大蒙特婁的麥基爾大學攻讀博士，指導老師希望我增加學問的視野，於是開始修習羅馬考古、殖民主義考古和相關的考古學理論。羅馬征服歐洲大部分的地區，發展出一套「殖民主義」；歐洲海外擴張時期，對於大量異民族的統治，發展出多樣化的「殖民主義」。透過比較的視野，我對於中國和世界的歷史有了更加宏觀的認識。

　　在本書中我認為秦與漢帝國對於周邊文化、族群和國家的征服、擴張、統治和殖民，在世界史上有特殊也有普遍性的一面。特殊性就是秦漢帝國有本身的歷史傳承和文化，從戰國中期以來所發展的法家思想，運用在實際的政治改革上，讓國家機器的運作更加順遂。普遍性就是他們都造成了「沒有歷史的人」。秦漢帝國的「殖民主義」不亞於羅馬和歐洲大航海時代的嚴厲與殘酷，而且從本書的例子來看，秦漢帝國的統治技術

更加細緻且深入。如果我們用更廣闊的視野加以思考，邱吉爾曾說過：「英國歷史由凱撒征服開始。」英國的歷史由羅馬征服者殖民後開始；艾瑞克・吳爾芙（Eric R. Wolf）在《歐洲與沒有歷史的人》當中給了我們重要的啟示，歐洲向外擴張和殖民的過程中，「沒有歷史的人」是非洲美洲和大洋洲的原住民。因為歐洲人「發現」他們，讓他們進入歷史。秦漢帝國擴張與征服的過程中，伴隨著大量「沒有歷史的人」。並不是這些人本來沒有歷史，而是歷史書寫、詮釋和流傳的權利，被征服與殖民的族群所掌握。

　　麥基爾大學有很好的人類學系傳統，過世的特里格教授（Bruce Trigger）是當代考古學最重要的思想家之一。我雖然沒有機會修習他的課，但麥基爾大學的人類學系深受其影響。在讀博士班的時候，除了自己導師的課，也大量修習考古理論的課，讓我知道理論對於理解中國古代史的重要性。修完了兩年的課，在麥基爾大學要考資格考，當時我的博士指導委員是自己的導師、哥倫比亞大學的李峰教授，還有專長在民間宗教的丁荷生（Kenneth Dean）教授。博士資格考要準備超過兩百本以上的書籍應考，現在想想雖然有點辛苦，但也是在那樣的過程中，確認本書的理論還有材料上的堅實。

　　成為博士候選人之後，我開始走訪田野，曾經在四川的不同地點待過。感謝田野過程當中，每個單位都熱情接待。中國社會科學院考古研究所、四川省考古文物研究所、成都市考古文物研究所的同仁們，北京大學、四川大學和四川師範大學的

老師和同學們都讓我在四川的田野有了豐富的收穫。撰寫博士論文的過程中，還獲得蔣經國學術交流基金會的補助，讓我有更加充裕的資源完成最後的部分。

二〇一四年一月，剛完成田野工作回到學校不久，我的母親謝秀琴打電話通知我說父親胡得鏘（1949-2014）罹癌的消息。放下手邊的論文，回到臺灣照顧父親，從一月到七月，父親最後以六十四歲的壯年離世。父母從小就讓我追求自己的興趣，任性的在知識中遨遊，但父親過世前，還是希望我能完成學業。帶著父親對我的期許，還有自己對於「沒有歷史的人」的責任，在二〇一七年十月我完成了學業。期間我的兒子也出生，給予了我新生命的力量。

博士論文的審查由香港中文大學歷史系的蒲慕州教授，還有我們學校歷史系的方麗特（Griet Vankeerberghen）教授，其他還包含中國文學專家方秀潔（Grace Fong）教授、東亞系主任巴克萊（Philip Buckley）教授。在口試的過程中，都給我很好的意見，成為此書的基礎。拿到博士後，雖然在國外有其他工作的可能性，但我在臺灣還有不少的工作與責任，毅然決然地回臺。感謝中央研究院讓我剛回臺之際，在學風質樸的歷史語言研究所中做博士後研究，當時的指導老師黃銘崇老師也給我很多學問和工作上的建議。二〇一九年二月，我開始在中央大學中國文學系服務，穩定的工作環境，讓我將本書的初稿完成。

本書得以出版問世，得非常感謝聯經出版公司的林載爵發

行人。聯經是我知識啟蒙的重要泉源，能得到林發行人的首肯，簽下此書，是我莫大的榮幸。本書的編輯黃淑真，仔細的梳理文稿，並且洽詢版權圖片，都讓本書增色不少。現任的聯經總編輯涂豐恩博士是我臺大歷史所的學弟，也是「故事 StoryStudio」的創辦人，過去我曾在網站擔任主編，我們對於歷史有很多相同的理念，很開心能在他擔任總編輯期間完成此書。

《秦漢帝國與沒有歷史的人》說了一個過去與我們認知的歷史不同的故事，建立在最新的考古材料和歷史文獻之上。回顧我的學習過程，從臺灣、中國到北美，我有幸得到最好的歷史、人類學和漢學的資源。在不同的學習傳統還有文化脈絡中，我嘗試還原中國古代歷史，同時也讓中國史有了世界史的比較視野。

辛丑年於國立中央大學中國文學系

早期中國與古代四川文明年代表

早期中國		古代四川年表	
從部落進入文明		從部落進入文明	
龍山時期	BC3000-BC2000	寶墩文化時期	BC2700-BC1700
二里頭國家（夏代？）	BC1900-BC1555	三星堆文化時期	BC1700-BC1150
商代	BC1554-BC1046	十二橋文化時期	BC1200-800
周代	BC1045-BC256	新一村文化時期	BC800-BC500
西周	BC1045-BC771		
東周	BC770-BC256		
春秋時代	BC770-BC481		
戰國時代	BC480-BC221	巴蜀文化時期	BC500-BC200
帝國時代		殖民時代	
		秦征服四川	BC 316
秦	BC221-BC207	一國兩制時期	BC316-BC285
西漢	BC206-AD8		
新	AD9-24		
東漢	AD25-220		

導論

　　一九八六年，中國四川省的廣漢縣三星堆，兩個商代大型祭祀坑的發現，上千件稀世之寶赫然顯世，轟動了世界！不但被中國和國外媒體廣泛認為「是世界上最引人注目的考古發現」、「比著名的中國兵馬俑更要非同凡響」，甚至還有一些媒體猜測三星堆文明可能是「外星人的傑作和遺跡」。[1]

　　三星堆出土數量龐大的青銅面具、人像和動物，無論從造型還是從鑄造技術上看，都不歸屬於中原青銅器的任何一類。青銅面具和人像「高鼻深目、顴面突出、闊嘴大耳，耳朵上還有穿孔」，並不像中國人，而三星堆出土的大量青銅器中，基本上沒有生活用品，絕大多數是祭祀用品。

　　三星堆的發現讓考古學者、歷史學者和一般大眾驚訝，而且困惑。

　　我們先來思考：為什麼大家會驚訝、為什麼大家會覺得不

1　參見屈小強、李殿元、段渝編，《三星堆文化》（成都：四川人民出版社，1993）。

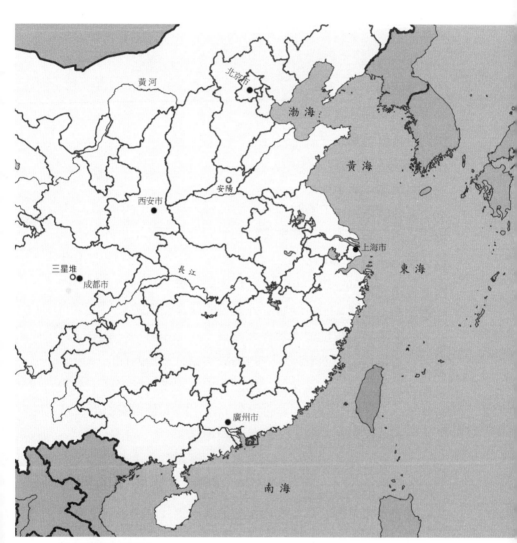

三星堆遺址位置圖。

可思議呢？因為三星堆和我們以往對於歷史的認知不同，也因此人們發現有必要透過考古文物修正以往對歷史的認識，也就是歷史學者王明珂所說的：

> 顯然他們心中作為常識的「過去」，與出土的「過去」之間有相當差距。因此我們應問：過去人們對中國的歷史知識何時產生，為何及如何產生？真實的過去如何被遺忘？[2]

三星堆之所以讓學者驚訝，是因為與我們對古代中國的歷史想像不同。過去我們對於中華文明的想像是什麼呢？很多人相信自己是「龍的傳人」，在遙遠的東方有一條龍，生活在古代的中原，由同樣一群人不斷繁衍、傳承，成為現在的中國人。

中國文明的起源

要了解中國文明的起源，先要了解研究者怎麼看這個問題？

中國文明之所以會成為問題，是因為民國初年有外國學者提出「中華文明西來說」。對中國學者來說，這個說法是不可以接受的，而要挑戰這個說法，最好的解決方式就是發展自己

2　王明珂，〈「驚人考古發現」的歷史知識考古──兼論歷史敘事中的結構與符號〉 *SYSJK* 76：4（2005）：570。

的考古學和歷史學。

中國最早成立的考古研究機關是中央研究院歷史語言研究所，由一批年輕的學者組成。透過現代的考古方法，他們在民國十七年挖掘殷墟的一部分原因，即在於要對抗安特生提出的「中國文明西來說」[3]。殷墟之後，城子崖遺址的發掘，證明了中國文明起源於本土。傅斯年於是提出〈夷夏東西說〉，除了打破「中國文明西來說」，還認為中國文明是夷與夏，東、西的二元對立。

傅斯年對中國考古學界有很大的影響，學者認為他提出多元起源的看法，且此看法影響其後非常重要的考古學家，例如張光直、蘇秉琦等人。[4]傅斯年提出的二元對立看法，一直要到五〇年代以後才被一元論取代，仰韶—龍山，東、西對立的二元論，最終被仰韶文化→龍山文化→歷史時期的一元論代替。張光直先生提出所謂的「龍山形成期」，認為龍山文化是從仰韶文化發展而來，從仰韶到商，是一個黃河流域土生土長文化的傳統的演變與進步。然而，一元論背後充滿的漢族中心

3　相關的學術背景可以參考陳星燦，《中國史前考古學史研究 1895-1949》（北京：三聯書店，1997）；馬思中、陳星燦，〈中國近代科學史上的重要文獻——安特生致瑞典皇太子的信及其釋讀〉，《古今論衡》8(2002):10-17；Magnus Fiskesjö and Chen Xingcan, *China Before China: Johan Gunnar Andersson, Ding Wenjiang, and the Discovery of China's Prehistory*, (Stockholm: Museum of Far Eastern Antiquities, 2004).

4　Wang Fan-sen, *Fu Ssu-nien: A Life in Chinese History and Politics* (Cambridge: Cambridge University Press, 2000).

主義與民族認同，不言可喻。[5]

　　一九八〇年代以前，中國歷史學家和考古學家長期以來認為中國文明只有一個起源。[6]當中原以外的古文明遺址持續不斷的被發現，考古學家的信心也開始動搖。因為不管什麼理論都必須向新出土的材料低頭，而這也是為什麼文明起源的說法會從西來說、二元說和一元說，到現在變成相信中華文明可能有多元的起源的原因，因為對文明起源的看法，會隨著考古文物的出土而不斷更新。

　　除了考古學家以外，歷史學家對待大量出土的考古材料能提供什麼樣不同的視野與觀點？以往古代社會史的研究，運用的材料大多集中在中原地區，因為只有中原地區的族群發展出了文字。然而，當考古學與藝術史家[7]已經注意到古代中國的空間差異與多元性時，歷史學家在這塊園地上是否仍要固守著

5　張光直晚年反省其一元論的說法，也承認其民族主義的情緒，可參考張光直，〈二十世紀後半的中國考古學〉，《古今論衡》1(1998):38-43。童恩正指出五〇年代以後中國考古學一元論的強烈民族主義傾向，可參見 Enzheng Tong, Thirty Years of Chinese Archaeology (1949-1979), *Nationalism, Politics, and the Practice of Archaeoloy,* (Cambridge : Cambridge University Press, 1995).

6　張光直〈二十世紀後半的中國考古學〉《古今論衡》1（1998）：8-43; Tong Enzheng, "Thirty Years of Chinese Archaeology (1949-1979)," *Nationalism, Politics, and the Practice of Archaeology,* eds. Philip L. Kohl and Clare Fawcett (Cambridge: Cambridge University Press, 1995), 177-197. Lothar von Falkenhausen, "On the Historiographical Orientation of Chinese Archaeology," *Antiquity* 67 (1993) : 839-849.

7　以青銅藝術來說，過去注意中原藝術風格的歷史變化，對於周邊地區的特殊風格仍本著「一元中心」的思考方式而強調中原的傳播。透過近年來的考古發現，對於「區域風格」的強調也成為藝術史家所關心的議題，空間因素占有很重要的地位。關於整個學界研究取向的變化，可以參考陳芳妹，〈商代青銅藝術「區域風格」之探索──研究課題與方法之省思〉，《故宮學術季刊》15.4(1998)。

文獻，呼籲「走出疑古時代」，強調古典文獻的正確性 [8]，則是必須深思的問題。

目前古史學者使用的文獻，多集中在東周成書的作品，我們不否認其中的真實性，但它受到的潤飾與修改反映的，往往是當時作者的想法遠大於歷史中的「真實」。[9]古典文獻並非不可用，但應該與考古材料之間尋求一個適當的框架與位置。[10]或許我們可以思考的一個問題在於：當我們在中原周邊發現相當

8　這樣的看法由李學勤所主張，且為很多學者所附和，他們相信古典文獻上對於夏商周的討論，透過近來的考古發現可以更加的確認其正確性，其代表作品為李學勤，《走出疑古時代》（瀋陽：遼寧大學出版社，1997）。在夏商周三代的國家形成與結構上，他們認為中國古代國家是一個中央集權的政治實體所控制的很大一個地區，類似的專書包括李學勤主編，《中國古代文明與國家形成研究》（昆明：雲南人民出版社，1997）；宋新潮，《殷商文化區域研究》（西安：陝西人民出版社，1991）；王立新，《早商文化研究》（北京：高等教育出版社，1998）。相對的，研究商代的國外歷史學家傾向於一個完全不同的看法，他們認為商王朝的實際領土並不清楚，很可能是一個由無數條道路和營地（encampment）聯繫起來的網絡，而非一個龐大的政治實體，商王朝的實際範圍可能不超過兩百公里。相關的研究可以參考 David Keightley, " The late Shang State: When, Where, and What?," 收錄於 The Origins of Chinese Civilization (Berkeley: University of California Press, 1983)。

9　關於此的批評可以參考 Robert Bagley,"Changjiang Bronzes and Shang Archaeology." 收錄在《中華民國建國八十年中國藝術文物討論會論文集》（第一冊）（臺北：國立故宮博物院，1992），頁 209-55。在這一篇文章當中 Bagley 說到：「文字的歷史為考古設置了雙重的危險。它指引著考古工作者到哪裡去看，造成考古學的樣本與傳統趨向一致；它還告訴我們要看些什麼。」中譯本可見貝格萊（Bagley），〈長江流域的銅器與商代考古〉，收錄於羅泰（Lothar von Falkenhausen）編，《奇異的凸目》（成都：巴蜀書社，2004），頁 123-154。

10　張光直先生曾經呼籲成立中國先秦史系，以處理大量的考古資料所帶來的問題，相對於李學勤認為傳統文獻的可信，張光直先生卻認為由傳統文獻建構出來的中國上古史已經面目全非，參見張光直，〈對中國先秦史新結構的一個建議〉，《中國考古學與歷史學之整合研究》（臺北：中央研究院歷史語言研究所，1997），頁 1-12。

多與中原相異的文化、打破了過去中國文明單一起源的看法，
這些文化卻是過去文獻當中沒有記載的，是我們過去的歷史知
識缺乏的，我們要如何解釋歷史文獻與考古材料間的差異呢？[11]
而這群沒被寫進中原歷史、沒有歷史的人，[12] 又如何消失的
呢？[13]

沒有歷史的人

　　從兩個祭祀坑來看，三星堆文化在商代後期已經是一個高
度發展的社會，他們不輸中原，擁有製作青銅的技術，創造了

11　對於考古材料當中「異例」（anomaly）的討論，以及不規則、矛盾現象的解釋，
　　可以參考 Richard A. Gould, *Living Archaeology* (Cambridge: Cambridge University
　　Press, 1980). 。另外，Robert Darnton 認為：「當我們無法理解一個諺語、一個禮
　　儀，或一首詩時，我們知道自己觸及到某些東西。由一個文獻最晦澀的一面著
　　手，我們或可以揭露一個相異的意義體系。這樣的思考途徑，甚至可能進入一
　　個陌生而美妙的世界觀。」*The Great Cat Massacre and Other Episodes in French
　　Cultural History* (New York: Basic Books,1984), P.5. 關於這兩本書的啟示來自與王
　　明珂先生的討論，上述的節錄也採自他的翻譯，參見王明珂，《羌在漢藏之間：
　　一個華夏邊緣的歷史人類學研究》（臺北：聯經出版公司，2003）：xxvii。
12　「沒有歷史的人」在 Eric Wolf 的書中指的是非洲、亞洲、美洲和大洋洲的族群。
　　歐洲人的到來「發現」了他們，他們才進入（歐洲人書寫的）人類「歷史」。之
　　前，他們是「沒有歷史的人」。Wolf 從馬克思主義的「生產方式論」切入，提出
　　三種主要的生產方式模型，然後以這三種生產方式的分合、衝突、重組來貫穿全
　　球人類最近五百年來的歷史。我借用 Wolf 的這個詞彙，但分析的方式與他不同。
　　我認為早期中華帝國的建立也造成東亞大陸上的許多文明和文化消失，喪失自己
　　的認同，使他們成為「沒有歷史的人」，消失歷史記憶，而造成他們沒有歷史的
　　原因將在本書中討論。
13　Eric Wolf, *Europe and the People Without History* (Berkeley: University of California
　　Press, 1982).

大量和商不同的青銅器。然而，在後來的歷史發展過程中，這批在古代四川的人，卻被後世的史家所遺忘。忘卻自己的歷史，使得古代四川的人群覺得自己是華夏自古以來的一部分，為炎黃子孫的一個分支，是中國不可分割的神聖領土。這正是當考古學家再度「發現」了這個文化時，會引起舉世注目的原因——過去我們所認知的歷史，抹煞了這個文明。

　　深受大一統思想影響的歷史學家或考古學家，往往強調中國的統一與帝國的形成是歷史的潮流，是進步且客觀的結果。在這樣深受意識形態影響的史觀當中，往往會忽視統一過程中不同地域的差異。在「統一」的大帽子之下，各地的文化與區域間的特性被壓抑並消失，研究往往忽略了歷史發展過程中的不同聲音與文化。

　　在這本書當中，我認為古代四川人是受到秦的殖民，他們是東亞大陸上有別於中國的文明，在秦帝國、西漢帝國和東漢帝國的殖民統治下，仍然積極地展現主動性與地方認同。另外，我認為秦發展出了一套殖民主義（我們會在第三章討論這個部分），本書也會討論殖民主義和早期中華帝國的關係。殖民主義不僅是現代歷史的現象，也適用古代帝國，而且可以用來研究早期中華帝國。殖民主義可以讓我們了解早期中華帝國建立的過程，還有多元文化如何消失。被殖民者在中華帝國的殖民政策和帝國主義之下，喪失了歷史的記憶與主體性，而在殖民主義視野下的歷史研究，除了要說明古代帝國的政治控制和經濟剝削，也要了解被殖民者如何展現自身的認同。

　　我認為，在書寫古代四川的歷史時，應賦予四川人主體性，發掘他們的聲音。

各章概要

　　本書的結構分成兩個部分：第一部為第一至三章，第二部為四至六章。

　　第一部的一到三章說的是「失落的文明與古代中國的殖民主義」，主要的目的是講述古代四川的文明。透過歷史還有考古的相互參照，我們可以認識到由三星堆所發展出來的文化，是東亞大陸上的另一個高度文明。然而，三星堆文化是如何消失的？這是由秦所發展出來的殖民主義所致。透過殖民主義，秦完整的擁有了四川的資源，同時具備了統一天下的能力。

　　第一章和第二章討論古代四川在西元前三一六年被秦征服前的狀況。第一章為古文字材料和歷史文獻的分析，第二章是考古材料的論析，目的主要是透過比較兩種過去留下的資料，以了解其中的差異。雖然古代四川文明的發展狀態仍有許多的問題需等待考古材料的發掘，才能夠有系統、理論的研究出現，但是從目前的材料，我們已經可以了解在古代四川有一個在儀式、資源運用和價值體系都與中原不同的文明存在。古代四川不只與中原商、周文明間有著文化交流，還與華南、東南亞和中國北方存在著不同程度的文化接觸，可以說其本身就是一個文化的中心，而非中原文明的一個分支、一個接受傳播的

邊緣。

　　第三章討論秦帝國如何以殖民政策統治古代四川。古代四川是秦帝國的第一個殖民地,而秦之所以能夠統治四川,是透過三項殖民政策:第一、建立殖民的地景:築城、設置郡縣制度和徵稅;第二、透過大量的移民減緩並且稀釋當地的反抗勢力;第三、經濟的剝削,讓殖民地的資源完全的屬於秦帝國。秦帝國循此有效的透過殖民政策統治四川,並且成功的征服戰國時代的六個國家,建立了帝國。

　　本書的第二部為「發掘殖民統治下的聲音」,為第四章至第六章,旨在說明四川人在殖民統治下不是消極的被統治者,他們不順從帝國的統治,起來反抗、展現主動性,並且從秦、西漢到東漢,展現出不同的態度。

　　當秦透過殖民政策統治古代四川後,四川人面對殘酷的統治,是否有反抗?展現自己的積極性(agency)或是地方認同呢?這是第二部的主題。第四章說明秦征服了四川之後,殖民地四川原有的統治者透過不停地反抗以對抗外來政權。西漢帝國仍然維持秦的殖民政策,四川人除了反抗以外,還選擇消極地不參與帝國的政權。值得注意的兩個例子是司馬相如與揚雄,在西漢帝國的統治下,他們的人生歷程在帝國的中心與四川徘徊,早年生活在四川,後來在帝國的中心服務。兩人著作豐富、遊歷廣,同時也評估地方與中心的關係。由於這兩位知識分子在文獻材料當中留下較多的資料,我們得以分析其生平、展現殖民地知識分子的選擇。

　　第五章討論的是東漢帝國統治下的四川知識分子。西元一世紀，東漢帝國確認了正統的意識形態，是透過政治、知識和制度性的體制運作形成的一種帝國意識形態，並且透過太學的建立，還有對於地方風俗的控制加以進行，由帝國訓練出的知識分子帶有文明化的使命（Civilizing mission）。但是殖民地四川卻無法在帝國的官僚組織和學術文化中得到重視，無法發揮於朝廷，學術文化也得不到認可。殖民地四川豪族與官僚主要關注四川的地方事務，而四川豪族只有在公共建設和戰亂時，需要國家力量的介入時才與帝國的中心接觸，他們大多保境自持，社會網絡和聯姻也都在四川。在學術上，四川的學術雖然受到中原影響，但是他們有自己的學術系譜和傳承，從西元一世紀一直到四世紀，不僅不受帝國的崩潰與興起的影響，在東漢末年，還發展出顛覆帝國的意識形態。

　　在第六章，我會透過墓葬中發現的畫像磚，說明四川人對於天堂的想像和中原地區有何不同。四川人不希望進入殖民者的天堂，想在自己所構築的天堂中享受死後生活，他們的墓葬結構雖然和中原地區的相似，可能是從中原傳播而來，然而其中的墓室壁畫並非模仿中原，顯然與中原的人嚮往不同的死後世界。雖然受中原文化的影響，但不管是生前還是死後的生活，四川人都有自己的特色與認同。

古代四川的自然環境

在進入後面的章節前，先讓我們科普一下四川的地理位置，還有四川文明所在的環境，了解一下背景。

四川[14]位於黃河與長江的西側，地理上是中國南方和北方重要的分界線。自東西的方向而言，它處於青藏高原與長江中游的江漢平原之間。成都平原位處四川盆地西部，四川盆地則位於現今中華人民共和國四川省的東部。現在的重慶市以往隸屬四川省，兩者在歷史與文化上的關係相當深刻，從戰國時代以來，古典文獻上就將古代四川稱之為巴蜀。

四川盆地周圍環繞著高山，幾乎將平原包圍起來。盆地周緣很少缺口，只有東北面的嘉陵江隘口與東面的長江作為其重要的交通孔道。長江幹流橫亙四川南部，其自北而南的岷江、沱江、嘉陵江、涪江和從南向北流入長江的烏江、赤水河等大小支流縱貫四川全境，構成一個水網密布、幅員寬闊的流域。[15]南北向的河流與它沖積出來的成都平原，有如在崇山峻嶺開闢若干條南北交通的走廊。成都平原的地勢北高南低，海拔高度在兩百公尺到七百公尺之間。由於平原、丘陵與高原相

---

14 四川一詞可能包含有多種意義：1. 歷史及文化意義上，泛指四川盆地一帶。2. 四川省，目前中華人民共和國的一個省級行政區。3. 歷史上曾經存在的名為「四川」的行政區，包括宋代的四川制置使、元代的四川行省、明代的四川承宣布政使司、清代和民國時期的四川省等。

15 Ren Mei'e, Yang Renzhang and Bao Haosheng, *An Outline of China's Physical Geography* (Beijing: Foreign Languages Press, 1985), pp. 314-344.

四川盆地。

間，氣候各異，植被複雜，自然資源為不同經濟型態發展提供了條件。

四川盆地西部最重要的河川為岷江，發源於岷山南麓。平原主要由岷江、湔江、石亭江、綿運河等河流自上游挾帶大量泥沙流出山口沖積的扇形地連接而成，總面積達八千平方公里。這裡土層深厚，富含鐵、鉀、磷等養料物質，土質疏鬆柔軟，易於農業耕作，特別是水稻糧食作物的栽種。[16] 東部重慶地區主要為丘陵和山地，農業上梯田分布甚廣，適於多種農作物生長，如水稻、小麥等。受地形影響，四川盆地北部以秦嶺、大巴山作天然屏障。冬季北方的寒冷氣流不易長驅直入，氣候溫暖；夏季因太平洋、印度洋暖濕氣流的影響，降水豐

---

16 Ma Lifang et al., eds., *Geological Atlas of China* (Beijing: Geological Publishing House, 2002), pp. 277-284.

沛，形成溫暖濕潤的亞熱帶季風氣候。

　　這就是四川，得天獨厚的古文明起點，也是蘊藏震驚中原的三星堆文化之地。

第一章

古代四川是中華文化的一部分嗎？

——解讀文字材料的訊息

　　在發現三星堆兩個祭祀坑之前，考古學家也曾經在附近發現過遺址。現在為人熟知的三星堆遺址，位於四川省廣漢市北面，由於當地有三個土堆隆起，當地的人便稱此地為三星堆。

　　三星堆遺址在一九二九年即有文物出土，當時的農民燕道誠在馬牧河北岸的月亮灣清理水溝時，從溝底偶然挖出一批數量不少的玉石器，包括玉圭、玉璋、玉琮和玉璧等，總數量超過四百件。燕道誠後來將部分的文物賣給骨董商，在古物市場廣漢玉器也相當出名，引起附近和有興趣學者的詢問。當時在廣漢傳教的英國傳教士董篤宜（V. H. Donithorne）獲知消息後，將部分搜集到的文物交付華西大學博物館，並與任職於其下的地質學教授做了第一次的考古探察。後來在一九三三年，華西大學博物館（即今日的四川大學博物館）的館長葛維漢（David C. Graham）[1] 有了挖掘的構想，並於一九三四年協同林名均帶領考古隊在當地進行為期十天的發掘。就著挖掘出的材料，葛維漢首次提出「廣漢文化」，將它的年代推定在銅石並用時代，下限推定在周代初年，即西元前一一〇〇年前後。[2] 一九三六年，葛維漢完成〈漢州發掘報告〉，於《華西邊疆研究學會會誌》（*Journal of the West China Border Research*

1　葛維漢為美籍傳教士，先後於 1920 年和 1927 年獲得美國芝加哥大學的心理學碩士與人類學博士，1911 年以衛教會之命赴中國工作，在中國的時間共 38 年，其中的 36 年是在四川度過。

2　D.C.Graham, "A Preliminary Report of the Hanchou Excavation." *Journal of the West China Border Research Society*, Vol.6, 1933-1934

Society）上發表。[3]

其後，對日抗戰開始，一些歷史學者與考古學者避居於四川。從成都平原出土的兩種遺存獲得一些學者的注意，第一個是在成都白馬寺壇君廟出土的一批銅罍、壺等容器和戈、鉞、劍等兵器。衛聚賢收錄這些銅器，提出「巴蜀文化」這一名稱。第二是成都平原上的「列石」遺跡，馮漢驥等人調查這些大石，認為是秦滅巴蜀以前的遺跡。[4]馮漢驥對大石遺跡的考察與川西北岷江流域的調查是同時展開的。一些著名的學者都對四川古代史提出相關看法，如：徐中舒、董作賓、顧頡剛、童書業、鄭德坤、衛聚賢、商承祚、陸侃如等，《說文月刊》在一九四二年也出版巴蜀文化的專號。[5]「巴蜀文化」、「巴蜀獨立發展說」的看法風行一時。中華人民共和國成立之後，五〇年代到八〇年代持續零星的發掘，至八〇年代以後才有重大的突破。

由於以往沒有三星堆祭祀坑的文物出土，出土的文物相當零星，大部分研究四川古代史的都仰賴文字的材料。古代四川在西元前三一六年被秦征服前的狀況，我接下來主要分兩

3　David C. Graham, A Preliminary Report of the Hanchou Excavation. *Journal of the West China Border Society*.Vol.6,1933-1934.

4　馮漢驥，〈成都平原的大石遺跡〉，原載《華西邊疆研究學會雜誌》第 16 卷，收入《馮漢驥考古學論文集》（北京：文物出版社，1985）。

5　顧頡剛，〈古代巴蜀與中原的關係說及其批判〉，後收入《論巴蜀與中原的關係》（成都：四川人民出版社，1981）；衛聚賢，〈巴蜀文化〉、商承祚，〈成都白馬寺出土銅器辨〉、董作賓，〈殷代的羌與蜀〉，《說文月刊》三卷四期及三卷七期（1941）。鄭德坤，《四川古代文化史》（成都：巴蜀書社，2004）。

部分討論：古文字材料和歷史文獻的分析（本章），和考古材料的討論（下一章）。目的主要是透過比較兩種過去留下的資料（文字材料和考古挖掘的物質材料，都屬於「歷史」的一部分），以了解其中的差異。

古文字和歷史文獻中的古代四川

戰國以下所謂的「蜀」，[6] 指的是四川西部的成都平原，然而，出現在較早的文字材料，商、西周時期的甲骨文中的蜀，與四川盆地之間有什麼關係呢？

關於「蜀」的記載，最早出現在安陽的商文明所出土的甲骨文。商代的貞人加熱甲骨後，依卜骨產生的裂紋判別吉凶。透過甲骨文，古文字學家除了對商代的社會與文化作詳盡的考察，也討論商王與周邊國家的關係。[7] 卜辭之中，學者認為與四川最有關係的為「蜀」。[8] 從甲骨的記載來看，「蜀」指涉的應該是一個地名或族群。然而，我們幾乎不可能在如此間接、片斷而且不連續的記載中獲得一個完整的歷史認識，有些甲骨甚至太過殘缺，無法辨識其文字的意義。

6　在目前的漢語大字典中，「蜀」字條目下為國名、族名與四川省的別稱。

7　See David N. Keightley, *Sources of Shang History: The Oracle-Bone Inscriptions of Bronze Age China* (Berkeley: University of California Press, 1978).

8　其他學者分析「蜀」字的相關研究，請參照陳夢家，《殷墟卜辭綜述》（北京：中華書局，2013），頁294-296；鍾柏生，《殷商卜辭地理論叢》（臺北：藝文印書館，1989），頁138-139。

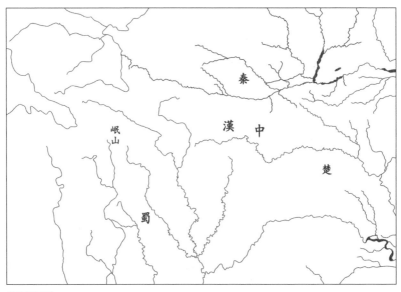

秦蜀地圖。

　　商王朝與「蜀」之間的關係主要在戰事、外交和農業等方面的事務。[9]然而，在殷墟卜辭中，與商王朝最直接且有嚴重軍事衝突的方國為羌方、鬼方或土方等，「蜀」似乎不構成商王朝的重大軍事威脅。[10]另外，在商王的對外征戰中，「蜀」也不與商王一起參與戰役。「蜀」究竟處於今日的何處？學者

9　郭勝強，〈蜀與殷商關係芻論──從甲骨文記載談起〉，《鄭州大學學報（哲學社會科學版）》4（2004）：13-20。

10　關於學者研究卜辭中的「巴」，請參見唐蘭，《天壤閣甲骨文存並考釋》（北京：輔仁大學，1939），頁 54；寒峰，〈甲骨文所見的商代軍制數則〉，收錄於胡厚宣編《甲骨探史錄》（北京：三聯書店，1982），頁 416-418。

之間的意見相當分歧。甲骨中的「蜀」是成都平原嗎？[11]如果「蜀」僅為商人指涉某個族群的詞彙，我們只能說它顯示了在商人概念中對某一族群的稱呼，無法確定「蜀」是否指成都平原的人群。

　　從文字學來說，《說文解字》中對「蜀」的解釋為：「蜀，葵中蠶也，從虫，上目象蜀頭形，中象其身蜎蜎。」根據這個說法，吳敬恆指出，在字形上由於蜀是與蠶相似的蟲，而當地產蠶甚豐，所以「蜀」之得名或許來自於此。然而這個說法過於附會且無實在的憑據，有待斟酌。同樣從《說文》當中的解釋而來，有的學者指出「蜀」應為崇拜的圖騰，這個說法以鄧少琴的論述較為完整。[12]他以蜀為蠶，古代的族用以作為圖騰，蠶是蜀人的族徽，並以蜀為其國名；如此說法雖然有意思，但無法找到堅實的材料加以證實。童恩正在《古代的巴蜀》一書中也持類似意見，就古典文獻材料來看，他認為蜀

---

11 長期以來，人類學家已經注意到族群分類與辨識的問題。然而，歷史學者在思考古文獻當中的族群時，往往缺乏適當的定義，以致混淆不清。自稱（autonym）的族群名稱，即一個族群稱呼自身的方式，是一個人群自我界定的最簡單而有效的判準；他稱（exonym）則為他者對該族群的稱呼，當一群人以「他稱」稱呼其他人群時，常有「非人類」或有卑賤的含意。將西方人類學研究應用到中國歷史研究，最為出色的請參見王明珂，《華夏邊緣》（臺北：允晨文化，1997）；《蠻子、漢人與羌族》（臺北：三民書局，2001）；《羌在漢藏之間：一個華夏邊緣的歷史人類學研究》（臺北：聯經出版，2003）；《游牧者的抉擇：面對漢帝國的北亞游牧部族》（臺北：聯經出版，2008）。

12 吳敬恆，〈避巴小記〉，《說文月刊》3：7；鄧少琴，《鄧少琴西南民族史地論集》（上）（成都：巴蜀書社，1998）。

國之所以為蜀國，就是由於最初養蠶的緣故，[13] 然而蠶與蜀不但有區別，而且經常被作為相互對立的比喻。上述的說法都過於附會，因為我們無法證實商代時四川人是否有養蠶，也因此無法證明西元前兩千年前居住在成都平原的人即為「蜀」人。也就是說，從字源上的討論，並沒有辦法確認成都平原與蜀的關係。

即使到了春秋時代，仍然無法確定歷史文獻上留下來的「蜀」，是否為現在的四川。以《左傳》中的紀錄來說，載及蜀者，凡三見，學者認為其在當時的魯國，也就是今日的山東省。陳槃考證春秋時的各國地理位置，也認為春秋之「蜀」應在魯境。諸家考證《左傳》中的「蜀」，結果都在今日的山東，[14] 和今日的認知並不同。

中原國家究竟是在何時將「蜀」與成都平原連結起來的呢？就目前的認知來看，應在戰國時期。

戰國時期，隨著政治的發展和社會的變化，各地人口的流動與文化的交流愈來愈密集，伴隨而來的即為地理知識的擴大，「中國」的範圍不再囿於以往的「華夏」。在《禹貢》[15] 篇

---

13 童恩正，《古代的巴蜀》（重慶：重慶出版社，2004）。

14 陳槃，《春秋大事表列國爵姓及存滅表譔異》（臺北：中央研究院歷史語言研究所，1997），頁38。

15 《禹貢》一書究竟成於何時，關係到中國古代的世界觀與「中國」一詞的意涵。夏代由於渺茫難尋，又無文字，故夏禹作《禹貢》的說法可看作是傳說或托古寓今的著作。權衡《禹貢》的文字、歷史情勢與思想，屈萬里先生考證《禹貢》應成於春秋中晚期至戰國間。屈萬里，〈論禹貢著成的時代〉，《中央研究院歷史語言研究所集刊》，35，頁53-85。

所述的九州概念中，包含山西、河北的冀州，處於華夏與華夏
的邊緣；山東半島北半部的青州，一部分屬於夷；山東半島南
半到蘇北的徐州，大部分也為夷；長江流域及其以南的揚州、
荊州和梁州不是屬於楚，就是吳越或巴蜀，統稱作蠻夷；雍州
在西周時雖然屬於華夏，春秋時則淪為狄戎，只有豫州一帶
稱得上是華夏的老店。[16]「華夏」地理概念與實際疆域不斷變
動，時而擴張，時而縮小。至《禹貢》的時代，基本上已經漸
具雛形。[17]

　　《禹貢》當中的梁州，一般認為是今日的成都平原與漢水
上游。在戰國時期「華夏」族群的眼中，如何看待成都平原的
人呢？《戰國策・秦策》記載道：

　　　司馬錯曰：「夫蜀，西僻之國也，而戎狄之長也，而有
　　桀紂之亂。以秦攻之，譬如使豺狼逐群羊也。」[18]

　　司馬錯稱蜀為西僻之國，並斥之為狄戎，認為非我族類。
由此可見，在當時人的概念中，成都平原並非「華夏」的一

16　杜正勝，〈中國古代社會多元性與一統化的激盪——特從政治與文化的交涉論〉，
　　《新史學》，11：2（2000：6），頁2。

17　除了《禹貢》外，戰國時期的《周禮・職官》、《呂氏春秋・有始覽》也將他們所
　　認知到的世界區畫為九州，由此三篇大致可以知道當時人的世界範圍。三者中的
　　九州在細部的行政區畫上雖然並不相同，但是從三者所畫出來的「中國」範圍大
　　致上是相同的。

18　《戰國策・秦策一》（上海：上海古籍出版社，1978），頁117。

員，在主觀的認同上，他們將居住在成都平原的人視為異類的
「他者」。「蜀」字本來就是對人的賤稱；蜀字中有蟲，用這個
字表示一個族群時，顯示了貶低之意。我們因此可以了解到，
戰國時人們逐漸認識到住在四川盆地中的人群，但對他們並不
熟悉，因此用「蜀」這樣帶有歧視的字眼形容對方。

　　古代生活在今日四川的族群並未留下任何文字紀錄，因此
我們只能從旁人留下的紀錄去推敲。且讓我們先來看巴與蜀其
留下的紀錄。一般我們經常將「巴」與「蜀」連稱。然而，在
古典文獻當中關於巴蜀之間關係的材料卻相當稀少。真正巴蜀
之間的關係，應該比文獻所示的更為密切，卻難以透過文獻證
明。

　　例如離戰國時代已經很久遠的晉，其中的《華陽國志・蜀
志》言：

　　巴亦化其教而力農務，迄今巴蜀民農時先祀杜主君。[19]

　　只從這條紀錄，無法了解蜀何時將農業技術傳授給巴。另
外在〈巴志〉中也有一段關於巴蜀之間關係的簡短記述：

---

19 常璩撰、任乃強校注，《華陽國志校補圖註》（上）（上海：上海古籍出版社，
　1987），頁118。

巴蜀世戰爭。[20]

同樣文獻難徵的情形也在蜀楚關係中可見。在《史記・楚世家》中：

肅王四年，蜀伐楚，取茲方，於是楚為扞關以距之。[21]

蜀楚之間究竟為何開戰，由於缺乏更詳細的文獻，我們無法得知。有的學者以為蜀本屬於楚；有的則認為蜀伐楚為聯合巴共同反抗楚的侵略。從《史記・楚世家》看來，肅王之前為悼王：

悼王二年（西元前四〇〇年），三晉來伐楚，至乘丘而還。四年（西元前三九八年），楚伐周。鄭殺子陽。九年（西元前三九三年），伐韓取負黍。十一年（西元前三九一年），三晉伐楚，敗我大梁、榆關。楚厚賂秦，與之平。[22]

楚悼王當時因敗給三晉，無法北上爭霸中原，可能想西取巴蜀以豐國力，再圖爭霸中原。楚之西向，促使巴的扞關及其他失地，可能在這個時候為楚所得。

---

20 常璩撰、任乃強校注，《華陽國志校補圖註》（上），頁11。
21 司馬遷，《史記・楚世家》，頁1720。
22 司馬遷，《史記・楚世家》，頁1720。

從地緣政治的觀點來看，欲了解楚蜀之間的關係，尚需放寬視野，將巴楚之間的關係納進來看，才能在缺乏文獻史料的情況下，得以獲得較為完整的歷史過程。文獻當中巴楚的關係是較為豐富的。巴在文獻當中的記載雖然也不多，但有趣的一點在於，在《左傳》中關於巴的事，都是巴楚之間的外交與和戰關係。魯桓公九年（西元前七〇三年）：

> 巴子使韓服告於楚，請與鄧為好。楚子使道朔將巴客以聘於鄧。鄧南鄙鄾人攻而奪之幣。殺道朔及巴行人，楚子使薳章讓於鄧，鄧人弗受。夏，楚使鬬廉帥師及巴師圍鄾，鄧養甥、聃甥帥師救鄾，三逐巴師。不克，鬬廉衡陳其師於巴師之中，以戰而北。鄧人逐之，背巴師而夾攻之，鄧師大敗，鄾人宵潰。[23]

文獻中的巴在西元前七世紀的末期已經成為楚國的附庸，所以他想與鄧國結好，還要先取得楚國的批准，並且由楚國派人前往。從文獻紀錄可見，楚國於西元前七世紀的後期開始強大，征伐了不少江漢間的小國。巴或許在此一時期也稱臣於楚國。[24]《史記・楚世家》即載：「楚彊，陵江漢間小國，小國皆畏之。」

---

23 《十三經注疏・左傳》，頁 120。
24 童恩正，《古代的巴蜀》，頁 23。

然而，楚與巴之間的關係似乎不大穩定。在魯莊公十八年
（西元前六七六年）：

> 初，楚武王克權，使鬭緡尹之，以叛，圍而殺之，遷權
> 於那處，使閻敖尹之。及文王即位，與巴人伐申，而驚其
> 帥。巴人叛楚而伐那處，取之，遂門於楚。閻敖游涌而
> 逸。楚子殺之，其族為亂。冬，巴人因之以伐楚。[25]

另外，也見於魯哀公十八年（西元前四七七年）：

> 巴人伐楚，圍鄾。初，右司馬子國之卜也，觀瞻曰：「如
> 志。」故命之；及巴師至，將卜帥；王曰：「寧如志，何
> 卜焉？」使帥師而行，請承。王曰：「寢尹、工尹勤先君
> 者也。」三月，楚公孫寧、吳由于、蘧固敗巴師於鄾。[26]

巴與楚在地域上接近，互動較為頻繁，彼此間有時戰爭，
有時和平。[27]《華陽國志・巴志》當中也有楚與巴的聯姻紀錄。

從上面的文獻來看，戰爭是此一時期經常留下的紀錄。巴
與蜀、楚與蜀、巴與楚之間，都曾有軍事衝突。楚是南方的大
國，在春秋與戰國時期都曾北上爭霸，問鼎中原。處於其後方

---

25 《十三經注疏・左傳》，頁159。
26 《十三經注疏・左傳》，頁1047。
27 饒宗頤，〈西南文化〉，《中國上古史》（待定稿）第四本。

的蜀與巴自然為其關心之地。西北方的大國秦與楚經常因為爭
奪這塊區域，而在文獻當中留下紀錄。

　　比起蜀與其他地區的關係，蜀與秦留下的紀錄最為豐富。
《史記・六國年表》厲公二年（西元前四七五年）：

　　蜀人來賂。[28]

　　秦惠公十三年（西元前三八七年）：

　　蜀取我南鄭[29]

　　秦惠文王元年（西元前三三七年）：

　　楚、韓、趙、蜀人來。[30]

　　這三段紀錄各隔五十年，反映的是蜀與秦之間關係時而緊
張、時而緩和的氣氛。如果從秦、楚之間爭霸的脈絡觀察，或
許多少可以看出秦人謀奪蜀的原因。上面第二條史料中的南
鄭，可能就是其中的關鍵。南鄭在漢水流域上游，為秦往蜀、
秦往巴、楚的要衝，故蜀、秦、巴與楚都視此為兵家必爭之

28　司馬遷，《史記・六國年表》，頁688。
29　司馬遷，《史記・六國年表》，頁716。
30　司馬遷，《史記・六國年表》，頁727。

地。秦、楚在爭霸的過程中，也將巴、蜀視為勝利的關鍵條件
之一。楚的國力較弱時，秦即與巴、蜀交好，也得先機。如
《華陽國志・巴志》言：「周顯王時，楚國衰弱，秦惠王與巴
蜀為好。」[31] 相對的，秦的國力衰微時，楚也會圖謀四川。成
都平原、川東與秦蜀等地必須放在當時戰國複雜的外交關係之
中才能體會

　　戰國時齊秦和楚都明確的描述居住在四川盆地西部的人群
為「蜀」、東部的是「巴」。然而，巴與蜀都是東方國家對居
住於此地人的他稱，很難從他們的文字記載中了解到古代四川
的真實情況，而且我們也無法確認當時四川盆地是否只有巴、
蜀兩個族群，還是有其他的族群。

　　從戰國以前的文字史料，我們無法確定「蜀」是否為四
川，而戰國時代的文獻雖然可以確認蜀位於當今的四川，但只
能從相當殘缺的史料了解他們與楚、蜀之間的交流，仍然無法
具體地了解古代四川的真實情況。後來西漢末期，出現了一本
關於四川古代史的書，由揚雄所編著的《蜀王本紀》。接著還
有一本成書於東晉的《華陽國志》。[32] 我們在第四章會再介紹
揚雄的人與故事，在這裡先理解一下《蜀王本紀》的內容：

　　　　蜀之先，稱王者有蠶叢、柏濩、魚鳧、開明。是時人萌

---

31 常璩撰、任乃強校注，《華陽國志校補圖註》（上），頁11。
32 《華陽國志》歷來注譯者甚多，目前最好的版本應是任乃強注的《華陽國志校補圖
　　註》（上海：上海古籍出版社，1987）。

椎髻左衽，不曉文字，未有禮樂。從開明已上至蠶叢，積
三萬四千歲。御覽引作凡四千歲。

　蜀王之先名蠶叢，後代名曰柏濩，後者名魚鳧。此三代
各數百歲，皆神化不死。其民亦頗隨王化去。魚鳧田於湔
山，得仙，今廟祀之於湔。時蜀民稀少。[33]

　後有一男子，名曰杜宇。從天墮，止朱提。有一女子名
利，從江源井中出，為杜宇妻。乃自立為蜀王，號曰望
帝。治汶山下邑曰郫，化民往往復出。

　　《蜀王本紀》對四川古代的君主蠶叢、魚鳧等做了簡單的
介紹，寫到古代四川帝王杜宇的故事。長期以來，歷朝歷代的
學者都透過《蜀王本紀》與《華陽國志》，連結四川和中原之
間的關係。

　　傳說中國最古的帝王是三皇當中的人皇，當時他將中國分
為九州，巴蜀屬於其中的梁州，所以《華陽國志》才會說巴蜀
有國家是「肇於人皇」。另外，和中國歷史起源很有關係的大
禹，據說他生在四川。《史記》說：「禹興於西羌。」在《蜀王
本紀》中則提到禹生於石紐。本來沒有人知道石紐在哪？但在
一千年之後有了解答，宋人徐天祐指出石紐就在四川的茂州。

---

33 洪頤煊編，〈蜀王本紀〉，收入《經典集林》（臺北：藝文印書館）。關於〈蜀王
本紀〉的相關研究，參見朱希祖，〈蜀王本紀考〉，《說文月刊》3.7（1942）：117-
120；徐中舒，〈論《蜀王本紀》成書年代及其作者〉，收錄於氏著，《論巴蜀文
化》（成都：四川人民出版社，1982），頁 138-149。

　　如果說禹生於石紐，在商代的時候，有個名人叫做彭祖，孔子曾經將自己比作彭祖。根據《華陽國志》說：「彭祖生於蜀，為殷太史。」我們不知道《華陽國志》是從那裡獲得材料的。雖然說古典文獻當中記載了不少四川與中原的關係，但是，這些都不是當時的文獻，很多是超過兩百年，甚至是上千年之後的紀錄。商代的四川是西元前一千年，到揚雄的時代已經過了一千年，到了宋代更是過了快兩千年。因此，我們很難確認這些後世記載古代四川的文獻是否屬實。

　　唐代的李白曾經感嘆：「蜀道之難，難於上青天！蠶叢及魚鳧，開國何茫然！爾來四萬八千歲，不與秦塞通人煙。」要進入四川的蜀道比上青天還難啊！在交通不便利的時代，四川出生的禹到底要怎麼到中原呢？《蜀王本紀》記載的蠶叢及魚鳧，誰知道他們什麼時候開國呢？有歷史以來，四川應該長期和中原沒有任何關係吧！李白不是歷史學家，但透過詩人的感嘆，我們可以推測四川和中原間可能完全沒有連結。

　　在《華陽國志》與〈蜀王本紀〉當中兩者都有記載鱉靈（即開明）代杜宇而成蜀王之說，兩者詳略有別。學者對於這段記載背後的意義有各種不同的說法。由於鱉靈為楚人，故楚人代蜀人為王的故事中充滿了相當有趣的意涵。《蜀王本紀》中的記載抄錄如下：

　　　　荊有一人名鱉靈，其屍亡去。荊人求之不得。鱉靈屍至蜀，復生。蜀王以為相。時玉山出水，若堯之洪水。望帝

不能治，使鱉靈決玉山，民得安處。鱉靈治水去後，望帝
與其妻通。帝自以薄德，不如鱉靈，委國授鱉靈而去，如
堯之禪舜。

關於這段紀錄，學者對開明氏至蜀的說法有好幾種，在這
邊列舉其二。第一個是將鱉靈視為真實的歷史人物，認為他是
開明氏統治蜀地時的開國君主。而他可能是由楚地到蜀地的部
族首領；[34] 第二個，是將鱉靈視為川東巴族開明氏的首領，後
來滅掉蜀王杜宇的王朝。[35] 以目前的材料，因為都缺乏堅實的
證據，我們無從判斷哪一個比較正確。

民國初年的知名學者顧頡剛先生，曾經很仔細的閱讀古代
四川與中原的文獻，他認為從文獻學的分析來說，古代四川可
以確認的歷史事實實在太少。唯一有史料價值的就是蠶叢、柏
濩、魚鳧、開明這些有可能是古代四川的蜀王，或許象徵了不
同圖騰所代表的族群。除此之外，古代文獻當中還有蜀、巴與
楚的戰爭事件，有可能是真的。其他的記載，我們能從中獲取
的資訊實在太少。

王明珂認為揚雄對於巴蜀古代歷史的書寫，將四川的過去
蠻荒化和神話化，切斷當今蜀人與古人的聯繫。除此之外，對
於蜀人的起源，揚雄有意建立起新的歷史記憶，攀附黃帝和大

34　鄧少琴，〈巴蜀史稿〉，《鄧少琴西南民族史地論集》（成都：巴蜀書社，2001），
　　頁250-260。
35　童恩正，《古代的巴蜀》（重慶：重慶出版社，2004），頁57。

禹，將巴蜀的歷史納入中原正統的歷史線索中，[36]嘗試把巴人和蜀人的起源與「華夏」連結。在揚雄的四川歷史之中有意淡化巴蜀地方性的色彩，進而影響到他對於巴蜀歷史的選擇。我在第四章討論揚雄的人生處境時，還會分析他的歷史選擇，其實在於自己的認同。

小結

　　古典文獻中相當缺乏對古代四川的文獻記載，甲骨文中蘊含的「蜀」的訊息相當少，也無法確認是否是古代四川。除此之外，我們透過逐一檢視古典文獻，加以分析春秋、戰國、西漢到東晉關於古代四川歷史的記載。戰國時代，古典文獻當中比較多關於巴、蜀的記載。然而，在這些文獻中，只能確定巴、蜀與秦、楚間的戰爭，對於他們的政治、文化和社會還是很難理解。如果我們需要更加理解古代四川的狀況，就需要更多的材料。幸運的是，透過考古材料的挖掘，我們得以了解到古代四川的物質文化，這也是下一章的主題。

36　王明珂，〈論攀附：近代炎黃子孫國族建構的古代基礎〉，*SYSJK* 73.3（2002:9）：596-597。

第二章

東亞大陸上的另一個文明？

──古代四川考古材料的啟示

　　由於三星堆兩個祭祀坑的發現，使得所有關注中國文明的人都大為驚訝。造型太過獨特的出土器物，有些人認為三星堆是外星文明。我們會覺得他奇特的原因在於它與我們之前所認識的中國古代文明相距太遠。沒有脈絡、無法清楚的理解。因此，考古學家開始尋找三星堆文化之前的成都平原，是否有人居住？是否有文明存在？是否可以證明三星堆文化是古代四川的原生文明？

　　考古學家的努力得到了回報，發現了三星堆以前和以後成都平原的古代文化，可以證明東亞大陸上除了中原國家之外，還存在一個社會高度複雜化的文明。雖然對於古代四川文明的發展狀態仍有許多的問題等待考古材料的發掘，才能夠有系統、理論的研究出現，但是從目前的材料中已經可以了解在古代四川存在一個儀式、資源運用和價值體系與中原不同的文明存在。這個文明不只與中原商、周文明之間有著文化交流，還與華南、東南亞和中國北方存在著不同程度的文化接觸，可以說其本身就是一個文化的中心，而非中原文明的一個分支、一個接受傳播的邊緣。

古代四川的考古證據

　　古代四川文明最早從什麼時候開始呢？至少可以追溯到新石器時代。

　　考古學家所謂的「寶墩文化」，是指在一九九五年底以

來，陸續在成都平原出土的城址及城內相關的遺存。幾個遺址年代雖然不盡相同，但文化的總體面貌一致。目前發現屬於這個時期的古城超過十座，其中六座考古學家做過相關的研究，分別是新津縣的寶墩村古城遺址[1]、都江堰市的芒城村遺址[2]、郫縣的古城村古城遺址[3]、溫江縣魚鳧村古城遺址[4]、崇州市的紫竹村古城遺址[5]和雙河村古城遺址。城址的年代範圍大致在西元前二八〇〇至前二〇〇〇年間。[6]目前所發現的六座城址，其相互的關係極為明顯，考古學文化上的特徵存在著很大的共性。新石器時代的成都平原最為學者關心之處，在於其與文明起源之間的關係。[7]

城址的營建牽涉到社會的集體運作，相對來說是一件較龐大的工程。因此，在工程技術和資源投入以外，還需要有完整

---

1 成都市文物考古研究所、四川大學歷史系考古教研室、早稻田大學長江流域文化研究所，《寶墩遺址》（東京：APR，2000）。

2 成都市文物考古隊、都江堰市文物局，〈四川都江堰市芒城遺址調查與試掘〉，《考古》1999（7）：14-27。

3 成都市文物考古隊、郫縣博物館，〈四川省郫縣古城遺址調查與試掘〉，《文物》2001（3）：52-68。

4 成都市文物考古工作隊、四川聯合大學歷史系考古教研室、溫江縣文管所，〈四川省溫江縣魚鳧村遺址的調查與試掘〉，《文物》1998（12）：38-56。

5 孫華、蘇榮譽，《神祕的王國──對三星堆文明的初步理解和解釋》（成都：巴蜀書社，2003），頁118。

6 王毅、蔣成，〈成都平原早期城址的發現與初步研究〉，《稻作、陶器和都市的起源》（北京：文物出版社，2000），頁146。

7 哈佛大學、麥基爾大學、加州大學洛杉磯分校（UCLA）和臺灣大學在成都平原進行系統性的考古調查，初步的報告參見成都平原國際考古調查隊，〈成都平原區域考古調查〉，《南方民族考古》6（2010）：255-278。

的社會協調和支配機制。[8]中國古代城址出現的背景主要於西元前三千多年以下，即仰韶文化晚期、大汶口文化中期、屈家嶺文化早期、良渚文化早期階段。史前期中國的社會從平等逐漸分化，隨之而來的是較為複雜社會的形成，出現高於普通聚落的大型中心城市，且反映社會的等級也跟著形成。[9]

城址的出現是否意味著國家的必要條件，有的研究者持不同的意見，認為還必須參照城內的布局與相關的物質遺存。目前在中國範圍內發現的史前城址將近百座，大致上有三群。一群在內蒙古中南部；一群在黃河中下游地區；一群在長江流域。[10]在這些城址的報導或簡報當中，最為詳細幾乎都是城圈的範圍，城內的情況仍不太清楚，對於城的詳細解剖與完整的布局應該是未來的重要工作之一。

另外，古代中國的幅員遼闊，當代考古學家的論斷不免仍受現今民族國家的或歷史時期朝代疆域的影響，將從北到南、從東到西都放在同一個考古學的範圍。上一世紀，中國考古學很重要的一個成就即在古代中國的遼闊領域中，從各個區域的文化淵源、特徵、發展道路的異同等方面進行考察，糾正過去

8　任式楠，〈中國史前城址考察〉，《考古》1998：1；曹兵武，〈中國史前城址略論〉，《中原文物》1996：3。

9　馬世之，〈試論我國古城形制的基本模式〉，《中原文物》1984：4；錢耀鵬，〈中國史前城址研究〉，北京大學考古文博學院博士論文（1999）。

10　嚴文明，〈龍山時代城址的初步研究〉，《中國考古學與歷史學之整合研究》〈臺北：中央研究院歷史語言研究所，1997〉。

過分提高中原地位，貶低周邊文化的視野。[11] 故城址的研究除了對於城內的布局有完整的認識外，尚需了解區域與區域之間的差異。成都平原出土的這批城址群，將來可以提供很好的材料，討論城址與文明起源研究的相關課題。

很多研究者認為「寶墩文化」時期已進入所謂的酋邦。[12] 什麼是酋邦？第一個可以辨認的就是紀念性的建築；第二還包括了具有儀式性的中心；第三個就是在隨葬品當中在質與量上出現了不平等的現象；第四是產生不同階層的聚落組織，有低一級的村落，也有人群比較集中的聚落，還有控制這些聚落的中心。然而，在「寶墩文化」的城址，由於發掘材料不完全，很難辨認其是否為酋邦。

成都平原於此一時期出現這麼多的城址是很特殊的現象，只是目前無法知道這些城址彼此之間的詳細關係，也不清楚城址的功能是什麼。是作為防衛或是防洪？或兼有兩者？有些城有內城與外城之分，它的目的又是何在？城內的聚落狀況又是如何？有大量的人口居住，有明顯的城鄉差別？抑或只是有圍牆的村子？

根據傅羅文（Rowan Flad）和陳伯楨對於「寶墩文化」五個城址人力投入的計算，製作成表格如下：

11　蘇秉琦，《中國文明起源新探》（香港：商務印書館，1997）。

12　酋邦的定義，Robert Carneiro 定義為 "A chiefdom is an autonomous political unit comprising a number of villages or communities under the permanent control of a paramount chief." 參見 Robert Carneiro, "The Chiefdom: Precursor of the State" *The Transition to Statehood in the New World* (Cambridge: Cambridge University Press, 1981).

表 1　寶墩文化遺址城牆所需的工作量 [13]

城址	總長度（公尺）	總體積（立方公尺）	一天一人堆積 1m³，所需的人年（person-years）	一天一人堆積 2m³，所需的人年	一天一人堆積 3m³，所需的人年
寶墩	3200	243,200	666	333	222
寶墩（外牆）	>5200	大約 130,000	356	178	119
芒城	1900	47,500	130	65	43
雙河	2800	108,750	298	149	99
古城	2220	116,550	319	160	106
魚鳧	2000	45,000	123	62	41

　　表 1 乃是根據考古學家在河南王城崗的實驗結果，使用傳統的工具和夯土堆築技術，如果一個人一天工作八小時，挖土、搬運和夯築，平均一人一天可以堆築一‧九七立方公尺的城牆。[14] 在四川地區，土壤狀況並不複雜，平均一天約略二立方公尺，但還得排除休息日和天氣惡劣無法工作的日子，故所需的日子可能更長一些。「寶墩文化」引起學者關注的為其城址的出現，研究者認為代表了複雜社會的產生，不少人更認為代表國家或是文明的起源。城址的營建牽涉到社會的集體運作，相對來說是一件較龐大的工程。因此，在工程技術和資源的投入以外，還需要有完整的社會協調和支配機制。

13　Rowan Flad and Pochan Chen, *Ancient Central China: Centers and Peripheries along the Yangzi River* (Cambridge: Cambridge University Press, 2013), p. 86.

14　北京大學考古文博學院、河南省文物考古研究所，《登封王城崗考古發現與研究（2002-2005）》（鄭州：大象出版社，2007），頁 657-663。

　　除此之外，我們可以觀察已初步發掘過的寶墩文化的六座城址，有如下的特點：

　　城址均呈長方形或方形，與臺地的方向一致。由於成都平原地勢低平，河流經常改道，分支河流眾多。這些分支河流一般來說有兩種走向，一是河流上游近山地帶多為南北向，形成的臺地也多為南北向。芒城村、雙河村、紫竹村為近南北走向的遺址；二是下游或腹心地帶的河流多為西北—東南走向，形成的臺地也多為西北—東南走向，目前所發掘的早期城址都與各自的河流與臺地走向一致，如寶墩村、魚鳧村、古城村三座遺址都位於平原的腹心地區，方向均為西北—東南走向。[15]因應水文和地勢的城址規畫，似乎是成都平原城市設計的特點之一。

　　目前發現的六座城址當中，尚未發現城門的痕跡，在發掘報告中也未提及城門的相關報導。從城垣的夯土斜面測量，一般兩邊的斜面在三十至四十度之間。寶墩村古城外側斜面約二十五度，內側約在四十三度，內側較外側陡，如果城牆是用以禦敵防守，似乎不會以如此方法修築。

　　值得注意的是，與同一時期的龍山文化城址相較，成都平原所發掘出來的城址在面積上顯得特別大。寶墩村古城面積高達六十萬平方公尺，其中魚鳧村、古城村位於成都平原中心的

15　江章華、王毅、張擎，〈成都平原早期城址與其考古學文化初論〉，《蘇秉琦與當代中國考古學》（北京：科學出版社，2001）。

兩座城址則是超過三十萬平方公尺；芒城村、雙河村、紫竹村
三座城址均位於河流上游的山地，面積相對來說較小，在十
萬到二十萬平方公尺。以黃河中游所發現的城址來說，最早
的鄭州西山面積僅三‧四萬平方公尺。[16] 城垣形式相當完整的
淮陽平糧臺，遺址面積為五萬多平方公尺；[17] 登封王城崗的面
積則僅止一萬多平方公尺，東城殘存 L 形的西南角，其他均
被洪水沖毀。後建起西城，面積比原址小，約八千五百平方公
尺；[18] 河南所發現的最大城址輝縣孟莊面積也僅止十六萬平方
公尺。[19]

　　最後，即是這些城址的興廢之因。艾南山、劉興詩等研究
古環境的學者在重建成都平原古代環境時指出，在距今五千年
前左右，全球進入一個相對乾旱的時期，以內蒙古的呼倫湖來
說，此時已經枯竭成為沙地。[20] 這一時期的四川盆地雖然十分
乾熱，然而，成都平原由於氣候變乾，使得原本沼澤般的氣候
水患減少，成了適宜人居的地區。但是，乾燥的氣候卻是伴隨
著較大的降水變率，造成偶然的洪水。[21] 考慮到此一時期的氣

---

16 張玉石、楊肇清，〈新石器時代考古獲重大發現：鄭州西山仰韶時代晚期城址面
　　世〉，《中國文物報》1995 年 9 月 10 日。

17 河南省文物考古研究所等，〈河南淮陽平糧臺龍山文化城址試掘簡報〉，《文物》
　　1983：3。

18 河南省文物考古研究所，《登封王城崗與陽城》（北京：文物出版社，1992）。

19 袁廣闊，〈輝縣孟莊發現龍山文化城址〉，《中國文物報》1992 年 12 月 6 日。

20 竺可楨，〈中國近五千年來氣候變遷的初步研究〉，《竺可楨全集》（北京：科學
　　出版社，1979）。

21 艾南山，〈成都平原全新世古環境變化與人類活動的關係〉，《長江上游早期文
　　明的探索》（成都：巴蜀書社，2002）；劉興詩，〈成都平原古城群興廢與古氣候

候，再加上成都平原的城址群有廢棄、遷徙等情況，於是將氣候與城址的興廢聯繫在一起。無疑的，這個解釋有其說服力的一面，然而，在古環境的氣候模式與城址興廢的連結仍必須有更細緻的聯繫。[22]

燦爛的三星堆文明

寶墩文化之後，成都平原進入了青銅時代，其中最具特色的遺址為三星堆。三星堆遺址兩個祭祀坑的發現，是二十世紀中國最令人矚目的考古發現之一，也吸引了考古學者以外廣大群眾的注意。[23] 然而，從歷史的研究看來，三星堆的兩個祭祀坑必須放在整個成都平原的歷史脈絡中，不僅對於兩個祭祀坑的器物，也必須了解成都平原同一個時代的文化，以及與之前之後成都平原的相關發現參照比較，在多種脈絡之中求得適當的解釋。

三星堆祭祀坑的發掘促成了對成都平原青銅文化的了解，在考古的發現裡，遺址為巨大的城牆所圍繞，城內有生活居

問題〉，《四川文物》1998：4；Xu Jay, "Sichuan before the Warring States Period" *Ancient Sichuan: Treasures from a Lost Civilization,* (Seattle and New Jersey: Seattle Art Museum and Princeton University Press,2001).

22 Rowan Flad and Pochan Chen, *Ancient Central China: Centers and Peripheries along the Yangzi River* (Cambridge: Cambridge University Press, 2013), p. 86.

23 陳德安，〈三星堆遺址〉，《四川文物》1991（1）：63-66。

址、青銅作坊、墓葬等人群密集活動的痕跡。[24] 與同一時期中原晚商最大的遺址安陽相較，三星堆並不遜色，規模龐大的城址可以顯示此地的社會已經呈現複雜化與階層化的趨向，城牆的周長超過九公里，現存城址的面積超過三‧五平方公里，以現今中國範圍內同一時期的城址來說，算是較大的城址。以周長而論，河南偃師的重要考古遺跡城牆周長約五‧四公里；鄭州商城的周長則約七公里；南方較大規模的城址湖北盤龍城周長則僅一公里。[25] 從聚落面積來說，鄭州商城即使包括附屬遺址、聚落、作坊與墓地也不及於三星堆遺址。[26]

　　在三星堆所發掘的兩個祭祀坑之中，出現大量青銅鑄造的銅人、銅像。青銅容器和兵器僅僅是少數，兩個祭祀坑與安陽的晚商王朝應屬同一時期。在一、二號祭祀坑當中，出土的金器有杖、面罩、虎形飾、銅頭人像等。[27] 在現今中國境內的考古發現中，雖然安陽的殷墟、鄭州商城、北京平谷商墓等的一些商代遺址和墓葬中，都有出土黃金製品，但都屬於飾品，而像三星堆一、二號祭祀坑所出土的金器在數量上、形體上，在

24 成都平原青銅時代的綜合研究，請參見孫華，《四川盆地的青銅時代》（北京：科學出版社，2000）。

25 Robert Bagley, "P'an-lung-ch'eng: A Shang City in Hubei," *Artibus Asiae* 39 (1977): 165-219，近來的研究，請參見馮天瑜、劉英姿編，《商代盤龍城學術研討會論文集》（北京：科學出版社，2014）。

26 參見 Lothar von Falkenhausen, "Some Reflections on Sanxingdui," 收錄於邢義田編《第三屆國際漢學會議論文集：中世紀以前的地域文化、宗教與藝術》（臺北：中央研究院歷史語言研究所，2002），頁 63。

27 參見四川省文物考古研究所，《三星堆祭祀坑》（北京：文物出版社，1999）。

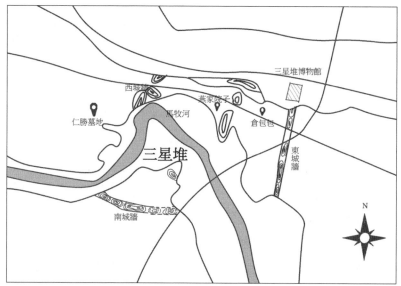

三星堆遺址城牆範圍。

過去的考古發掘中則是前所未有。[28]

　　三星堆兩個祭祀坑所出土的青銅器，大部分為人物、動物和植物造像等。都是在中原的青銅文化當中罕見或前所未有的。在三星堆所出土的人像裡，有人頭像、跪坐人像、人面像和各式不同的面具。銅人像的身長與大小互異，有全身的立人像、半跪人像或跪坐的人像。在面具的表現上有僅鑄頭頸或僅

28 陳德安、魏學峰、李偉綱，《三星堆：長江上游文明中心探索》（成都：四川人民出版社，1998），頁46；杜朴（Robert Thorp），〈四川廣漢三星堆祭祀坑〉收錄於 Lothar von Falkenhausen 編，《奇異的凸目：西方學者看三星堆》（成都：巴蜀書社，2003），頁317。

造臉面的不同形象。研究者或根據形態上的差異，或根據其造型特殊的眼睛形態加以分類；在動植物的表現上，動物的形象有牛頭、鳥頭和各式各樣的獸面。植物的表現也相當特殊，出土了兩件大型神樹。[29]

除了青銅器外，兩個坑也出土大量玉器，數量上最多的為玉璋與玉戈，其中又以玉璋的數量較多。三星堆所出土的玉璋與其他地方所出土的相較，最大的特點在於其體積的巨大。以一號坑所出土最大的一件來看，殘長一六二公分，作長條梯形，器表成褐色。玉璋在兩個坑共出土五十七件，一號坑有四十件，二號坑出土十七件。[30]值得注意的是，從三星堆所出土的兩件青銅小型銅人像當中，即手持玉璋，呈現玉璋在儀式與典禮當中使用的最生動表現。

研究者貝格萊（Robert Bagley）和羅泰都曾強調，三星堆由於缺乏如同中原商代遺址安陽出土的甲骨和銘文的文字證據，[31]而且出土的器物在組合及風格上與安陽極為不同，故我們無法以中國文明的認知，來討論三星堆。我們只可以在目前發現的基礎上，嘗試了解三星堆兩個祭祀坑的性質。

29　對於三星堆青銅器較為全面性的研究，參見 Xu Jay, "Sichuan before the Warring States Period," *AS*, 21-37.

30　鄧聰，〈東亞先秦牙璋諸問題〉，《中國文化研究所學報》1997（6）：325-333。

31　關於安陽和三星堆文化的比較研究，請參見 Chen Shen, *Anyang and Sanxingdui: Unveiling the Mysteries of Ancient Chinese Civilizations* (Toronto: Royal Ontario Museum, 2002).

手持玉璋的人。

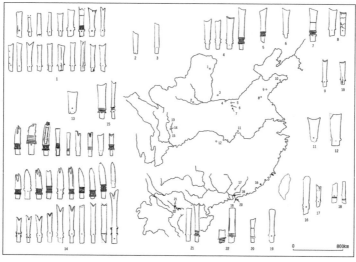

玉璋分布圖。

祭祀坑的性質

關於兩個坑的性質，大致有下列幾種看法：其一、墓葬陪葬坑說；二、火葬墓說；三、厭勝說；四、器物坑說（尚有亡國寶器掩埋說和古代國君神廟掩埋坑說）；五、祭祀坑說。[32] 五種看法可以分為兩大類，一是以中國的古典文獻和古書當中所說的儀式論述三星堆兩個坑的儀式，證明三星堆和中國古代文化的關係；其二是以記錄其他民族的民族誌或所謂的原始宗教的儀式加以理解。由於三星堆的儀式太特殊，不存在中國古典文獻當中，所以用民族誌嘗試理解兩個坑的祭祀背景。

祭祀坑的名稱是發掘者取的，發掘報告並以《三星堆祭祀坑》為名。報告認為從兩個坑的主要器物種類基本相同，說明兩個坑的器物埋入之前的使用功能應該相同。並從四個方面分析兩個坑應命名為祭祀坑，其一、兩個坑的器物分門別類的按一定順序掩埋，在埋入之前應該有舉行過一定的儀式；其二、使用了大量的祭祀並將其與宗廟重器一同焚燒，在此同時也應舉行了某種儀式；其三、兩個坑的位置在同一區域，方向也一致，反映它們之間的相同目的和意義；其四、「三星堆遺址內宗廟兩次被毀，並以祭祀的儀式將宗廟重器埋入土中，從而形成這兩個祭祀坑」，應當與改朝換代的歷史事件相關。[33]

32　四川省文物考古研究所，《三星堆祭祀坑》報告的整理，頁440。
33　四川省文物考古研究所，《三星堆祭祀坑》報告的整理，頁441-2。

　　即使同是祭祀坑說，學者也有各式不同的觀點。有的人認為這兩個祭祀坑是以燔燎、瘞埋、血祭、懸祭等方式組成合祭來祭天、地、山川並迎神驅鬼、迎敵祭祀活動的遺留[34]。有的人認為兩個坑必須與三星堆的三個土堆組成一個整體，是古代蜀人舉行祭祀的場所。[35]也有的人引中原文獻，指出三星堆的這兩個坑肯定是祭天，而非其他神祇。[36]另外尚有考證兩坑應為封禪祭祀[37]的儀式。[38]關於祭祀坑性質的看法，自提出假說後一直有不同的意見，有的學者懷疑為了舉行一兩次的祭祀活動，專門的鑄造數百件青銅器，再加上金器和玉石器，共計器物近千件，其國力是否能負擔得了？[39]再者，所謂的「燔燎」缺乏足夠的證據。立論者或援引中原的例子，以說明殺牲祭祀應為全牲、全獸骨，不會是骨渣。[40]

　　另外一種看法直接否定祭祀坑的可能，但認為這與文獻當中的政治事件相關，而提出所謂的「犁庭掃穴」的看法。推論在魚鳧王時代蜀地曾經發生過戰爭。旅日的學者徐朝龍認為，三星堆出土青銅器、玉器等遺物的土坑並不是什麼「祭祀坑」，而是古代四川最初的大規模王朝更替的直接結果。那些

34 陳顯丹，〈廣漢三星堆一、二號坑兩個問題的探討〉，《文物》1989：5。

35 陳顯丹，〈廣漢三星堆一、二號坑兩個問題的探討〉，《文物》1989：5。

36 王家祐、李復華，〈關於三星堆文化的兩個問題〉，《三星堆與巴蜀文化》（成都：巴蜀書社，1993），頁5。

37 編注：皇帝受命於天下的祭祀儀式。

38 樊一、陳煦，〈封禪考──兼論三星堆兩坑性質〉，《四川文物》1998：1。

39 張肖馬，〈「祭祀坑說」辨析〉，《四川考古論文集》。

40 錢玉趾，〈三星堆青銅立人像考〉，《四川文物》1992，三星堆古蜀文化研究專輯。

宗廟重器是隨魚鳧王朝的滅亡而被砸碎燒毀後埋葬的，造成這一切的主要原因就是杜宇王朝這一新的政治勢力的崛起。[41] 然而，反對的一方也以文獻為基礎分析了「犁庭掃穴」後指出，戰勝國多不會輕易的將所俘重器毀壞埋藏，取而用之的可能性較大。[42]

　　相關的看法也在窖藏的這種說法當中呈現。王家祐和李復華即認為，廣漢三星堆遺址，兩座遺存十分豐富的大型窖藏坑，很可能是某兩位開國蜀王學習中原王朝舉行告祭天百神後所遺留的大批禮器，進一步的認為可能是魚鳧氏稱王告祭百神的遺存，其窖藏者則應是魚鳧氏了；二號坑則有可能是開明一世為蜀王之初舉行告祭百神大典的遺存，而其窖藏者自然就是開明一世「鱉靈」了。[43] 巴納（Noel Barnard）也傾向於將現今中國境內有許多類似的「窖藏」，作為三星坑為窖藏的立論依據。他認為，「窖藏」中的各類器物雜陳，既有本地製作，也有外地傳入，原因或有多種可能。但由於某種原因而被後人所遺忘或因緊急狀態下幸存的人們無法找到其位置而留存

41 徐朝龍，〈三星堆「祭祀坑說」，唱異（續）——兼談魚鳧和杜宇的關係〉，《四川文物》1992：6。

42 王燕芳、王家祐、李復華，〈論廣漢三星堆兩座窖藏坑的性質及其相關問題〉，《四川文物》1996（增刊）。

43 王燕芳、王家祐、李復華，〈論廣漢三星堆兩座窖藏坑的性質及其相關問題〉，《四川文物》1996（增刊）。錢玉趾也持這種類似的看法，他在無所根據的情況下，宣稱兩個坑應該是戰爭所引起的窖藏。並認為入侵者和守衛者幾經拉鋸，無情的戰火焚燒了器物。直至最後，守衛者才無力堅守而敗退，將未燒損的器物埋藏。整個情節宛如小說一般精采。錢玉趾，〈三星堆青銅立人像考〉，《四川文物》1992，三星堆古蜀文化研究專輯。

至今。[44] 張明華指出，三星堆器物坑是當時的人為死去的君王所舉行隆重的火葬儀式後的埋葬。[45] 也有研究者認為兩坑為陪葬坑，但那就必須在坑的附近地區有同一時期的墓葬才足以證明。[46]

上述的各種說法雖然觀點與看法各不相同，但最主要的立論根據在於以中國古籍來解釋三星堆祭祀坑的性質，有的是《詩經》；有的是《爾雅》；最多的則是《華陽國志》。另外還有一種解釋類型，這種探討最主要乃是以民族誌的材料作為立論的基礎。有以下的兩種看法，其一、林向教授認為蜀文化是有別於中原的地域性文化，有自己的原始宗教信仰，不能以中原的祭祀來硬套。從這兩個祭祀坑的情形看來，很可能與「薩滿式的文化」有關。這些青銅器物和神樹都是毀壞後掩埋的，大概與所謂的「厭勝」巫術有關。並從民族誌的材料來看，有些原始部族認為不靈驗的靈物可以拋棄另找代替。並與治水和《華陽國志》中的開明氏相結合，「神靈不能治止洪水，只好埋入地下；開明治理水患，就取得了政權」。[47]

---

44 巴納的論文寫在三星堆兩個坑剛發現的時候，不過他似乎有意忽略兩個器物坑當中器物被焚毀的事實。Noel Barnard," Some Preliminary Thoughts on the Significance of the Kuang-han Pit-burial Bronzes and other Artifacts, Beirtage zur Allgemeinen und Vergachenden Archleiologie 9-10(1990), pp. 249-279. 中文譯本收錄在《奇異的凸目——西方學者看三星堆》（成都：巴蜀書社，2003）。

45 張明華，〈三星堆祭祀坑是否為墓葬〉，《中國文物報》1989.06.02。

46 王燕芳、王家祐、李復華，〈論廣漢三星堆兩座窖藏坑的性質及其相關問題〉，《四川文物》1996（增刊）。

47 林向，〈蜀酒探源——巴蜀的「薩滿式文化」研究之一〉，《南方民族考古》第一輯。

　　孫華先生認為三星堆器物坑很可能是根據原始宗教的某種習俗而掩埋的古蜀國國君神廟器物的掩埋坑，這種看法又立基於下述的原因：其一、兩個祭祀坑器物等級很高，而功用又與原始宗教相關；其二、三星堆的兩個坑在年代上存在著差距；其三、在已故國王或舊時代國王神廟當中的東西，新王用之不祥的情況下，這些器物的掩埋才能得到合理的解釋。這種說法一般簡稱為亡國寶器掩埋。認為古代國家打仗，勝利的一方將敵國的神廟寶器毀壞掩埋起來，或失敗的一方將自己的寶器付之一炬後埋藏起來。[48]

　　在第一類觀點裡，以中原的古典文獻找尋材料討論，認為在這些文獻當中所討論的類似儀式，與三星堆兩個祭祀坑所舉行的儀式相同。而持這種觀點時，學者傾向於認為三星堆文明與華夏之間有關聯，強調與華夏文明的共性。有的學者提出三星堆文化與夏文化之間的親緣性；另外一些人則以民族誌的材料，證明三星堆兩個坑中舉行的儀式與華夏有「差異性」。[49]兩者之間的分野不是絕對，其中的一些看法甚至混雜著兩者。

　　另外，考古學家與歷史學家常以「王朝式的歷史」解釋三星堆文化的消亡，這種政治性的解釋模式也充斥中原式的觀點。因為傳統史家在解釋各王朝間的興替與消亡時，都與政治性的事件相關，故在思考三星堆兩個坑的掩埋時，也就與王朝

---

48 孫華，〈關於三星堆器物坑的若干問題〉，《四川盆地的青銅時代》，頁200。
49 由於相信中原為文明的中心，周邊在這樣的一個架構與衡量標準下即被視為「原始」、「古老」和「不進步」。

式的歷史有聯繫。事實上，中國王朝歷史的興替除了政治性的解釋以外，還有各式各樣的可能，它的消亡與崩潰有可能是生態上和經濟上的理由，解釋三星堆文化的消亡與兩個坑的掩埋，也應該有更充分的證據並開放各種可能。我們無從得知西元前二〇〇〇年在成都平原生活的族群，以眼睛為特殊表現的青銅文化，他們和同時期的中原人群是否共享著同樣以書寫文字記錄下來的經典文化？如果當時此地屬於「中國」，也只能如同漢學家羅森（Jessica Rawson）所說的，是個「未知的中國」。[50]

　　或許我們可以抱持更為謹慎的說法，即承認兩個坑具有某種儀式的性質。另外，根據兩個器物坑所埋器物的貴重性，我認為它應該不是一個常態性舉辦的「儀式」，而可能與三星堆文化的消亡有關係。最近根據報導，三星堆出土了更多的祭祀坑，期待看到後續的成果。

從出土文物看古代四川

　　雖然我們對於三星堆兩個坑的社會脈絡與儀式背景所知有限，但是可以確定它是一個階層性的複雜政體。我們可以從這些器物當中找到階層與權力的痕跡。

50　Jessica Rawson, *Mysteries of Ancient China : New Discoveries from the early Dynasties* (New York: George Braziller,1996).

　　在一號坑所出土的「金杖」，就圖案的內容來看，學者有兩種不同的意見，其一認為其與宗教祭祀的儀式有關；其二則傾向認為其是政治上的權杖。前者的看法以發掘報告為主，推測可能與「巫術」有關，而且據此認為它應為一根「祭杖」或「魔杖」，而是權杖的可能性較小。在後者的想法之中，也有不同的看法，有的學者爭辯其為魚鳧的權杖；有的則認為是杜宇或甚至與鱉靈有關。部分的西方學者也有類似的看法，杜朴（Robert L. Throp）認為這件器物暗示的可能是王、首領或薩滿。[51]

　　同樣的，三星堆出土的大型立人像的詮釋，也引起很多討論。以其衣服上的紋飾來說，由於這些紋飾與中原的不同，應為三星堆文化特有的紋飾，應放在當地的脈絡中理解。[52] 人像腳上的花邊裝飾應為褲腳的花紋。[53] 銅立人身上的服飾，表明了非一般性的身分，且正在舉行某種儀式。對於這個巨大的立人像，研究者進行了種種的推測。有的認為是蜀王的形象；有的認為是象徵當時蜀人中的群巫之長；也有人認為這不是蜀王，也不是蜀王兼巫師，只不過是蜀國的一位大祭司或大巫吏。[54] 對於青銅立人像的這些猜測由於沒有充分的證據可以證明孰是孰非，故始終都處於猜測大於斷言的狀況。不過值得注

---

51 杜朴，〈四川廣漢三星堆祭祀坑〉，《奇異的凸目》，頁317。

52 Roger Goepper，〈古老的中國 —— 西元前5000年至西元220年之中國的人與神〉，《奇異的凸目 —— 西方學者看三星堆》，頁221。

53 立人像衣服的討論，請參見《文物》1993：9。

54 《文物》1987：10。

意的是，目前所修復的大型立人像，出土
時從腰部殘斷，分置兩處。方座因砸擊而
殘破，人像腰部也有很明顯的砸擊痕跡。
據判斷應是在入坑前已被砸壞，後才埋入
坑中。這樣具有展示性的大型立人像，被
砸壞後埋入坑中，或許可以推論它在其原
來的使用脈絡中已經喪失了功能。

　　如果說在祭祀的過程當中，青銅面具
是用來舞蹈時，以手拿著放在臉前，那麼
它顯然太重了；如果是戴在臉上，它的結
構成 U 字形，也不符合人的臉寬。目前大
多數學者較為同意的推測是，青銅面具原
先可能是安放在木頭或是泥製的基臺上；
發掘者陳德安在面具的內側發現了褐紅色
的泥土殘留物，十分堅硬，與坑內殘留
的泥土不同，也並非來自鑄模的內模，[55]
或許銅面具是配合著泥塑的身軀架於木頭
之上。研究者就出土面具的臉部特徵和服
飾，賦予它們不同體質、族群和身分等不
同的詮釋。

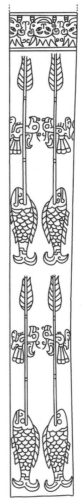

金杖。

55　陳德安，〈三星堆祭祀坑出土青銅面具研究〉，《四川文物・三星堆古蜀文化研究
　　專輯》，頁 38-450。

以頭像的鼻翼形狀為例，由於形狀並非全然相同，就有人推測這些青銅面具是在表現當年居住在成都平原的各個氏族。鼻翼較平圓的，代表來自南部的部族；鼻翼較高直的代表北方民族，因為氣候寒冷的緣故，北方人需要較高的鼻翼呼吸。[56] 這種看法相當有趣，然而在缺乏當時居住於成都平原人群的體質資料時，如此的推斷有可能淪於無意義。另外一種更為常見的解釋，則是將這些形象各異的人面像區分為不同族群的象徵，代表不同部落首領的形象。[57] 持這種看法的學者很多，其中以孫華的分類最為細緻，他將之區分為髮式、冠式和服飾的差異。統計兩個坑的銅人像，能辨認出髮飾的有六十五個，當中共有綁髮辮的四十七個，梨髮髻的十七個，還有一個頭髮梨麻花式的髮辮，由此似乎可略將三星堆的族群區分為兩個族群，而三星堆的政治，就掌握在這兩個氏族手中。[58]

與中原以青銅鑄造容器的傳統相較，三星堆是以成熟的青銅技術鑄造大量、各式各樣的青銅人像。除此之外，遺址尚出土中原所未見的大型銅神樹，共兩件，都自二號坑出土，最令人驚訝的一件高達四公尺。成書於西元前四世紀的《山海經》和西元前二世紀的《淮南子》，都曾提到連接天地的神樹，神樹在當時人們的心中是世界的臍帶，神仙、祖先或部落的領袖

56　徐學書，〈關於三星堆出土青銅人面神像之探討〉，《四川文物・廣漢三星堆遺址研究專輯》，頁 50-520。

57　趙殿增，〈三星堆考古發現與巴蜀古史研究〉，《四川文物・三星堆古蜀文化研究專輯》，頁 3-120。

58　孫華，《神祕的王國——對三星堆文明的初步理解和解釋》，頁 214-235。

可以在神樹上上下下，在天地之間來去自如。[59]《山海經》曾
經提到四種神樹，即建木、尋木、若木和扶桑，它們分布在中
國的不同地區。由於《山海經》中的「都廣」，學者曾經考釋
其在四川西部，而《山海經》所描述的世界也被認為是巴蜀荊
楚之人所寫，其所謂的中國與中原的中國不同，是以自身的地
理範圍作為認知的中心。[60] 由此看來，青銅神樹在三星堆文明
的世界觀當中應該有相當的重要性，或許與起源的神話有關。
另外，三星堆青銅神樹與漢代四川所出錢樹之間的關係，從圖
像觀察，的確可以看到它們之間有些微聯繫。很有可能搖錢樹
的觀念來自於三星堆時期延續下來的本土宗教習慣。[61]

　　在視覺形象與青銅資源的利用上，成都平原與中原的差異
遠大於同質性，兩者雖然都使用青銅，卻創造出兩個不同的精
神世界。三星堆兩個坑揭露的儀式背景是我們過去不知道的，
在大量陌生的器物當中，我們只能謹慎的推測。值得注意的
是，幾乎所有討論祭祀坑性質的學者，都注意到了一個三星堆
文化的重要面向，即是宗教在三星堆文化扮演的角色，它或許
在成都平原是一種攫取權力的手段。

---

59 相關的史料在諸如《山海經・大荒東經》：「大荒之中，……上有扶木，柱三百
　　里，其葉如芥。」或是《山海經・大荒北經》：「大荒之中，有衡石山，九陰山，
　　洞野之山。上有赤樹，青葉赤華，名曰若木。」
60 蒙文通，〈略論《山海經》的寫作時代及其產生地域〉，《巴蜀古史論述》（成都：
　　四川人民出版社，1981），頁 146-184。
61 關於「錢樹」的內涵及其相關的研究，可以參見施品曲，〈漢晉時期中國西南地
　　區明器「錢樹」之圖像內涵暨淵源探析〉（臺北：國立臺灣師範大學美術研究所中
　　國美術史組碩士論文，2002）。有一個基本的討論。

在缺乏赤裸裸的強制力量的時候，宗教的約束提供了一條通向政治集中的發展道路。考古學所發現的宗教遺跡，僅就其規模和數量來看已足以證明它們在當時社會中的意義。花費在宗教廟宇或供奉方面的人力和物力資源的總量，毫無疑問的對早期國家的經濟結構產生深遠的影響；與此同時，也對政權的組織形式產生深遠的影響，因為此種政權形式，就是為了組織和指導對這種資源的利用而創造的。[62]

宗教或與宗教相關的意識形態和社會制度的關係是非常密切的。根據不同的情況，宗教可以鞏固或破壞當下的社會制度，加速或延緩社會變遷。[63] 在不同的社會當中，宗教與政治制度的關係也大不相同。背後反映的為文化與社會的深刻差異，早期中國文明與成都平原之間，宗教與意識形態在推動複雜社會組織的形成過程中，有著不同的地位。

---

62 Richard W. Keatinge, "The Nature and Role of Religious Diffusion in the Early Stages of State Formation: an Example from Peruvian Prehistory," *The Transition to Statehood in the New World* (Cambridge: Cambridge University Press,1981), p. 187. 中文翻譯參照童恩正的譯文，請參見童恩正，〈中國北方與南方古代文明發展軌跡之異同〉，《中國考古學與歷史學整合研究國際研討會》（臺北：中央研究院歷史語言研究所，1997），頁190。

63 Michael D. Coe, "Religion and the Rise of Mesoamerican States," *The Transition to Statehood in the New World* (Cambridge: Cambridge University Press,1981), pp. 159-160.

　　三星堆祭祀坑讓我們了解一個完全迥異於中國早期文明外的儀式。根據兩個器物坑所埋器物的貴重性，我認為它應該不是一個常態性舉辦的「儀式」，而如前所述的，可能與三星堆文化的消亡有關係，也與三星堆遺址的廢棄、整體文化和組織的滅亡有關。在三星堆之後，古代四川的文明就從廣漢，遷移至今日的成都市區了。[64]

三星堆之後

　　三星堆文化之後的成都平原，經歷了一場社會的變化，考古學家定義約略從西元前十二世紀中期到西元前六世紀的成都平原的考古文化為「十二橋文化」，大約是中原的商代晚期到春秋時期。[65]這個時期發現的主要遺址包括十二橋遺址、金沙遺址和羊子山土臺。十二橋文化的陶器在時間上與文化特徵上繼承三星堆文化而起。在空間範圍上，與三星堆文化時期相同，仍然是以成都平原為中心。

　　十二橋文化的相關遺址當中，以金沙遺址的規模最為龐大，可能是當時成都平原的中心遺址。從考古學文化而言，三星堆文化與十二橋文化內在的聯繫相當清楚。考古學家認為金沙遺址為當時的中心遺產，在兩萬平方公尺的範圍內，發現二

---

64 孫華，《四川盆地的青銅時代》（北京：科學出版社，2000），頁 102-103。
65 孫華，〈成都十二橋遺址群分期初論〉《四川考古論文集》，頁 123-144.

十處和宗教或祭祀有關的遺跡，出土貴重的物品超過四千件。金沙出土的金器為在現今中國範圍內數量最大的一批，種類也最豐富；銅器有四百餘件，大部分為小型器物，不見三星堆兩個坑所出土的大型青銅器。出土的玉器將近六百件，占目前出土器物總數的四十％。玉器的質材除軟玉外，尚由各種不同的石材所製，由鑑定當中得知，它們的產地應該在成都平原周邊的山區。

與金沙遺址時代相近的羊子山土臺，是成都平原儀式性場所最好的例子，距離現在成都北門外一公里處、川陜公路的西側，有一座直徑一百四十公尺、高達十公尺的土丘。過去周邊居民與考古學家都認為此座小土丘為古代四川王室的大墓，但經過清理與測量之後，證實是一座大型的土臺，主要的功能為祭祀。土臺從下至上分為三個由大至小的平臺，有斜坡可以登臨，底座的面積超過一萬九千平方公尺，邊長一〇三．六公尺、第二層的邊長六十七．六公尺、第三層的邊長三十一．六公尺，周邊以土磚砌成，中間則以土夯築。土臺的規模之大令人吃驚，僅周邊使用的土磚就超過一百三十萬塊。由土臺周邊所出土的遺物加以判定土臺的年代，土臺使用的年代大致是在西元前一千三百年間到西元前三一六年左右，也就是秦國征服四川之前。

我們也可以看到，在三星堆後，到了相當於中原的戰國時代，成都平原出土了一些大型和高等的墓葬。有可能是當時貴族和高階層人士所使用的墓葬。最高級的墓葬當屬綿竹清道的

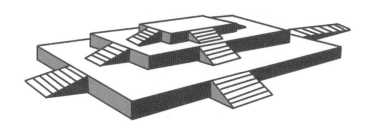

羊子山土臺。

船棺墓、[66] 新都馬家的船棺墓[67] 和商業街的大型墓地。[68] 從隨葬
品來看，相較於其他墓葬的隨葬物品，他們的等級最高。孟露
夏（Luisa E. Mengoni）指出戰國時期成都平原高等墓葬，也
是社會階層上較高的族群，彼此之間的隨葬品存在一致的相似
性：以船棺葬的形式，伴隨著大量的外來奢侈品。次一等級的
墓葬中較少外來物品，但是有著動物紋飾的兵器，相同紋飾的
兵器在同一層級的墓葬中相當統一，象徵彼此之間的階層與認
同，也許是軍事階層的領袖。[69]

　　透過考古的發掘，不僅使我們理解古代四川存在一個與中
原大異其趣的文化，也可以使我們知道他們與其他文化的交

66　四川省博物館，〈四川綿竹船棺墓〉，《文物》1987（10）。

67　四川省博物館、新都縣文管所，《四川新都戰國木槨墓》，《文物》1981（6）。

68　成都市文物考古研究所，〈成都市商業街船棺、獨木棺墓葬發掘報告〉，《成都考
　　古發現（2000）》（北京：科學出版社，2002），頁78-136。

69　孟露夏（Luisa E. Mengoni），〈西元前五一二世紀成都平原的社會認同與墓葬實
　　踐〉，《南方民族考古》第六輯（北京：科學出版社，2010），頁99-112。

流。文化交流的背後是人群之間技術和文化的互動，古代四川不僅與中原文明之間存在著文化的接觸，也與長江中、下游、東南亞、中國的西北地區等文化存在著文化交流。

古代四川的文化交流

過去由於相信所有文化皆是中原文化傳播下產生的，因此考古學者會比較古代四川與中原所出土的類似器物，以說明古代四川的青銅文化是在中原的強烈影響下產生和發展起來，並藉以說明古籍傳說當中的蜀與夏、商、周等中原文明有歷史與文化的關係。

然而，從新石器時代至青銅時代，四川盆地的人群與周邊的交流相當頻繁，此地出土的器物，除了極具特色的青銅器以外，尚有玉石器、象牙、金器和海貝等器物，豐富的遺物提供我們與其他區域比較的基礎。在過去以中原為中心的思考當中，往往過分強調中原在文明傳播當中的重要性，忽略周邊區域的重要性。在這一小節當中，我將以古代四川為中心，透過三星堆、金沙遺址和周圍零星發現所出土的器物作為比較的基礎，這些器物除了自身的文化特色外，不乏有與其他地區可比較之處。透過器物以尋找它們分布的空間範圍，藉以了解成都平原的交流圈。以下，我將分別從玉器、金器、海貝和青銅器當中的尊與罍等不同材質的器物加以討論。

青銅時代古代四川的玉器與其他地方互動的關係，在材料

剛發表與認識的初期，學者大部分都從中原與成都平原之間的關係立論，尤其著重在中原對它的傳播。然而，隨著材料的增加和多方向文化交流的思考，大家逐漸了解到成都平原玉石器與廣大地區的交流與互動。其中又以所謂的牙璋、T字形玉環最值得注意。三星堆所出土的玉璋，從一九二九年發現以來，陸續在數十年間皆有出土，數量高達七、八十件以上，加上兩個祭祀坑出土的六十多件，可見件數之多。在紋飾風格演變上呈現由簡至繁的發展過程，延續的時間相當的久。金沙遺址所出土的牙璋，在風格上與三星堆類似，由於兩個遺址時間上緊密聯繫，地域也相當接近，屬於同一個工藝技術的傳統。

　　古代四川出土的牙璋，在器形偏向大型化，長度有些超過四十公分，研究玉器的學者楊美莉指出，牙璋的大型化與形制結構有關，一件牙璋基本上必須具備三個組成部分，即本體、柄和欄，是東亞大陸新石器以來所發展的扁方形玉器之中結構最為複雜的一種。[70] 相較之下，陝西石峁出土的牙璋在造型發展上具備初期的特色，由於其在造型上無法克服技術上的困難，太大的空間反而造成製作上的問題，因此長度約在二十到三十公分，二里頭、三星堆出土的基本上已經克服這個問題，能夠純熟地製作四十公分以上的牙璋。上述這些出土牙璋的地方，可能以陝西石峁和二里頭所出土的和三星堆最有關係。石

---

70 楊美莉，〈細述二里頭文化的玉器風格〉（上）：31；楊美莉，〈記「三星堆傳奇」的玉石器〉（上）、（下）《故宮文物月刊》17：2、3（1999：5、6）。

茆出土牙璋在設計與風格上都與三星堆較為相似，兩地玉器在造型上從簡單到複雜的類型都有，其中石茆玉器在年代上又比三星堆來得早，三星堆牙璋製作的靈感來源可能是從陝北而來。[71]

　　由於和中國文明起源很有關係的二里頭遺址，不少學者認為是夏的都城，也出土一些玉璋，故部分的學者認為陝北的玉璋可能先往東南傳播至二里頭，再至西南的四川。[72] 然而，更為可能也較為合理的傳播方式是從四川傳播至二里頭。研究玉器的學者蘇芳淑認為從四川沿江東下，然後再北上至黃河流域。這樣的傳播路徑說明了中原不一定是所有文化的中心，也有可能是接受傳播的邊緣。

　　同樣也可以解釋三星堆玉器與廣大地區交流的是玉鐲或是玉璧，吉開將人所謂的「T字形玉環」，在三星堆附近打從一九二〇年代就已經為考古學家所發現，兩個坑之中也出土一定數量的「T字形玉環」。T字玉環不僅在三星堆，華北地區所出土的約在西元前三千紀，越南所出土的約在西元前二千紀左右。值得注意的是，在馬來半島上和泰國也都有發現，其時間應該在西元前一千紀左右。或許古代四川在文化的發展過程之

71　Jenny F. So, "Jade and Stone at Sanxingdui," *Ancient Sichuan: Treasures from a Lost Civilization,* (Seattle and New Jersey: Seattle Art Museum and Princeton University Press,2001), p. 59.

72　Elizabeth Childs-Johnson, "Symbolic Jades of the Erlitou Period: A Xia Royal Tradition," *Archives of Asian Art 48* (1995)；Jessica Rawson, *Chinese Jade from the Neolithic to the Qing.* (London: British Museum, 1995), pp. 39-44, 167-91.

中，與華南和東南亞存在著不同程度的文化交流。[73] 能夠證實古代四川與東南亞、印度洋之間關係的是在祭祀坑出土的海貝。中國古代海貝的來源，以三〇年代江上波夫的研究最為詳盡，他認為中國在新石器時代尚無海貝，喜好海貝的習俗自商代才開始，而商、西周海貝的來源地應該來自南海。[74] 三星堆的文化和商文化的海貝來源有很大的不同，並非南海，發掘者判斷三星堆的海貝來自印度洋。除了透過科學的分析加以判定，再加上鄰近的滇文化所出土的海貝數量十分驚人。[75] 滇文化中的海貝來自「南方絲綢之路」──一條從印度洋到中國西南的道路，故學者將三星堆文化中的海貝視為是「南方絲綢之路」文化交流的最早證據。[76]

　　在古代四川所出土的器物當中，與中原最有關係的器物為青銅容器中的尊與罍，這類青銅容器在三星堆出土的青銅器當

---

73 吉開將人不採取「鐲」（bracelet）或「璧」那樣令人聯想到一定功能的名稱，而以「T字玉環」名之。參見吉開將人，〈論「T字玉環」〉，《南中國及鄰近地區古文化研究──慶祝鄭德坤教授從事學術活動六十周年紀念論文集》（香港：中文大學出版社，1994）。

74 江上波夫，〈東アジアにおける子安貝の流伝〉，《東アジア文明の源流》（東京：山川出版社，1999）。英文版見於 Egami Namio, "Migration of the Cowrie-Shell Culture in East Asia", *Acta Asiatica* Vol. 26,1974。

75 關於滇文化中的海貝，論述者甚多，可以參見一些概論性的書，例如：張增祺，《滇國與滇文化》（昆明：雲南美術出版社，1997）。

76 研究東南亞的部分考古學家將三星堆放在東南亞的脈絡中，這種觀點值得再討論，例如：Charles Higham, *The Bronze Age of Southeast Asia* (Cambridge: Cambridge University Press,1996)。另外，由於後來雲南的海貝為從印度洋經緬甸的南方絲綢之路而來，故學者也往往溯源至三星堆文化中的海貝。然而，遺憾的是，三星堆的海貝並非經雲南而來。相關的著作，可以參見 Bin Yang, "Horses, Silver and Cowries: Yunnan in Global Perspective," *Journal of World History* , 15:3(2004)。

中比例並不高，僅占十二％，與中原青銅容器占主流的情形正
好成為一個明顯的對照，而在三星堆出土的尊和罍主要用來盛
放海貝。中原青銅容器的發展始自二里頭，至二里崗、殷墟而
集大成，以酒器為主的傳統持續發展並形成成套的青銅隨葬禮
器系統。中原式的青銅禮器，其功能具有宗教性的特質，與祭
祖有極為密切的關係，禮器的件數和功能在祭儀中都有規定，
商人以青銅製作了為數可觀的酒器和食器，又以酒器為最，這
種青銅容器在現今中國範圍內的很多地方都有分布。禮器的組
合有的是爵與斝，有的是爵與觚，有的是爵、斝、觚，有的則
是盉或罍，以酒器為主的傳統持續發展並形成成套的青銅隨葬
禮器系統。[77] 商文明展現出來的就是青銅容器的文明。

　　隨著商文明的擴張，青銅容器所分布的範圍更廣，陳列方
式都是一整套，以酒器為主。然而，四川、湖南和江西等地方
使用青銅容器的方式卻與中原不同，它們不以成套的形式出
現，不以酒器，而以食器為主，看來在不同地方的人群對於中
原式的青銅容器在功能上有著不同的需求。[78] 誠如羅森所言，

---

77 陳芳妹，《藝術與宗教──以商代青銅藝術的發展與隨葬禮制的互動為例》，《故
　　宮學術季刊》18：3（2001）。
78 南方所出土的商代尊、罍，相關的報告與資料可以參見《中國青銅器全集・1
　　卷・夏商》圖版115~119（北京：文物出版社，1993）；《湖南省博物館》圖版
　　17（北京：文物出版社，1983）；熊傳新，〈湖南新發現的青銅器〉，《文物資
　　料叢刊》5（1981）；《中國文物精華（1997）》，圖版43（北京：文物出版社，
　　1997）；徐正國，〈棗陽首次發現商代銅尊〉，《中國文物報》1988年7月8日；
　　荊州地區博物館，〈記江陵岑河廟興八姑臺出土商代銅尊〉，《文物》1993：8；
　　岳陽市文物管理所，〈岳陽市新出土的商周青銅器〉，《湖南考古輯刊》第2輯
　　（1984）；《新淦商代大墓》彩版七、十六（北京：文物出版社，1997）；彭錦

青銅器形制的不同表明，使用它們的儀式行為也有著地域間的差異。[79] 中原的青銅器陳列一定要伴隨著相關的儀式，三星堆的青銅容器因為缺乏其他的容器，在三星堆文化中一定扮演著不同的角色。

　　尊和罍在南方出土的數量不少，從它們的發現情況來說，大致上是沿著長江分布，而且長江流域出土的尊和罍主要用以盛放海貝，與四川相同，這種事實本身即強化了長江流域上游與中游彼此之間有交流與互動的過去。在湖南與湖北所發現的尊、罍，大部分的發現地為窖藏，主要在長江或其支流附近。按照分布圖加以判斷，其使用河流作為流通與交換的可能性相當大。西到成都平原，往東經過巫山、沙市、江陵、華容、岳陽，以至安徽的阜南，應該是成都平原對外溝通的重要渠道。長江流域不僅帶動東西向的交流，透過它的支流與密集的水系，南北向的交流也在進行著，尊與罍在陝南城固、荊州一路到湖南的分布，說明漢水流域在南北交通中的重要性。

　　同樣南北向的交流也在成都平原多條南北向的河川之中，其中以嘉陵江最為重要，貫通了漢中、關中與成都平原之間的

華，〈沙市郊區出土的大型銅尊〉，《江漢考古》1987：4。相關的研究可以參見施勁松，《長江流域青銅器研究》（北京：文物出版社，2003）；施勁松，〈論我國南方出土的商代青銅大口尊〉，《文物》1998：10；施勁松，〈論帶虎食人母題的商周青銅器〉，《考古》1998：3；張昌平，〈論殷墟時期南方的尊和罍〉，《考古學集刊》15；難波純子，〈華中型青銅彝器の発達〉，《日本中國考古學會會報》第八號（1998）。

79 Jessica Rawson, *Mysteries of Ancient China : New Discoveries from the early Dynasties,* p. 70.

尊與罍。

交通，從寶雞、漢水上游的城固到成都平原之間的文化有相當
密切的聯繫。[80] 從茹家莊所出土的小銅立人像，[81] 其與三星堆的
大銅立人像在造型與設計上，都具有相同的形式，顯然是同一
種背景下的產物。[82]

　　事實上，透過尊、罍兩種青銅容器，不只可以看到古代四
川與長江流域的文化交流，從更大的脈絡來看，還可以看到古
代四川與東亞大陸草原帶的關係，竹瓦街出土的罍，容器的器
蓋之上立體盤龍、器身滿布花紋，與遼寧北洞二號窖藏出土的
銅罍在風格上極為相似。[83] 很多研究者將這兩件青銅器放在一
起比較，探討遠距離範圍的交流與互動。童恩正在一篇文章之

---

80 趙叢倉，〈城固洋縣銅器群綜合研究〉，《文博》1996（4）：17。

81 盧連成，〈寶雞茹家莊、竹園溝墓地有關問題的探討〉，《文物》1983（2）：12-
　20；盧連成、胡智生，《寶雞強國墓地》（北京：文物出版社，1988）。

82 劉士莪、趙叢倉，〈論陝南城、洋地區青銅器及其與早期蜀文化的關係〉收錄
　於《三星堆與巴蜀文化》，頁203-211；魏京武，〈陝南巴蜀文化的考古發現與
　研究——兼論蜀與商周的關係〉，收錄於《三星堆與巴蜀文化》，頁131-139。

83 喀左縣文化館，〈遼寧喀左縣北洞村出土的殷周青銅器〉，《考古》1974（6）：
　364-372。

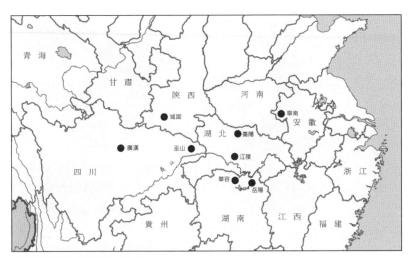

尊與罍的長江流域分布圖。

中，認為這兩件器物的相似性可以佐證從內蒙古、黃土高原以
至青藏高原「半月形文化傳播帶」的聯繫，兩地之間文化的共
通性並非「偶合」，而是具有內在的共通性。[84]

　　如果我們跳脫中原傳播的想法，不單以中原的商、周文明
和古代四川兩個孤立的點作為思考的對象，而從一個較寬廣的
脈絡思考，會得到不同的答案。東西的文化傳播，或是南北間
的溝通都有可能。從一個較為廣闊的地理範圍加以觀察，以四
川為中心，可以見到一個更廣大的交流圈，即與整個廣大的南
方、北方或與東方之間的文化接觸。

84　童恩正，〈試論我國從東北到西南的邊地半月形文化傳播帶〉，《南方文明》（重
　　慶：重慶出版社，2004），頁134-146。

茹家莊小銅立人像。

小結

　　新石器時代成都平原的「寶墩文化」，引起學者們關心其與文明起源之間的關係，成都平原可能為東亞大陸上另外一個文明的起源。然而，在論述這個問題時，將來尚須加以證實更多的資料，可以確定的是，成都平原此一時期社會已經具備一定程度的複雜化。

　　三星堆祭祀坑的發掘促成了對成都平原青銅文化的了解。在考古的發現裡，三星堆遺址為巨大的城牆圍繞，城內據了解有生活居址、青銅作坊、墓葬等人群密集活動的痕跡。與同一時期中原的青銅遺址相較，三星堆並不遜色。同時期的晚商文明，青銅器鑄造的種類與方向，除了與其他文明相同用來鑄造

半月形文化傳播帶。

成兵器外,尚以青銅鑄造大量的容器。青銅的鑄造牽涉到整體社會的組織與動員,以冶礦的部分而言,從探勘、採礦、冶煉以至於青銅器的成形,背後關係到的組織動員與人力控制,都說明了複雜政體的形成。二里頭將青銅器資源集中於鑄造兵器與容器,在其後中原的商、周文化之中成為一股重要的傳統。這股傳統背後有其宗教性的面向,主要動力來自對於祖先的崇拜,然而,中原的商、周文明並非以青銅鑄造祖先的神像,而是鑄造出膜拜祖先的器物。

古代四川在青銅容器中沒有發現鼎的存在,也沒有任何可

以用作烹煮的青銅三足或四足炊具的痕跡。不僅如此，二里頭、二里崗和殷墟青銅禮器中的其他主要禮器，如爵、斝、觚等注酒和飲酒的酒器，在目前所發掘的情形中也付之闕如。相對於安陽以青銅鑄造容器和兵器，代表了與中原相當不同的使用資源的概念。坑內大量的金器、青銅器、玉器等珍貴器物，顯示了一個與中原大異其趣的儀式活動。目前正在挖掘的祭祀坑，也符合這樣的看法。

　　從三星堆挖掘出的器物來看，這個文明與廣大的東亞大陸不同地區都有交流，從長江中下游、中原、陝北到東南亞都是其交流圈，讓我們看到這個文明的廣大。

　　古代四川為傳統以正史書寫的歷史所遺忘，他們顯示的是一個「失落的文明」，不存在中原國家的歷史脈絡之中，只有等待考古的發掘，這個被遺忘的古文明才為現在的人所認識。如果當時此地屬於「中國」，那麼這個「中國」也只是個「未知的中國」。這個文明如何被遺忘？乃是因為被秦征服、殖民，接著西漢與東漢帝國接連的外來統治和文明化政策，讓其淹沒在歷史的洪流中。

第三章

秦統一天下的關鍵

——征服、殖民統治古代四川

　　秦孝公變法後，秦國日益強大，開始圖謀東方之事。當秦國強大之際，戰國各國間在外交上彼此角力，伴隨而起的即為「合縱」與「連橫」。前者為防止秦國東出的聯盟；後者則為秦國突破封鎖的努力。秦國的國力雖強，但當東方六國加以防範它時，以一敵多，也無法統一天下。在東出始終無多大進展時，秦思考的突破方法為南進，尋求一個更大的腹地以充實自身的基礎。然而，漢水流域上游和四川盆地為楚國的勢力範圍，欲鞏固秦在成都平原的統治權，就必須排除楚國的力量。透過外交政策的運用與數次的戰爭，秦確認了自己在成都平原的統治權，排除了楚國在漢水上游與四川盆地的勢力。

　　成都平原對秦國而言是殖民地，在不斷的學習與適應的過程當中，秦武力鎮壓、羈縻到直接統治，徹底拔除了當地的舊有勢力。秦國於西元前三一六年南取成都平原，在當地實施了不同的統治方式。一開始，秦國在內外因素影響下，採取一國兩制的方式。成都平原舊有的勢力繼續維持，並享有名義上的統治權。然而，商鞅變法後的秦國脫胎為中央集權的領土國家。在專制政權下，成都平原的舊有勢力在半個世紀後消散。代之而起的是一連串的改造方案，成都平原與秦國逐漸合為一體，成為戰國時代在政治與經濟上最為強大的國家，打破列國相持不下的均勢狀態。

　　本章要說明的，是秦征服與統治成都平原的歷史意義，在於建立殖民地與發展殖民主義，完全控制當地的資源，使得秦得以壯大。接下來首先會說明殖民地與殖民主義的定義，接著

分析戰國的國際情勢，說明成都平原是戰國時代縱橫捭闔外交下的犧牲品。當秦征服四川之後，從軍事占領到推動一系列的「殖民政策」，包含政治控制、人群移動和經濟管制，讓秦的統治技術更加成熟，為日後秦帝國的形成奠下基礎。

東出與南進的抉擇

秦孝公變法後，秦國日益強大，開始圖謀東方之事。惠文王於西元前三三八年即位，在孝公變法圖強的四分之一世紀後，惠文王圖謀的已經與孝公不同。孝公立志收復失去的土地，惠文王則是開始與東方六國一決雌雄。惠文王的功業與張儀的相秦脫離不了關係，張儀原是魏國的公族，曾至楚國說服楚王但不見用，遂西入秦。西元前三二九年，張儀至秦國，適逢楚魏大戰，張儀說服秦惠王出兵幫助魏國。魏因得秦之助，於陘山打敗楚國，秦國因而得以順利接收河西之地。[1] 接下來幾年間，張儀透過國際外交上的運用，輔以強大的軍隊作為後援，又迫使魏國把上郡十五縣獻給秦國。[2]

當張儀在助秦「連橫」之計不斷的獲得成功時，秦國的公孫衍此時離開秦國赴魏。當西元前三二四年，張儀率兵出函谷

1　《戰國策‧韓策二》（上海：上海古籍出版社，1978），頁975；《史記‧韓世家》，頁1873-1874。

2　《史記‧張儀列傳》，頁2284-2286。

關，攻取魏的陝，作為謀取中原的基地，同時築上郡塞。[3]次年張儀與齊、楚大臣相會，目的在於拉攏齊、楚，防止公孫衍和齊、楚合縱。在這樣的情勢下，公孫衍為了破張儀之局，同年發起「五國相王」，魏、韓、趙、燕、中山都參與了此次的聯盟。[4]然而，此次聯盟卻因彼此的嫌隙與矛盾，並無太大的成就。

　　張儀與公孫衍之間的相互較量並不因此稍停歇，在接下來的幾年，各國間的相互聯盟更為頻繁。時人有言：「公孫衍、張儀豈不誠大丈夫哉！一怒而諸侯懼，安居而天下熄。」公孫衍的「五國相王」並未成功，張儀在接下來的幾年成為國際局勢和戰的關鍵人物。西元前三二二年秦攻取魏的曲沃、平周。魏國本來所採取的聯合齊、楚以制秦之策略失敗，不得不採取張儀「欲以秦、韓與魏之勢伐齊、楚」，張儀被起用為魏相，實則兼領秦相。秦、魏、韓取得同盟關係後，張儀便假道韓、魏境以攻齊，齊威王遣匡章為將應戰，齊兵用計獲得大勝。[5]

　　由於張儀之計受挫，公孫衍為魏相，得以展開其「合縱」之略。西元前三一九年，齊、楚兩國聯合驅逐張儀，魏國派出使者到楚、燕、趙等國形成合縱的態勢。公孫衍得到東方六國的支持，至西元前三一八年便有「五國伐秦」之舉。此次合縱攻秦，共有魏、趙、韓、燕、楚等五國，楚懷王為縱長，從《史記・楚世家》的記錄：

3　《史記・秦本紀》，頁206；《史記・張儀列傳》，頁2284。

4　《戰國策・中山》，頁1174。

5　《戰國策・齊策一》，頁327。

　　蘇秦約從山東六國共攻秦，楚懷王為從長。至函谷關，
秦出兵擊六國，六國兵皆引而歸，齊獨後。[6]

　　六國之兵大敗，魏國的損失尤其大。次年秦又乘勝追擊，
一直進攻到韓邑修魚（今河南原陽縣西南），俘虜韓將申差，
打敗趙公子渴、韓太子奐，斬首八萬兩千人。

　　公孫衍的合縱失敗之後，秦國又開始圖謀兼併與擴張的策
略。然而，長期的合縱與連橫使得各國都有得有失。雖然秦國
在國際局勢中通常都是贏家，但這促使了東方各國更加的防範
秦，東方局勢處於一種危險平衡中。六國相當防範秦，而秦在
此時雖是最強的國家，但尚未有統一六國的實力。秦國開始尋
求新的突破點，在這場競爭中謀求最後的勝利。當「東進」雖
未受挫，但並沒有太大的進展時，秦國內部的策士開始有不同
的討論。張儀在「東進」策略上獻計最多，主張進攻韓國的新
城、宜陽，「以臨二周之郊，……據九鼎，案圖籍，挾天子以
令於天下」；[7]司馬錯則反對此一策略，尋找不同的方針。他以
為「攻韓劫天子」，不僅得不到實際的好處，尚有可能因此使
東方六國師出有名。周天子雖然「無實」，卻仍「有名」。他
們曾在秦國的宮廷當中展開激烈的辯論。《史記·張儀列傳》
有詳細的記錄：

6　《史記·楚世家》，頁 1722-1723。
7　《史記·張儀列傳》，頁 2282。

儀曰：「親魏善楚，下兵三川，塞什谷之口，當屯留之道，魏絕南陽，楚臨南鄭，秦攻新城、宜陽，以臨二周之郊，誅周王之罪，侵楚、魏之地。周自知不能救，九鼎寶器必出。據九鼎，案圖籍，挾天子以令於天下，天下莫敢不聽，此王業也。今夫蜀，西僻之國而戎翟之倫也，敝兵勞眾不足以成名，得其地不足以為利。臣聞爭名者於朝，爭利者於市。今三川、周室，天下之朝市也，而王不爭焉，顧爭於戎翟，去王業遠矣。」[8]

從這一段文字，可以發現縱橫家出身的張儀關心的在於建立聲名，威服天下。他認為取蜀與王業相隔太遠，而且蜀是一個偏僻的地方，與戎狄相同。

司馬錯曰：「不然。臣聞之，欲富國者務廣其地，欲彊兵者務富其民，欲王者務博其德，三資者備而王隨之矣。今王地小民貧，故臣願先從事於易。夫蜀，西僻之國也，而戎翟之長也，有桀紂之亂。以秦攻之，譬如使豺狼逐群羊。得其地足以廣國，取其財足以富民繕兵，不傷眾而彼已服焉。拔一國而天下不以為暴，利盡西海而天下不以為貪，是我一舉而名實附也，而又有禁暴止亂之名。今攻韓，劫天子，惡名也，而未必利也，又有不義之名，而

---

8 《史記‧張儀列傳》，頁2282。

攻天下所不欲，危矣。臣請謁其故：周，天下之宗室也；齊，韓之與國也。周自知失九鼎，韓自知亡三川，將二國并力合謀，以因乎齊、趙而求解乎楚、魏，以鼎與楚，以地與魏，王弗能止也。此臣之所謂危也。不如伐蜀完。」[9]

　　司馬錯的言論與張儀的著眼點完全相反，和縱橫家爭取聲名的方式不同，出身將軍的司馬錯知道戰爭乃取天下的重要手段。而戰爭最重要的即為軍糧與後援，宜於農業的腹地才是秦勝出的關鍵。成都平原完全符合秦的需求，尚可以不驚動中原的局勢。

　　秦在商鞅變法後，富國強兵，面對六國的進攻在戰役上屢屢勝利。魏國本是戰國初期的強國，但在與秦爭戰數年後，國力上逐漸顯現疲態。秦據關中，經過水利設施的興建與土地制度的改革，糧食可以供給全國的軍民使用與大規模的軍事動員。然而，秦國雖然稱霸西戎，在黃土高原的東緣開疆拓土，獲得很大的勝利，但在其領土之內宜於農業之地僅有渭水流域。渭水流域所產的糧食，在長期供應秦與東方六國的戰事的過程中逐漸不足。[10]商鞅入秦後，了解到這個隱憂，他大力提倡增加農業的生產。然而，誠如司馬錯在秦舉巴蜀前夕所言：「今王地小民貧，故臣願從事於易」。尋求一個大量糧食的來

9　《史記・張儀列傳》，頁2282。
10　史念海，〈古代的關中〉，《中國史地論稿》（臺北：弘文館，1986），頁23-35。

源將是秦在變法後，欲勝出各國、統一天下的關鍵。

　　秦國以陝西渭水流域為主，西至今天甘肅的東南部，東邊大致沿著今日晉陝之間的黃河為界，東南部有一部分伸入今日河南省的靈寶。從古代的典籍來看，其東和魏、韓及大荔之戎交界，南和楚、巴與蜀為鄰，西面則以縣諸、烏氏等戎國交界，北面是義渠、朐衍等戎國為鄰。秦國的建國與霸業的形成有一部分來自於與這些族群的鬥爭，穆公三十七年時（西元前六二三年），用由余伐戎王，「益國十二，闢地千里，遂霸西戎」。[11] 較諸於其他的國家，韓、魏、齊雖有地理之便，卻擠身於中原，擴地的範圍有限，而且中原局勢遷一髮動全身，隨時有引發國際戰爭的可能性。除了西面以外，秦國南面的蜀「其國富饒」，擴地既可以不驚動國際局勢，又可以富厚其國。

排除南進的障礙：楚國

　　當秦決定南下取蜀時，必須面對的就是當時在南方最強的國家楚國。從古典文獻與考古材料當中，都可以看到成都平原與楚交流密切。在古典文獻《華陽國志》與《蜀王本紀》的記載中，有楚人代蜀人為王的故事，兩者詳略有別。由於鱉靈為楚人，故其中充滿了相當有趣的意涵。《蜀王本紀》中的記載抄錄如下：

---

11 《史記‧秦本紀》，頁194。

> 荊有一人名鱉靈，其屍亡去。荊人求之不得。鱉靈屍至
> 蜀，復生。蜀王以為相。時玉山出水，若堯之洪水。望帝
> 不能治，使鱉靈決玉山，民得安處。鱉靈治水去後，望帝
> 與其妻通。帝自以薄德，不如鱉靈，委國授鱉靈而去，如
> 堯之禪舜。

關於這段紀錄，學者認為開明氏至蜀的說法有好幾種，謹
舉其二：其一、將鱉靈視為真實的歷史人物，認為他是開明
氏統治蜀地時的開國君主，而他可能是由楚地到蜀地的部族
首領；[12] 其二、將鱉靈視為川東巴族開明氏的首領，後來滅掉
蜀王杜宇的王朝。[13] 以目前的材料，無從判斷哪一個說法較正
確，背後都缺乏堅實的證據。

學者認為上述的史料說明了成都平原上層文化與楚王室之
間的關係，甚至於有大量的楚人移民入川。[14] 然而，並不能由
此說明此地有大規模的楚移民。在最富成都平原特色的船棺當
中，存放著楚文化的器物，這種現象反映當地人在物質文化上
有不同的認同。較為保守且符合考古情境的說法為此地的居
民在文化的選擇下，認同當地的墓葬形制，而選擇遠方的物品
作為身分的象徵。除此之外，楚國當時在長江流域的力量相當

---

12 鄧少琴，〈巴蜀史稿〉，《鄧少琴西南民族史地論集》（成都：巴蜀書社，2001）。
13 童恩正，《古代的巴蜀》（重慶：重慶出版社，2004），頁57。
14 郭德維，〈蜀楚關係新探──從考古發現看楚文化與巴蜀文化〉，《考古與文物》，
　　1991：1（西安）；沈仲常，〈新都戰國木槨墓與楚文化〉，《文物》，1981：6；施
　　勁松，〈蜀文化中的楚文化因素〉，《三星堆與巴蜀文化》（成都：巴蜀書社，1993）。

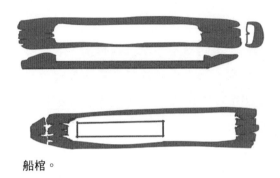

船棺。

大。其以湖北為中心，向四方不斷擴展，[15] 學者從各個不同的
面向指出楚文化的「南漸」、「東漸」和「西漸」。[16] 或許可以
認為，戰國時期楚國對川東，以至於川西的成都平原都有強大
的影響力。

　　故當秦考慮南進時，除了要面對成都平原當地政權的力
量，尚需與楚的勢力交涉。當時有策士蘇代警告楚王：

　　告楚曰：「蜀地之甲，乘船浮於汶，乘夏水而下江，五
　日而至郢。漢中之甲，乘船出於巴，乘夏水而下漢，四
　日而至五渚。寡人積甲宛東下隨，智者不及謀，勇士不
　及怒，寡人如射隼矣。王乃欲待天下之攻函谷，不亦遠

15 李零，〈論楚國銅器的類型〉，《入山與出塞》（北京：文物出版社，2004），頁
　277。

16 劉和惠，《楚文化的東漸》（武漢：湖北教育出版社，1995）；高至喜，《楚文化
　的南漸》（武漢：湖北教育出版社，1995）；朱萍，〈楚文化的西漸——楚國向西
　擴張的考古學觀察〉（北京：北京大學考古文博學院碩士論文，2002）。

手！」楚王為是故，十七年事秦。[17]

蘇代的話點出了蜀地除了富厚以外，尚有相當重要的戰略位置，從蜀地以至楚國的首都只要五天；從漢中沿漢水而下也只要四日即可抵楚地的五渚。

> 楚王曰：「寡人之國西與秦接境，秦有舉巴蜀并漢中之心。秦，虎狼之國，不可親也。……故謀未發而國已危矣。寡人自料以楚當秦，不見勝也……寡人臥不安席，食不甘味，心搖搖然如縣旌而無所終薄。今主君欲一天下，收諸侯，存危國，寡人謹奉社稷以從。」[18]

由此看來，楚王明確的知道蜀地的重要性，也知道秦有南取巴蜀之心，故秦欲南進，必須引開楚的注意力。

張儀透過縱橫捭闔的手段支開楚國的注意，趁機進攻蜀國。此時秦發動對韓的戰爭，當秦與韓戰於濁澤時，韓國的大臣公仲朋主張給秦一個都邑，並與秦一起伐楚，「此一易二之計」。當公仲朋入秦時，楚懷王大驚，召陳軫加以商量，並用計使公仲朋的聯秦伐楚之計破局。秦因為韓的失信，師出有名，再大敗韓國，並圍困魏國的焦城、曲沃，迫使韓、魏加入

---

17 《史記‧蘇秦列傳》，頁2272。
18 《史記‧蘇秦列傳》，頁2261。

張儀的「以秦、韓與魏之勢伐齊、楚」。[19]

秦於西元前三一六年取蜀，從記載上來看，此時恰逢蜀國和苴國、巴國間有戰爭。巴與蜀之間似乎長期處於緊張狀態。苴侯與巴王友好，蜀王伐苴，苴侯出奔巴國並且向秦求救，希冀引來外國勢力的介入。《史記・張儀列傳》：

> 苴蜀相攻擊，各來告急於秦。[20]

秦取蜀似乎是奇襲的軍事活動，除了在《蜀王本紀》、《華陽國志》中有記載外，只在《史記・秦本紀》、與《戰國策・秦策》當中留有紀錄。在當時的國際局勢中似乎並不重要，古典文獻當中也未留下任何的紀錄。

透過策略的運用，張儀使得楚國無暇顧及西方的巴、蜀之事。至西元前三一三年，秦國在伐蜀後的三年，已經決定與楚一戰。事實上，當秦占領成都平原後，聯繫關中與成都平原之間最重要的中點站漢中盆地，尚在楚國的勢力範圍。秦國不可能在得手成都平原後，讓他國染指這個重要的中點站。張儀為了貫徹其策略，必須瓦解兩國的聯盟，還要趁機奪取漢中。張儀於楚懷王十六年至楚說服楚王若與齊絕交，將獻出「商於之地六百里」。商於之地位於武關以東，本為楚地，然而被秦占

---

19 《戰國策・韓策一》（上海：上海古籍出版社，1978），頁 950-952。
20 《史記・張儀列傳》，頁 2281。

有。此處位於關中至江漢平原的關鍵地位，秦軍的占領，對楚有如芒刺在背。張儀願交還商於之地，楚王相當高興，不聽陳軫的勸阻，仍頑固的與齊絕交。

　　齊、楚絕交後，楚派兵欲接收商於之地，然張儀回說交還的地並非全部，只有六里大，楚懷王因而怒伐秦。[21] 秦本有與楚一決雌雄之意，張儀使楚本是緩兵之計，以求萬全的準備。此戰為戰國秦、楚的首戰，關係未來的局勢甚鉅。西元前三一二年，兩國大戰，楚分兩路出兵，一路由將軍屈丐進攻商於之地；一路由上柱國景翠帶領進軍韓的雍氏。秦分三路出兵，東路由將軍樗里疾率領，出函谷關助韓攻楚；中路由庶長魏章率領，出武關迎戰屈丐所領之兵；西路則由甘茂帶領，從南鄭出發，沿著漢水流域，進攻楚國的漢中。首戰魏章於丹陽迎擊楚軍，楚軍大敗，斬首八萬，並俘虜將軍屈丐。魏章在丹陽勝利後，由此向西與甘茂的部隊會合，獲取了楚的漢中六百里之地，並置漢中郡。東路的樗里疾也獲得勝利，並助韓、魏收回失土。楚懷王得知失去漢中，再度發兵，一度攻至藍田，卻再度大敗。[22]

　　秦透過外交政策的運用與數次的戰爭，確認了其在成都平原的統治權，排除了楚國在漢水上游與四川盆地的勢力。在往後的數十年當中，秦國透過成都平原數度進攻楚。楚國至懷王

---

21 《戰國策・秦策二》，頁 133-136。
22 楊寬對這一段戰事有詳細的考證，參見楊寬，《戰國史》（臺北：臺灣商務出版社，1997），頁 358-359。

時，由於政治腐敗，官僚階層和社會問題之間產生矛盾。對內，屈原曾經想改革楚國的內政，對外，聯齊制秦的策略也失敗。屈原在遭人排擠的情況下遭到流放。楚懷王後期還爆發了莊蹻的內亂，「莊蹻起，楚分為三四」。[23] 秦國在此時本想攻取魏國的大梁，然每當秦出函谷關，東方六國必當聯合援救。秦國雖強，但以一敵多也無法制勝。秦國選擇的方式是南下攻楚，「其兵弱，天下不能救，地可廣大」，秦制定了攻取楚都鄢郢的計畫。[24]

　　鄢郢之地為楚國的核心地區，鄢本為楚的別都，郢在鄢南方約兩百公里，為楚國的都城。西元前二七九年秦昭王伐楚，從漢水上游而下進攻鄢城。從《水經・沔水》的記錄，白起引水灌城，從城西灌到城東，楚軍民死傷數十萬人。今日湖北省宜城所發掘到的「楚皇城」即為鄢城，考古學家認為白起引水灌鄢的長渠，從城東一直通到城西，在東牆兩端有寬六十公尺的大缺口，即為白起引水灌城的缺口，是個有趣但仍需考慮的看法。[25] 白起攻下鄢城，獲得了關鍵性的勝利，接下來占領了郢、鄧、藍田等五城，繼而分兵三路，向西攻到夷陵，燒了楚的先王陵墓與宗廟；向南則到了洞庭、五渚、江南[26]；向東攻

---

23 《荀子集解・議兵》（北京：中華書局，1988），頁282。
24 《戰國策・魏策四》，頁887。
25 湖北省文物管理委員會，〈湖北宜城楚皇城遺址調查〉，《考古》，1965：8（北京）；楚皇城考古發掘隊，〈湖北楚皇城勘查簡報〉，《考古》，1980：2（北京）。
26 《韓非子集解・初見秦》（北京：中華書局，2003），頁5、《戰國策・秦策》，頁223。

到了竟陵，再向東北一百多里直到安陸，再往東一百多里到西陵。[27] 白起兩年的戰爭中，攻下了楚的核心地區，迫使楚遷都到了陳，對於楚勢力的削弱有決定性的影響。

前二七七年，秦國分兩路進軍，大舉擊楚，一路以蜀守張若帶領，自四川順江而下，攻占巫郡。在這一次的戰爭，秦國清楚的認知到成都平原的戰略地位，其對於楚來說無疑是芒刺在背。由於蜀地的重要性在此次戰爭當中彰顯出來，楚不得不防範來自於成都平原的攻擊。在秦、楚之戰進行時，楚將莊蹻曾一度收復黔中郡，並由此向西南進攻，希冀透過更迂迴的方式繞過成都平原以掌握在戰略上的主導權。莊蹻經過沅水，攻克且蘭，征服夜郎，一直到今日的滇池附近。《史記·西南夷列傳》：

> 始楚威王時，使將軍莊蹻將兵循江上，略巴、〔蜀〕黔中以西。莊蹻者，故楚莊王苗裔也。蹻至滇池，〔地〕方三百里，旁平地，肥饒數千里，以兵威定屬楚。欲歸報，會秦擊奪楚巴、黔中郡，道塞不通，因還，以其眾王滇，變服，從其俗，以長之。[28]

然而，秦在西元前二七七年派蜀守張若，再度攻擊黔中郡。莊蹻因為斷了歸路，就在滇國稱王。至此，秦國透過成都

---

27 楊寬製作了一份白起破楚的示意圖，參見《戰國史》，頁 392-393。
28 《史記·西南夷列傳》，頁 2993。

平原的戰略地位，削弱了楚國的勢力，確認了國際局勢當中
「東面而立」，在形勢上占取最優越地位的國家。[29]秦透過數年
的經營，獲得了從關中、漢中以至四川盆地的所有土地，排除
了楚在此地的勢力。秦為了成都平原不惜與楚發生大戰，即說
明此地在戰略、政治與經濟上的重要性。

秦在成都平原的殖民政策
（西元前二八五－西元前二二一年）

　　秦舉蜀至征服六國的將近一個世紀中，可以分為幾個時
期：第一時期，封建郡國並行，秦國在商鞅改革後，基本上實
行郡縣制。然而，在成都平原實行的卻是承認當地勢力的封建
制度，一個國家中存有兩種不同的體制；第二時期，開始立城
置縣，並實行土地制度，引進戰國時期秦國的部分制度。然
而，在舊有的傳統仍然存在且力量強大的情形下，新勢力與舊
勢力形成拉扯並關係緊張；第三時期，徹底掃除舊有勢力，將
關中秦國的制度直接複製在成都平原。此時期除了政治上的直
接統治外，更強調從成都平原汲取經濟資源，動員與改造成都
平原的社會。觀察這三個階段，與戰國時期列國競爭的形勢的
關係皆密不可分。三個階段除了反映秦國在成都平原的勢力與
影響力逐漸增強，也顯示了秦國在與六國爭雄時的外交關係。

29《史記‧楚世家》，頁1730。

秦國與東方六國的關係，具體地反映在其對成都平原的政策之上。

（一）一國兩制的困境（西元前三一六一西元前二八五年）

從《史記》與《華陽國志》的記載當中，秦滅蜀為秦惠王更元九年，即周慎王五年（西元前三一六年）。《華陽國志‧蜀志》：

> 周慎王五年（西元前三一六年），秋，秦大夫張儀、司馬錯、都尉墨等從石牛道伐蜀，蜀王自於葭萌拒之，敗績，王遯走，至武陽為秦軍所害，其傳相及太子退至逢鄉，死於白鹿山，開明氏遂亡，凡王蜀十二世。[30]

封建時代的王室——封建諸侯，以藩屏周，外地的諸侯宛若一個小朝廷。各地的諸侯只需對天子負擔一定的義務，國君並無法深入各地方的政治。戰國時期與封建時代最大的差異即在於國君的集中統治，尤其展現在郡縣制度的出現。然而，秦舉蜀之後卻無法立即實行郡縣制度，有四個原因：其一，國際情勢的緊張。秦舉蜀之時，正面臨著與東方六國的頻繁戰爭，不能受到成都平原的戰爭拖累；其二，成都平原遠在一千公里之外而且間隔著秦嶺與巴山之險，考察戰國設郡與立縣的歷

---

30 任乃強，《華陽國志校補圖註》，頁126。

史，未有如此懸遠之距離，是否要在成都平原設立郡縣，考驗
著秦國的統治技術；其三，族群的複雜性。在成都平原出土的
墓葬，其物質文化是相當複雜的。它的文化中充滿了來自四面
八方的認同，其中牽涉到的族群遠超過傳統文獻認定的「蜀」
民族。秦政府面對的是跨地域控制一個族群成分複雜的社會；
其四，地域的廣大。成都平原的面積廣大，是秦國當時擴張過
程中所獲最廣大的土地，秦國如果動員大量的人力固守，有可
能會鞭長莫及，難以控制。

　　間接統治或是特殊行政制度是秦國選擇用來掌控成都平原
的辦法。這是秦舉蜀後的第一個階段，從西元前三一六年至西
元前三一一年蜀相起義為止。《史記・張儀列傳》當中記載：

　　卒起兵伐蜀。十月取之。遂定蜀、貶蜀王，更號為侯。
　　而使陳莊相蜀。[31]

《華陽國志・蜀志》：

　　周赧王元年（西元前三一四年），秦惠王封子通國為蜀
　　侯，以陳壯為相。置巴郡。以張若為蜀國守。[32]

---

31 《史記・張儀列傳》，頁 2284。
32 任乃強，《華陽國志校補圖註》，頁 128。

　　在《戰國策‧秦策》當中也記載「蜀主更號為侯」。西元前三一四年秦惠王封公子通為蜀侯，[33] 公子通即蜀王之子。[34] 秦國在成都平原使用的是一種新的制度，它以強勢的軍隊控制局勢後，在政治上設了一個負責軍務的「守」和政務的「相」。原本的蜀王則降為侯，成為傀儡。秦政府為了怕當地的留守人力不足以應付臨時的事變，一占領當地後即大量的從關中移民。《華陽國志‧蜀志》寫道：「戎伯尚強，乃移民萬家實之。」[35]

　　一國兩制的政策在蜀國旋即受到考驗。當秦惠王於西元前三一一年去世後，「丹、犁臣，蜀相莊殺蜀侯」。丹、犁在今日的何處，已經無法得知，但蜀相在取得蜀地的控制權後，便殺了蜀侯以掌握蜀地的權力，蜀相選擇如此作為的時機，是相當準確的。惠王死後，武王即位，為了建立自己的勢力與鞏固政權，武王在成都平原叛變的同時，先穩定朝廷的形勢，確立自己的人脈。次年武王為了安定蜀地，便派甘茂、司馬錯與張

33 《史記‧六國年表》記在次年，作公子繇通；華陽國志作公子通國。相關的考證可以見任乃強的《華陽國志校補圖註》，頁129-130。Steven Sage 也對秦舉巴蜀的日期做了相關的考證，參見 Steven F. Sage, *Ancient Sichuan and the Unification of China* (New York: State University of New York Press,1992), pp. 199-201.

34 《史記‧張儀列傳》：「遂定蜀，貶蜀王更號為侯，而使陳莊相蜀。蜀既屬秦，秦以益強富厚。」《戰國策‧秦策》：「蜀主更號為侯。」瀧川資言的《史記會注考證》根據《戰國策‧秦策》和《史記‧張儀列傳》，推斷秦封蜀侯是原來的蜀王之子，而非秦國的宗室。此見解與蒙文通相同，參見蒙文通，〈巴蜀史的問題〉，《四川大學學報》，1959：5。

35 任乃強，《華陽國志校補圖註》，頁128。

儀再度伐蜀，殺死陳莊，又討伐丹、犁。[36]

　　秦政府討伐完成都平原當地的起義後，必須檢討在成都平原的政策。從西元前三一一年到西元前三〇八年新任蜀侯任命的期間，古典文獻當中缺乏紀錄說明成都平原此一段時間是否維持舊體制。可能此一時期成都平原經歷過一段軍事統治時期，司馬錯、張儀和甘茂從咸陽帶領的兵卒，在此設計更為適合統治的政策與設施。但此一時期基本上不脫離以蜀人治蜀的懷柔政策，以免有更劇烈的反抗，惟在此時更加強軍事與政治的力量，包括築成都城、移民實川和在移民所在的地區土地改革。

　　秦武王採取的動作相當果斷迅速，在兩、三年之間即穩定了成都平原。然而，秦武王剛繼承王位，內外局勢尚不穩定。秦持續在蜀地的統治，且有改革，其基調尚維持第一階段的「一國兩制」。在西元前三〇八年，秦武王又封子煇為蜀侯，子煇也是原來蜀侯的後代。武王知道成都平原的舊有勢力與傳統仍然強大，故他仍然必須加以尊重。如果貿然對蜀地採取大規模行動，恐將無法控制。他首先穩定自己的人事，驅逐叱吒風雲數十年的丞相張儀與大將魏章，以甘茂、樗里疾為左右丞相。而且此時秦武王不將經營重心放在南方，他的企圖心比起惠王更大。同年，秦武王「車通三川，窺周室」，命甘茂和庶長向壽伐取韓的宜陽（今河南省宜陽縣西）。

36《史記・秦本紀》，頁209。

秦攻克宜陽後，斬首六萬。武王接著準備對周室下手。秦國在東周時期的基本國策之一即為保護周室。然而，至武王時，史書上記錄樗里疾率車百乘進入東周。武王也於西元前三〇七年八月至洛陽比武舉鼎，其挑釁與代天下的意味十分濃厚。然而，武王竟至周而卒於周，於洛陽絕臏而死。[37]

秦武王的猝死使得秦國朝廷不穩，此時秦國也無力分心於南方的成都平原，繼續使蜀侯之子煇治蜀是較為省事的方式。由於武王沒有兒子，幾個弟弟陷入爭奪王位的漩渦之中，這場內亂持續了三年之久。[38]秦國在這幾年也進入內部秩序的重整，從西元前三〇八年以至西元前三〇〇年，秦國相對來說對外的大型戰爭較少。

西元前三〇一年，蜀地又反。《史記·秦本紀》：「（昭襄王）六年（西元前三〇一年），蜀侯煇反，司馬錯定蜀。」[39]《史記·六國年表》記載：「司馬錯往誅蜀守煇，定蜀。」兩者基本上相同。[40]司馬錯伐蜀後，秦國對於成都平原的政策仍

---

37 《史記·秦本紀》，頁 209。

38 關於這場內亂，相關的記載在《史記·秦本紀》：「庶長壯與大臣、諸侯、公子為逆，皆誅。及惠文后，皆不得良死，悼武王后出歸魏」。《史記·穰侯列傳》索隱引《古本竹書紀年》：「秦內亂，殺其太后及公子雍、公子壯。」

39 《史記·秦本紀》，頁 210。

40 兩者只有「蜀侯煇」與「蜀守煇」不同，此處應該為年表的錯誤。惟在《華陽國志》當中的記載卻出現了：「十四年（西元前三〇一年），蜀侯惲祭山川獻饋於秦孝文王，惲後母害其寵，加毒以進王，王將嘗之，後母曰：『饋從二千里來，當試之。』王與近臣，近臣即斃，文王大怒，遣司馬錯賜惲劍，使自裁。惲懼，夫婦自殺。」在上面幾條史料當中，以《華陽國志》所記最為詳細，但是其年代與秦本紀和六國年表皆不合。《史記》所載雖有漏失，但《華陽國志》所載卻有如

未改變。成都平原當地的勢力仍強,從《華陽國志》的記載中可以得知,在蜀侯輝死後,當地人仍幫他立祠,原有的統治階層在當地仍然強固。西元前三〇〇年,秦國續封輝之子綰為新任蜀侯。

　　秦國對成都平原的政策,具體反映在一個國家之中實行一國兩制的捉襟見肘。秦國既然在名義上統治成都平原,就絕對不可能使成都平原的地方勢力過於高漲。當地方勢力與中央統治不斷的衝突時,兩者不是分離就是強勢的一方將制度加諸另一方之上,完成制度的畫一。弱勢的一方在強勢政軍制度的壓力之下,聲音與傳統注定在歷史的洪流中逐漸消逝。

　　至西元前二八五年時,秦國在國際局勢當中逐漸成為最大的強國,在統治技術上具有充分的信心,徹底去除成都平原的舊有統治階層,將其內地化。李冰於西元前二七七年就任,任命李冰為郡守,對於成都平原來說是一種政策上的轉向。

(二)殖民地與殖民主義

　　秦在李冰之後展現了不同的統治方式,也影響了戰國的歷史,讓統一天下成為可能。秦發展出了一種「殖民」的方法,讓它後來得以發展成帝國,並且統一天下,具體的措施本章後

傳說。蒙文通對此已經有所論述,他認為孝文王在位才三日,他來不及封他的兒子為蜀侯,更來不及獻饋與加毒。而《華陽國志》當中的記載應該為春秋時晉驪姬申生故事的民間訛傳,常璩以此入志是不足採信的,參見蒙文通,《巴蜀古史論述》(成都:四川人民出版社,1981),頁60-61。

半部會談，在此我們先來談談「殖民」。

　「殖民」與「殖民地」的用語和概念，在中國古代史的研究上較少為人注意，杜正勝先生在《周代城邦》當中有較為細緻的分析，他認為周行封建，即是「武裝殖民」運動，而其基礎則在氏族宗法。「周人以強悍武力作後盾，在新征服區建立殖民地，是謂封建，故曰武裝殖民。」[41]「殖民主義」（colonialism）和「殖民地」（colony）不只是近代世界形成的現象，在古代地中海世界擁有長遠的歷史，世界大部分的地區都有殖民的現象，成為一個比較歷史的焦點，學者也開始進行「比較殖民主義」（comparative colonialism）的研究，探討當代殖民主義與古代殖民主義之間的差別。[42]殖民主義可以簡單的定義為一個族群對另一個族群的統治，透過遠距離加以控制，經常以移民聚落的設置控制當地人群。除了控制的層面以外，「殖民主義」也是一種政治主張或實踐，主要內容是通過一個國家／政體奪取其他國家／政體的領土所建立經濟及政治的霸權，而凌駕於別國、團體或人群之上。不少學者都對殖民主義加以定義，[43]其中尤根・奧斯特哈默（Jürgen Osterhammel）的

<hr>

41　杜正勝，《古代社會與國家》（臺北：允晨文化，1992），頁333-352。

42　Chris Gosden, *Archaeology and Colonialism: Cultural Contact from 5000 BC to the Present*; Henry Hurst and Sara Owen eds., *Ancient Colonizations: Analogy, Similarity and Difference* ; Claire Lyons and John Papadopoulos eds., *The Archaeology of Colonialism*; Gil Stein ed., *The Archaeology of Colonial Encounters : Comparative Perspectives*.

43　Edward W. Said, *Culture and Imperialism* (New York: Vintage Publishers, 1994), p. 9; Robert Young, *Empire, Colony, Postcolony* (Oxford: Wiley-Blackwell, 2015).

定義較為的完整：

> 〔殖民主義〕是一種在土著的多數與外來侵略者的少數
> 之間的支配關係。遙遠的統治中心（metropolis）決定殖
> 民地的利益，影響被殖民人群生活的最關鍵決定由殖民的
> 統治者所做或施行。[44]

殖民主義不一定伴隨著帝國的建立，指的是為了本身的利益（政治或是商業的考量），在另外的領土建立一種控制的關係。[45] 殖民主義有時沒有殖民地的建立，有時伴隨著殖民地的建立，在其他領土建立聚落（settlement），以少數的人群統治和控制殖民地大多數的人口。

西元前三一六年，秦征服四川，本來實施一國兩制的政策，還允許四川原有的王室統治當地，但從西元前二八五年開始，秦國實行直接統治，主要的政策包含：築城、移民和經濟上的剝削，這些政策的涵義我接下來會詳細說明，我稱這些政策為「殖民政策」，是殖民主義形成的重要基礎，符合上述的定義：建立經濟及政治霸權，凌駕於別國和群體之上。

44　Jürgen Osterhammel, *Colonialism: A Theoretical Overview* (Princeton: Markus Wiener Publishers, 2005), pp. 16-17.

45　舉例來說，在地中海世界的希臘，西元前五〇〇年左右，大部分的希臘城邦開始尋求土地和資源，他們在地中海的不同地方建立殖民地，貿易的往來通常是殖民過程的第一步。參見 G.R. Tsetskhladze, *Greek Colonisation: An Account of Greek Colonies and Other Settlements Overseas* (Leiden: Brill, 2006).

　　秦的第一個殖民地成都平原，角色相當特殊。在中國歷史上，這是領土國家第一次進行遠距離的直接統治，[46] 也成為後來征服和統治其他國家的重要範本。

（三）興建成都城

　　秦國殖民政策的第一項工作是興建成都城。成都平原自新石器時代即有築城的傳統，然而，成都平原長久的築城傳統似乎並無遺留至戰國時期，目前並沒有發現戰國時期的城址。相較於成都平原，城市的興起可以說與戰國社會的發展互為表裡，在此一階段，中國經歷了一次新興的築城運動。[47] 宮崎市定認為戰國城市的成長主要來自於各國之間的軍事競爭，他並不否定其中的商業性質，但敏銳的觀察到中國古代城市並非嚴格意義上由商業發展而成的工商業都市，繁榮的主要原因仍然繫於政治與軍事的發展，而都市發展很重要的一個因素，在於中央集權政策的發展。[48] 秦、楚與三晉地區在城市發展上有共

---

46 關於戰國時代領土國家的形成，數十年前宮崎市定已經有相關的論述。最近的一篇文章可以參見 Robin Yates 的討論，他認為中國的城市國家約從二里頭以至戰國中期，延續超過一千五百年。至戰國中期後，由於國家間的相互爭戰，領土的界限逐漸清楚，取消獨立的城市國家。參見 Robin D.S. Yates, "The City-state in Ancient China," *The Archaeology of City-state: Cross-cultural Approaches*, edited by Deborah Nichols and Thomas Charlton (Washington D.C.: Smithsonian Institution Press, 1997), pp. 71-90.

47 杜正勝，〈周秦城市的發展〉，《古代社會與國家》（臺北：允晨文化，1992），頁680。

48 宮崎市定，〈戰國時代的城市〉，《亞洲史論考（中）》（東京：朝日新聞社，1976）。

同之處，也有相異之點。最大的不同即在於秦、楚的設縣與築城兩者之間實為同一事，[49] 其郡縣制度體現了中央集權、國君直轄的特點；在三晉地區的城市則較為獨立，擁有獨立的經濟與軍事的權力。[50]

　　當秦在成都平原築城時，所代表的為其中央權力的正式進入，並且由此將背後的政治、資源控制一起帶入當地。《蜀王本紀》當中記載：

> 秦惠王遣張儀、司馬錯定蜀，因築成都而縣之。成都在赤里街，張若徙置少城內，始造府縣寺舍。

《華陽國志・蜀志》也有類似的紀錄：

> （張）儀與（張）若城成都，周迴十二里、高七丈，郫城周迴七里、高六丈，臨邛城周迴六里、高五丈，造作下倉，上皆有屋而置觀樓、射圃、成都縣本治赤里街。若徙置少城，內城營廣府舍，置鹽鐵市官并長、丞，修整里閭，市張列肆，與咸陽同制。其築城取土去城十里，因以

49　岡田功，〈楚國和吳起的變法──對楚國國家構造的把握〉，《歷史學研究》，490（1981：3）（東京）。

50　江村治樹，〈戰國時代的城市和城市統治〉，《日本中青年學者論中國史・上古秦漢卷》（上海：上海古籍出版社，1995）；江村治樹，〈戰國出土文字資料概述〉，收錄在林已奈夫，《戰國時代出土文物的研究》（京都：京都大學人文科學研究所，1985）。

養魚，今萬歲池是也……。[51]

西元前三一一年，秦王接受張儀的建議，命令蜀守張若按咸陽格局興築成都城，城周十二里，高七丈。[52]市區分為東、西兩部分，東為大城，郡治、是蜀太守官司舍區域，政治中心；西為少城，縣治，是商業及市民居住區，商業繁盛，是經濟中心所在。從左思的《蜀都賦》當中可見一斑：

　　於是乎金城石郭，兼匝中區，既麗且崇，實號成都。辟二九之通門，畫方軌之廣涂。……亞以少城，接乎其西；市廛所會，萬商之淵；列隧百重，羅肆巨千；賄貨山積，纖麗星繁。[53]

成都是按照咸陽的布局而設，號曰「小咸陽」，在董說《七國考》卷十四有「小咸陽」條說：

　　楊雄云「秦使張儀作小咸陽於蜀」。按《郡國志》：秦

---

51 任乃強，《華陽國志校補圖註》，頁128-129。

52 張儀所築的成都城至今尚未發現，可能在目前的成都之下。我認為成都城的興建應該在秦舉巴蜀之後，學者也普遍同意這一點。成都城由於有「小咸陽」之稱，楊寬在重建咸陽城的布局時，即以文獻中成都城的格局加以推測，參見楊寬，〈秦都咸陽西「城」東「郭」連結的布局〉，《中國古代都城制度史研究》（上海：上海人民出版社，2003）。

53 左思，〈蜀都賦〉，《昭明文選譯注》，第一冊（長春：吉林文史出版社，1987），頁233。

惠王二十七年使張儀築城，以象咸陽，沃野千里，號曰陸
海，所謂小咸陽也。[54]

大城和少城共一城門，古人稱為「層城」或「重城」。
〈蜀都賦〉當中的「金城石郭」即是小「城」與大「郭」相連
的格局。而「辟二九通道」，即是在小城和大郭都有九個城門
和九條大道，楊寬認為這與中原春秋戰國時代的大國都城相
同。[55] 在《讀史方輿紀要》卷六七「成都城」下，認為成都城
從戰國，一直沿用到漢代、西晉，且對於它的布局有更清楚的
認識：

成都府城，舊有大城，有少城。……大城，府南城也。
秦張儀、司馬錯所築。……少城，府西城也。惟西、南、
北三壁，東即大城之西墉。昔張儀既築大城，後一年又築
少城。……晉時兩城猶存，益州刺史治大城，成都內史治
少城。[56]

「城」與「郭」相連的格局，即所謂的「兩城制」的出
現，或是所謂「城郭制」，是戰國城市很重要的發展。這種制
度的興起與軍事、政治有密切的關係。城郭制即為兩重城牆的

---

54 董說，《七國考》（北京：中華書局，1998），頁 395。
55 楊寬，《中國古代都城制度史研究》（上海：上海人民出版社，2003），頁 98。
56 顧祖禹，《讀史方輿紀要》（臺北：洪氏出版社，1981），頁 2860。

設置，小城與外面的大郭結合起來。營郭的性質主要為隨著各國的軍事衝突增加，各國在內城之外再加一圈城牆以防衛。秦在此地設城造郭，防止蜀地再度發生叛亂的用心十分明顯。[57]

（四）經濟管理制度：專山澤之利、金礦資源與錢幣的流通

戰國的城市經濟管理制度可以略分為兩者：三晉、河南等商業高度發展之地與秦、楚商業低度發展的國家。兩者的城市經濟管理制度並不相同，這使得秦對成都平原的經濟管理制度有很大的影響。前者城市的自治權是較大的，有權且明顯的控制兵器的鑄造和貨幣的發行。秦國的貨幣與兵器則完全由中央控制，其貨幣發行較東方為晚，半兩錢由政府直接控制且發行，在地方城市當中完全沒有發行貨幣的紀錄。[58]

秦國的經濟管理制度乃是為了國家的戰爭而準備，為防止商人的坐大，以城市為中心，汲取周圍的林礦資源，包括鹽、

---

57 Steven F. Sage, *Ancient Sichuan and the Unification of China* (New York: State University of New York Press,1992), pp. 127-128.

58 從考古所出土的貨幣來說，戰國時代，具有各種形狀的貨幣在各國的國都和城市發行，其中大部分鑄有地名，特別是在三晉地區所發行的尖足布和方足布，鑄入的地名非常多。從鄭家相的研究當中，前者所附的地名有三十一種，後者則達六十六種。相關的研究可以參考江村治樹，〈戰國出土文字資料概述〉，收入林巳奈夫編，《戰國時代出土文物的研究》（京都：京都大學人文科學研究所，1985）；鄭家相，《中國古代貨幣發展史》（北京：生活‧讀書‧新知三聯書店，1985）。另外，從所出土的銅器、陶器、漆器上的銘文來看，這些地名有時表示使用該器物的地區，而更多則是表示製造地區。這些製造地區並非是單純以農業為中心的鄉邑，在很多情況下顯示他們是具有一定經濟實力的地區，其為城市的可能性則更高。可以參見江村治樹，〈戰國三晉城市的性質〉，《名古屋大學文學部研究論集》，32（1986）。

鐵與金礦。透過城市的運籌，緊握國家通貨的流通，並且限制
商人能從中漁利的產業。

專山澤之利

　　商鞅變法注重的「農戰」政策，強調農業在國家的重要
性。「重本抑末」即要排除有害農事之商業活動，商人由於互
通有無、往來四方，對於安土重遷的農業社會將產生不良的影
響。故商人從事的流通與交換行為，必須透過國家的介入，干
涉生產行為，以賺取其中的利潤，挹注國家的財政。影響人
民生計至鉅的除了農業以外，即為各種自然資源與生產原料。
《漢書・食貨志》言及商鞅變制對於國家財政的重要性：「至
秦則不然，用商鞅之法，改帝王之制，……又顓川澤之利，管
山林之饒。」[59]

　　在山林礦產資源當中，以鐵和金最為重要。冶鐵成為國家
必須加以介入和管理的事務，不僅因為它需要大量的人力從事
冶煉，採礦和運送也需要複雜的組織才足以成事。冶煉出來的
除了農具、工具與人民的生活息息相關外，兵器的冶煉更是國
家關切的大事；金的重要性至戰國時代更加重要，緣於國際市
場之間的互通有無。在交換與流通當中，金成為各國交換的共
通貨幣。[60]

---

59 《漢書・食貨志》，頁1137。

60 陳彥良，〈先秦黃金與國際貨幣系統的形成——黃金的使用與先秦國際市場〉，
　　《新史學》，15：4（2004：12）。

　　除了山林之中的礦產資源以外，與民生最有關係的即為鹽，其也在天財地利的範圍內，《管子・海王》：

> 桓公曰：「何謂官山海？」
> 管子對曰：「海王之國，謹正鹽筴。」
> 桓公曰：「何謂正鹽筴？」
> 管子對曰：「十口之家，十人食鹽。百口之家，百人食鹽，終月大男食鹽五升少且，大女食鹽三升少且；吾子食鹽二升少且。此其大曆也。鹽百升而釜。令鹽之重升加分疆，釜五十也。……萬乘之國，人數開口千萬也。……今夫給之鹽筴，則百倍歸於上，人無以避此者，數也。[61]

　　戰國時期，鹽的供給量大為提升，不僅食物的保存上需要鹽，飲食上也開始以鹽作為調味品。[62]齊國的海鹽和晉國河東地區的池鹽，從春秋以來即為產鹽的重要地點，至戰國的發展更加發達。《管子・地數》：「齊有渠展之鹽，燕有遼東之煮。」[63]此一時期的海鹽在利用上較為普遍，在《禹貢》當中提及青州「貢鹽」。池鹽的利用以魏國的河東池鹽最為有名，

61　李勉注譯，《管子今註今譯》（臺北：臺灣商務印書館，1988），頁 1005。
62　陳伯楨認為中國古代從商代以至漢代，鹽的使用經歷了一個從貴重物品（luxury/prestige）到民生必需品的過程。從考古與文獻當中可以發現，戰國時代鹽的使用產生了一個大量擴張的情況。參見陳伯楨，〈中國早期鹽的使用及其社會意義的轉變〉，《新史學》，17：4（2006：12）：15-72。
63　李勉注譯，《管子今註今譯》，頁 1088。

戰國時期的富商猗頓便是經營鹽業而致富。

　　秦南取成都平原之後,透過城市加以控制資源,壟斷周邊丘陵與山區富有的林礦資源,作為國家財政的一部分。可以分為幾個部分說明秦壟斷成都平原的山澤之利,其一為鹽、鐵礦資源的利用;其二為官營手工業的經營。

　　在第一個部分,《華陽國志・蜀志》當中記載:「儀與若城成都……內城營廣府舍,置鹽鐵市官並長、丞。」[64]「鹽鐵市官」究竟是國家專賣鹽鐵或是向民間出售的官營冶鐵工業,學者有不同的討論與觀點。以鐵而言,從《史記・貨殖列傳》中的記載來看,戰國時期有相當多的商人以冶鐵致富,國家在此一時期並未完全壟斷鐵器的採鑄。但是,國家本身也具備自己的官營冶鐵作坊,從湖北省雲夢縣出土的《雲夢睡虎地秦簡》來看,秦國本身有「右采鐵」、「左采鐵」的官署名,負責開採鐵礦。[65] 在開採鐵礦之外,也負責銷售鐵器。一般而言,農業的生產工具、兵器應是官營手工業生產與經營的大宗。在下文第六小節「移民實川」將提及,秦將大量的移民遷往成都平原,在這些移民之中有部分原是東方鐵器經營的商人。秦政府可能給其特別的優惠,使其負責成都平原鐵礦的採鑄與販賣,再從其中收取一定的稅收。佐藤武敏先生也認為《漢書・食貨志》當中:「用商鞅之法,改帝王之制……鹽鐵之利二十倍於

---

64 任乃強,《華陽國志校補圖註》,頁 128。

65 里仁書局編,〈秦律雜抄〉,《睡虎地秦墓竹簡》(臺北:里仁書局,1981),頁 191。

古。」為秦抽私人冶鐵稅的證據。[66]

至於成都平原的鹽業，《華陽國志‧蜀志》當中提及成都平原井鹽的開採：

> 周滅後，秦孝文王以李冰為蜀守，冰能知天文地理……又識察水脈，穿廣都鹽井、諸陂池，蜀於是盛有養生之饒焉。[67]

中國古代鹽業史專家傅漢思（Hans Ulrich Vogel）曾經指出秦在成都平原的政策為鹽專賣之始。然而，有些學者卻認為這僅只代表秦抽取一定的稅收以增加國家的財政，在經營上應與鐵器的經營類似。[68] 從目前的材料上來說，的確無法證明秦已壟斷鹽鐵，進行全面的專賣。鹽鐵的專賣應該到漢武帝時才徹底執行。然而，秦政府也不可能放任鹽業資源而不加以管控，在法家的經濟思想當中，山澤之利寧可予以破壞，也不能讓商人與勢力集團有機會可以趁機坐大。[69]《管子‧國淮》篇言及：

---

66 佐藤武敏，《中國古代工業史の研究》（東京：吉川弘文館，1962）。

67 任乃強，《華陽國志校補圖註》，頁132-133。

68 Hans Ulrich Vogel, *Untersuchungen über die Salzgeschichte von Sichuan* (311 v.Chr. 1911)*: Strukturen des Monopols und der Produktion* (Researches on the History of Salt in Sichuan [311 BC-1911]: Structures of the Monopoly and of Production) (Stuttgart: Franz Steiner Verlag, 1990), pp. 26-30.

69 陳彥良，〈先秦法家制度思想研究〉（新竹：國立清華大學歷史學研究所博士論文，2003），頁198。

> 黃帝之王，謹逃其爪牙。有虞之王，枯澤童山。夏后之
> 王，燒增藪，焚沛澤，不益民之利。殷人之王，諸侯無牛
> 馬之牢，不利其器。周人之王，官能以備物，五家之數殊
> 而用一也。[70]

其二，在官營手工業的經營。關於「工官」的設置始於何時，學者們也有不同看法。東漢鄭玄注《禮記・月令》孟冬之月「命工師效功」句言：「工師，工官之長也。」一般將《禮記》所言者視之為西周或是春秋之制；文字學家裘錫圭則將整個戰國秦漢的官營作坊皆視為工官。[71] 由於對「工官」理解方式的不同，使得學者在意見上產生了各種不同分歧的意見。考古學家俞偉超更將「工官」的設置推遲到漢代的景帝到武帝時。[72] 其實，上述學者討論的皆為「工室」而非「工官」，後者為西漢時特定的官署名稱。在秦代，從目前留下來的材料來看，應為前者。從雲夢秦簡當中留下的秦律裡，可以發現在縣[73] 與郡[74] 都有「工室」的設置。

---

70 李勉注譯，《管子今註今譯》，頁 1121。

71 裘錫圭，〈嗇夫初探〉，《雲夢秦簡研究》（臺北：帛書出版社，1986）。

72 俞偉超、李家浩，〈馬王堆一號漢墓出土漆器製地諸問題〉，《考古》，1975：6（北京）。

73 田甯甯，〈秦漢官營手工業研究〉（臺南：成功大學歷史語言研究所碩士論文，1988），頁 35。

74 在郡一級的工室，目前發現的有上郡，「上郡守廟戈」、「疾戈」銘等。見《周漢遺寶》圖版第五十五上，日本帝室博物館周漢文化展覽會編，《周漢遺寶》（東京：大塚巧藝社，1932）；郭沫若在《金文叢考》（北京：科學出版社，2002）中認為此戈是秦始皇二十五年製造的器物。

　　秦在成都平原所屬的「工室」和官營手工業，從文獻材料結合考古出土的文字加以判斷，經營的項目包括：製造兵器、製陶和漆器等。[75]

　　在青銅武器的製造上，目前發現屬於秦「工室」製造者共兩件：

　　第一件，一九七二年在重慶涪陵小田溪秦墓中出土的一件銅戈，上面署名：

　　　武，廿六年蜀守武造，東工師宜丞業、工箆。[76]

　　第二件，一九八七年在四川青川縣出土的銅戟，在戈正面有銘文[77]：

　　　九年，相邦呂不韋造。蜀守金、東工守文、丞武、工極。成都。

　　背面也有銘文：

　　　蜀東工

75　羅開玉，〈秦漢工室、工官初論 —— 四川考古資料巡禮之一〉，《秦漢史論叢》（成都：巴蜀書社，1986），頁176。

76　四川省博物館、重慶市博物館、涪陵縣文化館，〈四川涪陵地區小田溪戰國土坑墓清理簡報〉，《文物》，1974：5（北京），頁61。

77　黃家祥，〈四川青川縣出土九年呂不韋戈考〉，《文物》，1992：11（北京）。

　　第一件銅戈，應是秦併成都平原之後在當地製造；第二件
銅戟的製造時間較晚，應在始皇九年。從第二件看來，成都平
原設有製造兵器為主的機構。「蜀東工」之外，可能尚有「西
工」並存。

　　戰國時期在成都平原所出土的青銅武器上，有一些已經無
法識讀的文字或是符號。不少學者已經研究所謂的「巴蜀文
字」。[78]秦南併成都平原之後，在此地製作兵器。原來具成都
平原特色的「巴蜀符號」在戰國晚期和秦代已經漸漸消失。代
之而起的是設置在成都平原的官營手工業作為兵器的製造中
心。童恩正曾經研究第一件銅戈，指出此戈為在成都平原當地
製造，而非外地輸入。另外，為了鞏固政治上的統一，就必須
壓制以往的文化。[79]

　　從考古材料當中可以發現，戰國秦漢時期成都平原墓葬當
中的陶器或漆器上經常出現「亭」字。榮經古城坪秦漢墓中出
土的漆器上有「成亭」；青川戰國墓群中也出現有「成亭」；

---

78 成都平原所出土的青銅武器上，部分具有所謂的「巴蜀文字」或是「符號」。面
　對這些圖形符號，最早進行研究的是衛聚賢，其後不少學者將之加以歸納整理，
　認為這些符號各自獨立，又相互組合。從符號的排列與線條的組合看來，並非為
　了構成裝飾性的美感而存在，而是企圖表達某種觀念或思想。有的學者指出是
　巴蜀古族用來記錄自己語言的工具，將之稱為「巴蜀圖語」，或稱之為「巴蜀文
　字」。參見衛聚賢，〈巴蜀文化〉，《說文月刊》，3：7；劉瑛，〈巴蜀兵器及紋飾
　符號〉，《文物資料叢刊》，第7輯（1983）；孫華，〈巴蜀符號初論〉，《四川文
　物》，1984：1（成都）；李復華、王家祐，〈關於「巴蜀圖語」的幾點看法〉，
　《巴蜀考古論文集》（北京：文物出版社，1987）；王仁湘，〈巴蜀徽識研究〉，
　《中國考古學會第七次年會論文集》（北京：文物出版社，1992）。
79 童恩正，〈從四川兩件銅戈上的銘文看秦滅巴蜀後統一文字的進步措施〉，《古代
　的巴蜀》（成都：四川人民出版社，1979），頁130-133。

在什邡城關出土的戰國秦漢墓葬中，有兩座墓 M66、M67 屬木槨墓。墓中出土的部分陶器的底內壁有介於篆隸之間的模印「亭」字。[80] 除了成都平原外，有「成亭」的漆器尚在雲夢睡虎地、大墳頭、湖南長沙和湖北江陵地區出土。

　　關於「成亭」，俞偉超、李家浩先生在〈馬王堆一號墓出土漆器製地諸問題〉提出「成」應指其製地而言，它與西漢初年的「成市」相同，其製地都應該是古代的成都。自秦至西漢，成都應該都設有作坊，而把作坊轉至「工官」之下，應該是漢景帝以後最遲到昭帝時的事。[81]「亭」則為「市亭」，所以「成亭」應是囊括漆器作坊在內的一種管理機構。一般認為此是秦國的地方官營手工業，生產的陶、漆器主要賣給民眾，製造這種商品的即是「亭」、「市」。[82]

金礦資源與錢幣的流通

　　古代成都平原的金礦資源雖然未經過考古的正式發掘，然而從三星堆祭祀坑與金沙遺址出土的黃金，可以知道約略在中原的晚商以至西周時期，成都平原為當今中國範圍之內，使用

---

80 四川省文管會等，〈四川滎經曾家溝戰國墓群第一、二次發掘〉，《考古》，1984：12（北京）；滎經古墓發掘小組，〈四川滎經古城坪秦漢墓葬〉，《文物資料叢刊》，第四輯（1981），頁 70；俞偉超、李家浩，〈馬王堆一號漢墓出土漆器製地諸問題——從成都市府作坊到蜀郡工官作坊的歷史變化〉，《考古》，1975：6（北京）。

81 俞偉超、李家浩，〈馬王堆一號漢墓出土漆器製地諸問題〉，《考古》，1975：6（北京）。

82 田甯甯，〈秦漢官營手工業研究〉，頁 53。

最大量黃金的地區。[83] 其對資源的運用與價值的概念，與同時期的商、西周，以青銅為貴重資源的概念有別。[84] 成都平原的礦產何來？《金沙淘珍》指出：

> 成都平原的金器應當都是本地製作。黃金礦藏在四川盆地北部和盆地周緣有廣泛的分布，礦石種類以沙金為主，礦床的層位為第四紀全新紀沖擊砂礫層。在盆地西、北周緣的大江大河及其支流的河谷地帶，尤其是河谷由窄變寬、轉彎處和支流交匯處，往往都是砂金富集的地方，如涪江的平武古城礦區、白龍江的青川白水礦區、嘉陵江的廣元水磨礦區等。此外，在川西高原的岷江、大渡河、雅礱江的一些地段，也有品位很好的金礦分布。[85]

在錢幣的發行上，一般以為秦至六國統一後才取消六國發行的錢幣，發行半兩錢、統一貨幣。在傳統的史書當中記載：

> 及至秦，中一國之幣為三等，黃金以鎰名，為上幣；銅錢識曰半兩，重如其文，為下幣。而珠玉、龜貝、銀錫之

---

83 Emma C. Bunker, "Gold in the Ancient Chinese World: A Cultural Puzzle," *Artibus Asiae,* 53 (1993)：27-50.

84 關於資源使用的概念，請參見陳芳妹，《故宮商代青銅禮器圖錄》（臺北：國立故宮博物院，1998），頁52。

85 北京大學考古文博院、成都市文物考古研究所，《金沙淘珍》（北京：科學出版社，2002），頁18。

屬為器飾寶藏，不為幣。然各隨時而輕重無常[86]。

　　秦并天下，幣為二等，黃金以鎰名，為上幣；銅錢之質
如周錢，文曰「半兩」，重如其文，而珠玉龜貝銀錫之屬
為器飾寶藏，不為幣。然各隨時而輕重無常[87]。

　　秦政府將幣制分為上下二等，大宗交易以黃金為主，零賣
的交易用銅錢。黃金在此作為本位幣，而銅錢則擔負了貨幣中
的輔幣角色，民間一般交易也以銅錢為主。[88]然而，從新的考
古發現來說，在一九七六年發現的《睡虎地秦簡》中，可以了
解到戰國時秦貨幣制度的情況。另外，在《文物》一九八二年
第一期上也刊載了四川省青川郝家坪戰國墓出土了半兩錢。由
此看來，秦在統一六國之前已經開始發行半兩錢作為流通的貨
幣。《史記‧六國年表》中記載：「惠文王二年，天子賀。行
錢。」應是秦發行半兩錢的相關紀錄。[89]

　　由於青川戰國墓屬移民墓，不禁會使人進一步思考在四川
地區其他的遺址或墓葬中是否存在著秦的半兩錢。四川地區出

---

86 《史記‧平准書》，頁1442。
87 《漢書‧食貨志》，頁1152。
88 陳彥良，〈先秦黃金與國際貨幣系統的形成——黃金的使用與先秦國際市場〉，
　　《新史學》，15：4（2004：12）。
89 半兩錢可以追溯到什麼時代？首先，《史記‧秦始皇本紀》記載：「惠文王生十九
　　年而立，立二年，初行錢。」另外，《史記‧六國年表》裡也載有：「二年，天子
　　賀。行錢。」關於「行錢」，加藤繁認為應理解為錢的發行。如此考慮的話，那
　　麼根據記載，秦國在惠文王二年（前336年）便開始發行自己的貨幣，政府也掌
　　握了鑄造權應該沒有問題。可是這時的錢是什麼錢則眾說紛紜。從最近的考古發
　　現來說，已知戰國半兩錢的存在。惠文王二年所發行的應該為半兩錢。

土秦半兩錢的地方相當多，包括昭化縣寶輪院墓、戰國土坑墓、四川郫縣紅光公社；川東地區的巴縣冬笋壩墓也有秦半兩的出土；成都平原的西北地區，約當今日的茂縣地區也有相關的出土紀錄。[90] 成都平原不但有半兩錢的出土，尚有出土錢範。由於出土的時間過早，撰寫的報告相當粗糙，故無法得知是秦半兩抑或是西漢初期私鑄的錢範。[91] 就目前出土的秦半兩錢來說，在秦統一六國之前，集中在陝西、四川等地，其他地方的出土報告很少。即使偶然發現秦半兩錢的地方也與秦有著密切的關係。[92] 四川地區出土秦半兩錢與秦對成都平原的統治有絕對的關係。

就目前的考古材料而言，很難說明錢幣的發行是否造成成都平原原本經濟體系的崩潰，而貨幣的通行率也仍需要日後考古材料才能證明。在此，我們可以透過一個較為宏觀的視野思考這個問題，即秦併成都平原後讓原來六國的經濟體系產生了什麼樣的變化？

戰國時期國際間的貿易發展，在商品經濟發達的同時，為促使不同國之間的交換得以達成，消除經濟上的障礙，列國間的「黃金本位制度」就在這樣的情況下出現，促使交易的平臺產生。既然有相同的交換基礎，彼此的經濟網絡就更加活潑。

---

90 四川省文管會、茂縣文化館，〈四川茂汶羌族自治縣石棺葬發掘報告〉，《文物資料叢刊》，第七輯（1983），頁34。

91 何澤雨，〈四川高縣出土「半兩」錢範母〉，《考古》，1982：1（北京）。

92 在水出泰弘的研究當中，將半兩錢的出土地點製成一張表，參見水出泰弘，〈秦半兩錢〉，《秦俑秦文化研究》（西安：陝西人民出版社，2000）。

然而，成都平原是自外於這個經濟體系的。秦舉成都平原後，在此地發行秦半兩。秦國必須將原來的金融與貨幣體系加諸於成都平原之上，這是秦國第一次跨越國境、擴大經濟體系的行動。

　　成都平原的金礦資源，給予秦相當富厚的經濟基礎，足夠其運用於東方六國的兵事。《華陽國志・蜀志》：「其國富饒，得其布帛金銀，足給軍用。」[93] 學者曾經指出秦之合併巴蜀與開發巴蜀，不僅是政治上的一件大事，同時也是經濟上的大事。它的第一個效應在於間接的造成一個前所未見的超級經濟強權；其第二個效應則在於改變了東周列國在財政力量上大體維持的均勢架構。[94]

（五）糧食與運輸：都江堰的興建

　　秦國據有成都平原將近五十年後，決定命郡守李冰在此地築都江堰，所耗費的人力、財力與物力，象徵著秦國在此地政策的轉向。都江堰的水利工程，它的重要性展現在兩個面向：其一、治洪及其所伴隨的糧產增加，在糧產上的豐富性給予秦國軍隊良好的軍事後援基礎；其二、運輸及戰略上的意義。

　　在第一個方面，都江堰提供大量的糧產上：成都平原由於地勢低平，岷江水一出山口，流速驟減，時常氾濫成災。而且

---

93 任乃強，《華陽國志校補圖註》，頁126。

94 陳彥良，〈先秦黃金與國際貨幣系統的形成——黃金的使用與先秦國際市場〉，《新史學》，15：4（2004：12），頁38。

由於岷江的降雨豐沛，再加上有高原上豐富的雪水融入，岷江遂成為成都平原的利弊之源，需透過適當的因勢利導，才能興利除弊。成都平原的水利工程據傳在李冰築都江堰之前即有，在《蜀王本紀》與《華陽國志》這兩本記載四川古代歷史的文獻當中，留下一些近似神話的治水傳說。例如，在《蜀王本紀》就記載了鱉靈治水的情形：

> 望帝以鱉靈為相。時玉山出水，若堯之洪水，望帝不能治，使鱉靈決玉山，民得安處。[95]

　　四川盆地的洪水與治水傳說有相當長的連續性，除了鱉靈的治水傳說以外，尚有鯀禹治水的傳說也在成都平原流傳相當久。[96] 從考古紀錄上而言，成都平原的水文與地形之間的關係，使得居住在此地的族群留下不少與水抗爭的物質遺留。以晚商至西周的十二橋木結構居址遺存來說，木構架發生漂移錯位，以致難以復原；方池街遺址的主要文化層可以分為三層，其四、五層間有河卵石構成的石梗三條。據成都市文物考古隊隊長王毅的說法：

---

95 揚雄，〈蜀王本紀〉，收錄在嚴可均輯〈全上古三代秦漢三國六朝文〉，《續修四庫全書・集部・總集類》（上海：上海古籍出版社，1995），頁403。

96 羅開玉較為完整的收集了關於李冰的傳說，並詳細的研究了治水事業與神話的一本書。參見羅開玉，《中國科學神話宗教的協合：以李冰為中心》（成都：巴蜀書社，1989）。

　　石梗剖面形狀大致都呈橢圓形，部分石梗上部被破壞，
但下部梗腳埋入地層，仍呈圓弧狀，卵石緊緊相擠，體現
了使用竹籠的特點。[97]

　　成都平原的治水傳說與物質遺留，說明此地的人群與水文
之間的關係。在李冰治水之前即有豐富的抗水經驗，惟缺乏如
此龐大的人力動員完成一勞永逸的工程。[98]

　　距今約兩千兩百年前的戰國時代，秦國蜀郡太守李冰，
吸取前人的治水經驗，率領當地人民興建水利工程。這項工程
包括魚嘴、飛沙堰和寶瓶口三個主要組成部分。首先是主流分
流，在岷江入平原之處，將之一分為二，魚嘴修建在江心的分水
堤壩，把洶湧的岷江分隔成外江和內江，外江排洪，內江引水
灌溉；其次是將內江再一分為二，以縮小水量。其中的飛沙堰
起洩洪、排沙和調節水量的作用；寶瓶口控制進水流量，因口
的形狀如瓶頸故稱寶瓶口。再來是內江水經過寶瓶口流入川西
平原後，開設數十條渠道加以分流，作為灌溉農田之用，並且
形成灌溉網絡。關於這個工程，《華陽國志‧蜀志》上有記錄：

97 王毅，〈從考古材料看盆西平原治水的起源和發展〉，《華西考古研究（一）》（成
　都：成都出版社，1991）。

98 鶴間和幸認為成都平原開拓的歷史也就是與洪水鬥爭的歷史。李冰的神話是隨著
　巴蜀地區水利開發的進展和擴大，李冰便被逐漸神化，而且後世的許多治水等事
　業也跟李冰拉在一起，參見鶴間和幸，〈古代巴蜀的治水傳說及其歷史背景〉，
　《中國西南的古代交通與文化》（成都：四川大學出版社，1994）。鶴間強調水利
　事業的地域性，強調不同地域間的差異，參見鶴間和幸，〈秦漢時期的水利法和
　土地農業經營〉，《歷史學研究》，另冊特集（1981）（東京）。

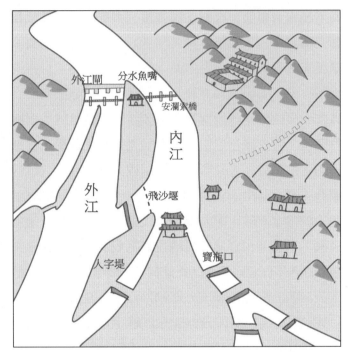

都江堰。

　　穿郫江、檢江,別支流,雙過郡下,以行舟船。岷山多
梓、柏、大竹,頹隨水流,坐致材木,功省用饒;又溉灌
三郡,開稻田。於是蜀沃野千里,號為「陸海」。旱則引
水浸潤,雨則杜塞水門,故記曰:水旱從人,不知饑饉,
時無荒年,天下謂之「天府」也。[99]

　　古典文獻上留下的史料並不多，惟都江堰持續兩千年仍繼續使用，留下最好的證據，顯示出此項工程的重要性。除此之外，一九七四年和一九七五年在都江堰修築外江索橋和堤壩時，分別在今魚嘴下游一百三十公尺和八十四公尺處的外江一側，發現了兩尊石像。一尊高達二・九五公尺，戴冠，穿長衣，拱手肅立，於衣襟正中兩只衣袖上有三行銘文，中間為「故蜀郡李府君諱冰」，左衣袖上為「建寧元年閏月戊申朔廿五日都水掾」，右側衣袖為「尹龍長陳壹造三神石人珍水萬世焉」；另一尊石像亦為立像，頭殘，高一・八五公尺，身穿長衣，垂袖束帶，雙手執鍤，鍤在身前直立觸地，全長一・六二公尺，柄長一・三四公尺。石像的製作時間應該在東漢中晚期，從銘文當中可以得知為主管水利的都水掾尹龍和吏長陳壹建造的三個石人，用以鎮水，其中最大的一件為紀念李冰而做。[100]

　　兩個石像說明了當年都江堰的地點即在今日的魚嘴附近，兩千年來未有太大的變動。[101] 其次，這些石像可能與《華陽國志》、《水經注》之中所謂的「作三石人，立三水中，與江神要，水竭不至足，盛不沒肩」相關。作為衡量水位的「水則」。李冰除了整治岷江外，還加以疏導了周圍的河川，《華陽國志・蜀志》有記載：

100　四川灌縣文教局，〈都江堰出土東漢李冰像〉，《文物》，1974：7（北京）。
101　趙殿增，《長江上游的巴蜀文化》（武漢：湖北教育出版社，2004），頁411。

（李冰）乃自前堰上分穿羊摩江，灌江西。[102]

在岷江的分江口附近開鑿羊摩江，用以灌溉岷江以西的農田。李冰還疏導了文井江、洛水，用以治理綿水等工程。

冰又通笮道文井江，徑臨邛，與蒙溪分水白木江會武陽天社山下，合江。又導洛通山洛水，或出瀑口，經什邡，與郫別江會新都大渡。又有綿水，出紫岩山，經綿竹入洛，東流過資中，會江江陽。皆溉灌稻田，膏潤稼穡。是以蜀川人稱郫、繁曰膏腴，綿、洛為浸沃也。[103]

文井江在犍為郡武陽縣西，與蒙山接近，是岷江的支流。文井江從西東流至天社山，李冰疏導使之注入岷江水系。其次，洛通山在成都以東，綿竹西南。什邡則在洛通山稍東之處。郫別江也在成都之東，導洛水經什邡及郫別江入新都的大渡，再注入岷江。李冰疏理岷江的主流以及成都周邊的支流，使岷江出岷山入平原後所抑積之水得以暢流無阻。成都周圍於是不再為水患所苦，也可以透過方便的水源加以灌溉農田，沃野千里。

在第二個運輸及戰略上的意義的方面：從《史記·河渠

書》中可見到:「蜀守(李)冰鑿離堆,辟沫水之害,穿二江成都之中。此渠皆可行舟,有餘則用溉浸。」[104] 將都江堰與春秋戰國時許多著名運河放在一起敘述,表明李冰興修這一工程的動機,除了要消卻水患、增加農產外,另外一個重點在於開發航運交通。因為那時蜀郡中心雖有一條岷江足以直下長江,但這條大江,距離政治經濟中心的成都尚嫌太遠,直線距離也有百里之遙。客貨從成都出境入境,都需要經過頻繁的轉載,延誤了時機,且也浪費人力和金錢,不符合成本。因此,開闢一條專門航道,連通岷江與成都,便成為經濟開發的必要前提,這才有了都江堰的創建。[105] 漢唐文獻中,往往直接稱都江堰為「成都二江」,即基因於此。

穿過寶瓶口進入郫江和流江,直奔成都——後來演變成府河和錦江,構成輻射名都的主要航線。這二江雙雙來到成都城南,並行了一段之後,合二為一,轉向西南,又延伸通入岷江,形成一個環狀的航道圈。從此,岷江上游的竹木,幾乎不花任何運費就積聚到成都來,用以建造房屋和巨大的船舶。直到三國晚期,西晉的太守王濬為了消滅東吳,還曾在成都建造大量巨艦,劈下的斷木和刨花,順水漂進長江下游的吳國,鋪滿了江面,使守軍大吃一驚。

在缺乏現代運輸工具的戰國時期,大部分都靠陸路運輸物

---

104 《史記・河渠書》,頁 1407。

105 關於都江堰的創建與中國農業水利的發展,請參見黃耀能,《中國古代農業水利史研究》(臺北:六國出版社,1978)。

資，最大運力不過是騾馬拉的車輛，此外則是人力的肩挑背馱。仔細算來，陸上運輸量實在太小，行速也非常之慢；可是水上運輸就大不相同，一條大船的裝載量，可以抵得幾十輛騾馬車，還能同時載人。河川的迂曲程度一般比陸路小，而且沒有高低起伏。因此，古代的交通開發，航運是首選之策。

　　運輸的便利強化了成都平原在戰略上的重要性。在秦併成都平原之前，早已有相關的討論指出水運與戰略間的密切關係。「蜀地之甲，乘船浮於汶，乘夏水而下江，五日而至郢。」秦在統一天下的戰爭中，善用成都平原的戰略地位，大大削弱了楚國的勢力。

（六）移民實川

　　秦的遷民政策始於孝公商鞅變法之後，移民的政策可以說是與秦國的新體制一起形成。由於農戰政策的根本在於安土重遷的居民，嚴格控制百姓的遷徙。若要遷徙，則必須握有官府的文書，旅館在核對後才能予以留宿。從出土的《雲夢睡虎地秦簡》的〈法律答問〉當中即有：「甲徙居，徙數謁吏，吏環，弗為更籍。」[106] 說明了要遷徙之人必須向官吏申請，官府同意並辦理相關手續，之後才能合法遷徙。

　　禁止人民遷徙最主要的原因，在於商鞅認為國家如要富強，惟有繫於「農戰」一途。《商君書・壹言》：

---

106 里仁書局編，《睡虎地秦墓竹簡》（臺北：里仁書局，1981），頁222。

故治國者，其摶力也，以富國彊兵也；其殺力也，以事
敵勸農也。……治國貴民壹；民壹則樸，樸則農，農則易
勤，勤則富。富者廢之以爵，不淫；淫者廢之以刑而務
農。[107]

農民若經常遷移，則無法專心於農事。對於那些往來無所
事事的遊食者，採取禁止的措施，旅館也在管制與廢止的範圍
之中。《商君書・墾令》：

廢逆旅，則姦偽躁心私交疑農之民不行。逆旅之民無所
於食，則必農，農則草必墾矣。[108]

邢義田指出，秦漢時代政府的基本政策即在於維持一個安
土重遷的定居農業社會。因為安土重遷的農業社會便於控制，
也最能符合統治者的利益；[109] 然而，從秦代開始，政府也開始
有計畫的進行大規模徙民。《商君書・徠民》的內容主旨即在
說明將三晉地區的居民招誘到秦國，給予他們田宅，同時免除
兵役，藉此用以開墾荒地、充實國力。在上述兩者之間或許有
人會質疑其中的矛盾。然而，《商君書・徠民》述及的或是秦

---

107 中華文化復興運動推行委員會、國立編譯館中華叢書編審委員會編，《商君書今
　　註今譯・壹言》（臺北：臺灣商務印書館，1987），頁83。
108 中華文化復興運動推行委員會、國立編譯館中華叢書編審委員會編，《商君書今
　　註今譯・壹言》，頁14。
109 邢義田，《秦漢史論稿》（臺北：東大圖書公司，1987），頁432。

的大規模徙民，其實都是西嶋定生說的「個別人身統治」與帝
國結構的一部分。

　　誠如西嶋定生指出的，在這些遷徙之民移入之前即造好城
邑，其內部區分為里，並分配耕地。這些新住者構成的里，與
以血緣或姓族所構成的族居不同，它是分散化、單個戶的雜然
集合。國家給予當地的居民土地、耕具，授予民爵，並課以相
關的徭役勞動與兵役。原有聚落的自律結構在這樣的新居地當
中喪失，國家的權力得以在這樣的場合當中獲得實踐。[110]

　　秦代的遷民，馬非百認為對於政府來說有三利：其一為政
治方面。此類移民在原有地域為有勢力的家族或世家，或是負
有重大過失的政治犯，透過遷徙可以削弱其在當地的勢力；其
二則為經濟方面。最主要為徙遷之地有富厚的農礦資源，透過
徙民可以加以開發；其三為從國防方面而論。秦代之國防遷民
主要有兩種，一為遷民實邊，二是遷民實都。上述三種遷民
者，在成都平原都可以見著，從文字材料找到的紀錄如下：[111]

　　（1）《睡虎地秦墓竹簡》：爰書：某里士伍甲告曰：「謁
　　鋈親子同里士伍丙足，遷蜀邊縣，令終身毋得去遷所，敢
　　告。」告廢丘主：士伍咸陽才某里曰丙，坐父甲謁鋈其
　　足，遷蜀邊縣，令終身毋得去遷所論之。遷丙如甲告，以

110　西嶋定生，《中國古代帝國的形成與結構》（北京：中華書局，2004），頁504。
111　馬非百，《秦集史》（下）（北京：中華書局，1982），頁916。

律包。今瘳丙足，令吏徒將傳及恒書一封詣令史，可受代吏徒，以縣次傳詣成都。成都上恒書太守處，以律食。廢丘已傳，為報，敢告主。[112]

（2）《漢書‧高帝紀》注引如淳曰：秦法，有罪遷徙之於蜀漢。[113]

（3）《史記‧項羽本紀》：巴蜀道險，秦之遷人盡居之。[114]

（4）《史記‧呂不韋列傳》：賜文信侯書曰：其（呂不韋）與家屬徙處蜀。[115]

（5）《史記‧秦始皇本紀》：不韋死，竊葬。其舍人臨者，晉人也逐出之；秦人六百石以上奪爵，遷；五百石以下不臨，遷，勿奪爵。[116]

（6）《史記‧秦始皇本紀》：（嫪毐）及其舍人，輕者為鬼薪，及奪爵遷蜀四千餘家，家房陵。[117]

（7）《華陽國志‧蜀志》：臨邛縣，郡西南二百里，本有邛民，秦始皇徙上郡實之。[118]

---

112 睡虎地秦墓竹簡整理小組編，《睡虎地秦墓竹簡》（北京：文物出版社，1978），頁261。
113 班固，《漢書‧高帝紀》（北京：中華書局，2002），頁31。
114 《史記‧項羽本紀》，頁316。
115 《史記‧呂不韋列傳》，頁2513。
116 《史記‧秦始皇本紀》，頁231。
117 《史記‧秦始皇本紀》，頁227。
118 任乃強，《華陽國志校補圖註》，頁157。

（8）《華陽國志‧蜀志》：秦惠文、始皇克定六國，輒徙其豪俠於蜀，資我豐土。[119]

（9）《史記‧貨殖列傳》：蜀卓氏之先，趙人也，用鐵冶富。秦破趙，遷卓氏。卓氏見虜略，獨夫妻推輦，行詣遷處。……唯卓氏曰：「此地狹薄。吾聞汶山之下，沃野，下有蹲鴟，至死不飢。民工於市，易賈。」乃求遠遷。致之臨邛，大喜，即鐵山鼓鑄，運籌策，傾滇蜀之民，富至僮千人。田池射獵之樂，擬於人君。[120]

（10）《史記‧貨殖列傳》：諸遷虜少有餘財，爭與吏，求近處，處葭萌。[121]

（11）《史記‧貨殖列傳》：程鄭，山東遷虜也。亦冶鑄，賈椎髻之民，……，俱居臨邛。[122]

（12）《淮南子‧泰族訓》：趙王遷流於房陵。[123]

　　例1和例2為法律條文。例1者為考古出土之竹簡，其價值更為珍貴。所言者為一個父親要求將親生兒子強制遷往蜀地的邊縣，並且終身不得離開所遷之地。官府似乎並未經過複雜的審訊即同意父親的要求，或許表示了這類將罪犯遷徙以實川

119　任乃強，《華陽國志校補圖註》，頁148。
120　《史記‧貨殖列傳》，頁3277。
121　《史記‧貨殖列傳》，頁3277。
122　《史記‧貨殖列傳》，頁3278。
123　何寧撰，《淮南子集釋‧泰族訓》（北京：中華書局，1998），頁1421。

的舉措已是一套例行的手續。[124]

例 3 是當時對於成都平原的一般印象，可見尚有很多在歷史當中忘卻姓名之人成為成都平原的新住民。除了法律的材料外，在《史記》與《華陽國志》當中有著不少遷蜀的紀錄。他們有些為重要的政治犯及其家屬黨羽，如嫪毐與呂不韋。「（嫪毐）及奪爵遷蜀四千餘家」，如果以一家為四至五人，即有將近兩萬人的大規模移民；以呂不韋在秦國宮廷的勢力，相信不會少於這個規模（例 4 到例 6）。

例 7 到例 11 為秦國將六國人民遷往臨邛、葭萌、房陵和嚴道等地，這些地方為成都平原的邊緣之地，是平原入山之處，為重要的邊防之地。然而，這些地方有些為重要的林礦資源產地，在邊防與戰略上的地位相當重要，故也成為移民的重要據點之一。

例 12 則顯示了將六國的宗室和大族遷往蜀。西元前二二九年，秦破趙，次年俘趙王而遷至巴蜀地區的房陵；西元前二七八年秦將白起拔郢都之後，在原楚國腹地建立了南郡，並徹底摧毀楚人經營四百多年的都城。考古發現證實紀南城在楚統治時期人口相當多，城的周圍楚墓群數量相當龐大，為楚墓分布最為集中的地區；但卻很少發現這一帶在白起之後戰國晚期到秦代的墓葬，說明紀南城附近的人口已相當稀少，這些人口

---

124 葛劍雄、吳松弟、曹樹基，《中國移民史》第二卷（福州：福建人民出版社，1997），頁 77-80。

除了逃亡和被殺之外，很有可能被迫遷入四川等地。[125] 西元前二二三年，秦滅楚，楚王宗室被遷至蜀。將這些六國宗室加以遷移的目的在於拔除其舊有的勢力，以使其無法捲土重來。

　　從考古的相關發掘可見，戰國晚期成都平原的外來移民遺址當中，以墓葬材料居多。雖然目前我們無法確知這些墓葬是否全為強制性的遷徙，其中或許也有主動的移民。[126] 但從上述討論可知，商鞅變法後，重農的社會形成，遷移大都為官方發動，並給予遷徙之民以土地和民爵等賞賜。關於成都平原地區的移民墓，已經有不少學者關注這個議題，江章華、宋治民與間瀨收芳等學者，就分別從不同的面向加以討論。以戰國晚期的墓葬來說，最值得注意的為楚墓與秦墓在成都平原的分布。

　　以下對考古材料的討論，集中在青川郝家坪戰國墓、滎經地區。青川郝家坪戰國墓由於文化因素相當複雜，故有的學者認為其是秦移民的墓葬，[127] 有的認為是楚移民的墓葬，[128] 族屬的判定並不容易；滎經地區的族群複雜性也不輸青川。過去學者們很認真的辨認兩地墓群的族屬，對於族屬的意見各不相同，很有可能是因為忽略此地同時存在不同的移民，秦同時將

125　朱萍，〈楚文化的西漸──楚國向西擴張的考古學觀察〉，頁132。

126　有學者認為四川的移民當中可能有來自楚國的鹽業商人，相關的研究可以參見陳伯楨，〈世界體系理論觀點下的巴楚關係〉，《南方民族考古》第六輯（北京：科學出版社，2010），頁41-68。

127　宋治民，〈略論四川的秦人墓〉，《考古與文物》，1984：2（西安）。

128　江章華，〈巴蜀地區的移民墓研究〉，《四川文物》，1996：1（成都）；間瀨收芳，〈四川省青川戰國墓研究〉，《南方民族考古》第三輯（成都：四川科學技術出版社，1991）。

不同的移民遷於同處。

　　青川郝家坪戰國墓位於四川北部，西、北面和現代的甘肅接壤，地處白龍江兩岸。青川戰國墓雖然不在成都平原的中央位置，但處於從關中至成都平原的道路上。從咸陽沿著渭水向西，經過寶雞往南後，跨過秦嶺的第一站即為青川縣，戰略地位重要。一九七九年到一九八〇年在郝家坪梁山腰上先後進行了三次發掘，共清理墓葬七十二座。[129] 墓均為長方形豎穴土坑墓，無封土、無墓道。在七十二座墓之中可以分為一棺一槨、有棺無槨、無棺有槨、無棺無槨。有些墓的結構較為複雜，具備邊箱與二層臺。多數的墓葬將木棺移至槨室的一側，在另一邊留出較大的空間以放置隨葬品。在二層臺與槨室之間的空隙，都用白膏泥填充。[130]

　　隨葬器物置於邊箱中或放在木棺旁的空隙處，器物共有四百多件，主要為生活用品，以陶器居多。墓葬中的陶器已經出現鼎盒壺的組合。一般來說，盒的出現在楚墓當中已經到了戰國最晚期。其中銅器共有五十八件，數量不多，紋飾簡單，製作並不精細。較具特色的為漆器，共一百七十七件，超過隨葬器物的四十％，與戰國晚期楚地的漆器相當類似。在木器上，除了有十一件木俑外（男俑六件、女俑五件，墨繪眉目，彩繪衣袍），尚出土二件木牘。其中一件文字殘缺不清，另外一件

129 四川省博物館、青川縣文化館，〈青川縣出土秦更修田律木牘──四川青川縣戰國墓發掘簡報〉，《文物》，1982：1（北京）。

130 間瀨收芳指出楚墓之中一般有使用白膏泥的特色。

則字跡清晰，內容主要為秦武王二年，王命丞相甘茂更修田律等事，這個部分之後會有較詳細的討論。加以分析墓葬結構與隨葬器物，可發現其相當類似戰國晚期楚墓的形式。在隨葬器物當中的漆器，大半是楚文化的典型器物，楚式銅鏡、白膏泥與楚鼎等這些強烈楚文化影響下的器物，足以說明此地並不單只是對楚文化的模仿，而與有計畫的移民較為相關。[131] 已發現的上百座墓葬，規模較大，文化面貌相當一致，隨葬品中也未見兵器。顯然應該是秦滅巴蜀後在當地設置的一個移民聚居點。

　　除此之外，成都平原西南的滎經地區，處於四川往雲南的道路上，自古以來地理位置相當重要，四川省文物考古研究所從七〇年代開始即注意這塊地區，在此也發現豐富的墓葬。今日的滎經縣城附近發現了「嚴道古城遺址」，並在古城附近發現豐富的墓葬遺址。[132] 現存的古城位於滎經縣城西一・五公里，地處滎河南岸的階地上，地勢相當險峻，城西南的高山與滎河間狹窄的隘口為其與外部聯繫的唯一孔道。考古學家目前發掘的城址，發現存在主城與子城。主城平面呈正方形，東西長四百公尺，南北寬三百七十五公尺。城垣以版夯築成；子城因地形所限，平面近於長方形，東西長約三百公尺，南北寬約兩百至兩百七十公尺。子城與主城的築法相同，估計時間較主城晚。關於嚴道古城築城的時間，在主城與子城之內都發現大

131　間瀨收芳，〈四川省青川戰國墓研究〉，《南方民族考古》第三輯。

132　趙殿增、李曉鷗、陳顯雙，〈嚴道古城的考古發現與研究〉，《中國考古學會第五次年會論文集》（北京：文物出版社，1985）。

量漢代的遺物。然而，此城或是周邊的聚落似乎可以證明使用的時間更早。在古城周圍所環繞的整齊墓群，據考古學家推測最早可以到戰國時期。發掘於曾家溝的七座墓葬（M11 — M16、M21），其在滎河南岸的階地上，一般認為是秦移民墓。[133] 四川大學的宋治民先生指出：

> 從青川、成都到滎經，秦人移民墓地連成一條線，大體勾勒出從陝西關中地區，經過川西成都平原，到川西高原大相嶺以北地區這條交通大道的基本走向。[134]

考古的發現與上述的例 7 到例 11 較為接近，在臨邛、葭萌、嚴道等這些邊地，有些為扼平原入高原的重要出入口，有些是富產林礦資源的要地。

值得注意的一個現象是青川戰國墓出土的「為田律木牘」，此塊木牘反映田律的基本內容。不少學者都釋讀過此木牘，並以此木牘討論秦國在商鞅變法後所實施的田制；也有一些學者認為這證明了秦將自己的田制推行到了成都平原。[135] 然而，大部分的學者忽略了此塊木牘原來的出土脈絡。青川戰國

133　宋治民，〈四川戰國墓試析〉，《四川文物》，1990：5（成都）。

134　宋治民，〈試論周秦漢時期中國西南交通〉，《中國西南的古代交通與文化》，頁20。

135　李學勤，〈青川郝家坪木牘研究〉，《文物》，1982：10；李昭和，〈青川出土木牘文字簡考〉，《文物》，1982：1（北京）；楊寬，〈釋青川秦牘的田畝制度〉，《楊寬古史論文選集》（上海：上海人民出版社，2003）。

墓本身是一處移民墓地，很有可能為秦政府從楚地強制遷徙的移民。秦政府授予這些移民土地與相關的器具，使他們脫離原來的舊有傳統秩序。被遷徙之人，並不能自由的居住，而是按照一定的規定加以組織。在〈為田律〉中規定農曆八到十月的農時月令與《禮記‧月令》、《管子‧四時》和《呂氏春秋‧孟春季》中所記載的月令農事不同。這表明了在制定有關農業月令的法律時，注意到要區別南北兩方氣候的差異。[136]

　　然而，是否能認為成都平原大部分地方已經推行秦的田制，則需要有更進一步的證據才能加以說明。我們或許可以認為，這些交通線上的移民社群作為秦政府統治成都平原的重要據點，由此漸次的擴大與鞏固其在當地的力量。

小結

　　秦國在戰國中、晚期之後，由於變法圖強成功，謀統一東方六國。然而，秦國雖強，卻無法以一敵多，尋求一個廣大的腹地以增加自身的後援基礎，打破七雄在政治、經濟與軍事的均勢狀態，即為秦國欲統一天下的關鍵，成都平原即為秦國的最佳選擇。秦國想要南進的障礙在於當時南方最強大的楚國，兩者不惜發動數次戰爭爭取成都平原，即說明了秦楚都深知成都平原在戰略地位上的重要性。日後秦對楚的戰爭中，由於善

136　羅開玉，《四川通史》，2（成都：四川大學出版社，1997）。

用成都平原在戰略上的地位，減低了統一過程中會碰到的障礙。

透過軍事的征伐，秦國取得了成都平原的統治權，由於兩者的距離將近一千公里，中間又有秦嶺與巴山阻隔。戰國時代的七國，從來沒有在如此的距離與面積規模上，控制過社會與文化這麼複雜的地區，再加上秦國因為內外因素，促使它採取一國兩制的方式，成都平原舊有的勢力繼續維持，並享有名義上的統治權。然而，商鞅變法後的秦國脫胎為中央集權的領土國家，一國兩制促使地方與中央的關係始終處於緊張，其舊有勢力在半個世紀後被取消，秦打算徹底的加以改造成都平原。

秦作為四川的「殖民地」，在統治的過程中，秦推出一系列的「殖民政策」，發展殖民主義，改造成都平原的第一步即是築城，築城與設縣在秦國的發展過程實為同一件事，戰國出現的縣與以前的統治方式相異，這種縣的設置大多是與中央政府領地不接壤，而懸繫於中央之外的城邑，屬於國君直轄之地。征服占領之後，為保持戰果或防患敵人捲土重來而築城戍守。秦國在征服成都平原後的半個世紀裡，採取的策略是繞過三晉地區，轉向南方的巴、蜀尋求另一個根據地。透過對成都平原的直接控制，以此為據從後方襲擊楚國。在城市管理制度方面，商鞅變法直接在「工商食官」的舊體制之上建立起龐大的官營手工業，舉凡對於林礦資源的管制、貨幣的發行、農具、銅兵器、磚瓦、乃至一部分日用陶器都由官府作坊生產，分職也極細密。這樣的體制原本施行於變法後的秦國，當成都城建立之後，同樣的體制也適用於成都平原，這是秦的經濟管

理制度第一次在本土以外的地方推行。

　　秦國善用成都平原的戰略位置、林礦資源，並且取得金礦，成為六國之中最大的經濟體系，都江堰的水利建設也使此地的米糧物資大增，成為六國戰爭中重要的後援。在將近一個世紀的統治中，秦國由於掌握成都平原，改變了七雄之間僵持不下的態勢。另外，秦透過國家主導的徙民計畫，在戰爭的過程中，得以遷徙各個城市與控制經濟實力的豪強，消除其在原居地的勢力，也使得秦帝國的形成較為順利。

第四章

殖民統治下的反抗與認同

——秦與西漢帝國下的四川

　　雖然秦與西漢帝國為不同的殖民政權，但是對於居住在古代四川的人群而言，他們都是外來的統治者。秦與西漢的殖民統治相當地有效率且嚴厲，殖民地景的建立包含城市的建造、移民、土地政策和經濟的剝削。當秦征服了四川之後，沒有拔除原有的統治階級，實行了一國兩制的政策，殖民地四川原有的統治者透過不停地反抗以對抗外來政權。然而，秦的武力強大，並且徹底地消滅了原有的統治階級，在四川實行有效率且嚴厲的殖民政策。被殖民者除了反抗，面對帝國的權力，他們還有什麼方式，展現自己的積極性（agency）呢？

　　在本章，我將透過歷史文獻指出，在秦帝國的統治之下，被殖民的人群先透過武力抗爭表達他們對於一國兩制的厭惡。當秦帝國崩潰後，四川人選擇與新的漢政權合作，以獲取較好的利益。西漢帝國建立之後，四川人得以透過選舉的方式，成為統治階級的一部分。但是普遍來說，四川當地的知識分子選擇消極地不參與帝國的政權。值得注意的兩個例子是司馬相如與揚雄，在西漢帝國的統治之下，他們的人生歷程在帝國的中心與四川徘徊，早年生活在四川，後來在帝國的中心服務。兩人著作豐富、遊歷廣，受帝國中心的誘惑，同時也評估地方與中心的關係。由於這兩位知識分子在文獻材料當中留下較多的資料，藉由分析其生平，可以展現殖民地知識分子的選擇。

　　本章主要是對傳統文獻的再解讀，以往對正史的詮釋強調帝國當中不同人群的同質性，忽略秦、漢帝國本身的多元性。我將以古代四川作為歷史的主體，透過殖民史的閱讀，可以了

解四川人民與知識分子在面對殖民帝國時的選擇。

抵抗與合作

　　殖民地的人群怎麼生活？殖民地四川與帝國中心之間保持著什麼樣的關係？他們會積極抵抗秦與西漢的殖民政權嗎？還是他們選擇與殖民政權合作？或是消極地不參與政治？要回答這些問題，我們可以從一個現代史的例子加以思考。

　　一九三七年，日本侵略中國，占領上海，在殖民地上海的知識分子怎麼生活呢？以往的政治史觀點之中，以一種二元的道德與民族主義觀點分析，與日本人合作的是「漢奸」（Cooperate）；抵抗日本人的是「民族英雄」。然而，在傅葆石（Poshek FU）的研究中，提出一個「灰色地帶」的概念，就是在殖民處境之下人的掙扎、妥協與曖昧的複雜性。《灰色上海》將殖民地上海分成三種相互糾結的狀態，分別是：隱退（Passivity）、反抗（Resistance）和合作（Collaboration）。[1] 雖然殖民地四川不是一九三〇年代的上海，然而，面對殖民處境，傅葆石的三種分類對我的研究而言，還是相當具有啟發性。以往的殖民史往往都以抵抗／合作二元區分，殖民地的人群不是挺身而出抵抗殖民政權，就是選擇與殖民政權合作。[2]

1　Poshek Fu, *Passivity, Resistance, and Collaboration: Intellectual Choices in Occupied Shanghai, 1937-1945* (Stanford: Stanford University Press, 1993).

2　反對二元對立反抗與合作的觀點，研究殖民主義的歷史學者與考古學者採用「中

這樣的預設低估了殖民地居民嘗試以複雜且策略式的方法面對殖民政權，同時也忽略了殖民地居民所面對的挑戰與局勢。

以四川為主體的歷史，嘗試以四川為中心觀察被征服者的的積極性。以往中國中心的歷史之中，以征服者為主體，四川在秦漢帝國之下的歷史，就是一段「漢化」的歷史，講述的就是四川人如何成為「中國人」。[3] 然而，秦與西漢帝國並非同一個帝國，殖民地四川是被「秦化」，抑或「西漢化」？而「化」的具體內容包含什麼？學者沒有論述得很清楚。如果我們拋棄中國中心的思考，不再以征服者的角色觀察古代四川，就不需要討論「漢化」的問題與內容，而是觀察在殖民情境當中，西漢帝國之下的四川人如何與殖民帝國互動，他們有些人選擇抵抗、有些人合作、有些人消極、有些人甚至在帝國搖搖欲墜的時候，支持心目中理想的新政權。單獨個體或是群體，在殖民情境中具有自己的主體性，被壓迫的人民會起來抵抗，商人會

間地帶」(middle ground)的概念，這是一個空間／場域，兩個或者多種文化的交流與殖民接觸，溝通和妥協可以在此發生。請參見 Richard White, *The Middle Ground: Indians, Empires, and Republics in the Great Lakes Region, 1650-1815* (Cambridge: Cambridge University Press, 1991); Michael Given, *The Archaeology of the Colonized* (London: Routledge, 2004); Caroline A. Williams, *Between Resistance and Adaptation: Indigenous Peoples and the Colonisation in the Choco, 1510-1753* (Liverpool: Liverpool University Press, 2005)。

3　段渝和王子今都有討論秦對蜀的政策，請參見段渝，〈論秦漢王朝對巴蜀的改造〉，《中國史研究》1（1999）：23-35；王子今，〈秦兼併蜀地的意義與蜀人對秦文化的認同〉，《四川師範大學學報》2（1998）：111-119；羅開玉，〈秦在巴蜀地區的民族政策試析——從雲夢秦簡中得到的啟示〉，《民族研究》4（1982）：27-33。

逃避國家的法律，與周邊民族和外國人經商，尋求自己的利益。

　　另一方面，秦和西漢帝國也並非從中心輻射出來的同質性力量，它是一個動態（dynamic）的過程，根據面對的不同的狀況而改變。隨著秦與西漢帝國政策的差異，殖民地四川的居民與帝國的互動方式也隨之變化。殖民地的居民採取妥協的方式，或是選擇性的合作，以換取自身最大的利益。

　　古代四川的殖民歷史必須放在長時段之中，觀察其如何與秦、西漢和東漢帝國的互動。秦建立了殖民的體制，西漢帝國沿襲秦的殖民政策，並且擴張了經濟上的剝削。在歷史的發展過程之中，四川居民的組成也逐漸產生差異，大量外來的人口對於殖民地四川產生很重要的影響，有些學者認為這是四川的「關中化」、「漢化」或是「秦化」。但事實上，從秦、西漢帝國遷徙的移民來源相當複雜，他們來自不同的地方，本來就沒有共同的認同，雖然帶著原居地的技術、習慣與風俗，但是在四川居住之後，與當地的居民共同生活，所發展出來的意識則是屬於四川的，逐漸的轉化為以巴蜀為核心的地域性認同，地域性的認同最後成為追求獨立的動機。然而，這個過程在東漢時才會較為明顯，到魏晉才成熟。

一國兩制的困境

　　秦對殖民地四川的統治方式在地理上可以分為東部的丘陵地區和西部的成都平原。東部的丘陵地區為以前的巴，秦於西

元前三一四年設置了巴郡，秦的丞相張儀在原本巴人的首都江州築城。[4] 由於居住在丘陵的族群相當驍勇善戰，秦人雖然在國家形成的過程與周邊的非農耕民族相互爭戰，獲得了很大的勝利，但是秦也不敢直接統治巴，尊重當地的社會組織與習慣。這是由於：第一，四川丘陵地區離關中太遠，對於當地的地形和社會不了解。第二，居住在丘陵的族群長期與東面的大國楚有著深厚的關係，不管是經濟、政治或是外交上的關係，使得秦不敢直接派兵進入，拔除當地大姓，改造原有的社會組織。[5] 因此，巴的宗室雖然被秦征服，但是原有的社會組織仍然存在。即使設置郡縣，但是地方的統治者仍是當地原有的大姓。[6] 從正史上的記載可以知道，秦以巴的大姓首領為君長，並與秦的王室通婚，巴地的首領只要交納賦稅就可以維持其原有的社會組織，並且賜與巴地的民眾不更的爵位，也免除了他們的更卒之役。然而，秦對西部的成都平原有不一樣的統治方式，秦的統治者知道這裡的資源豐富，可以為其剝削，殖民政策相對而言較為嚴厲、苛刻、且有效率。

　　一國兩制政策的失敗，使秦政府徹底地掌握此地的政治與經濟，使用殖民政策將成都平原改造成自己的一部分。成都平原與關中的距離將近一千公里，中間又有秦嶺與巴山阻隔，這

4　*HYGZ*, 27.

5　將世界體系應用在巴與蜀的關係，請參見陳伯楨，〈世界體系理論觀點下的巴楚關係〉，《南方民族考古》6（2010）：41-68。

6　*HYGZ*, 14.

個工程因而相當龐大且耗時。戰國時代的七國從來沒有在距離與面積上控制過一個異文化與族群之地。成都平原作為秦國的第一個殖民地，以一個世紀的時間學習與修正統治策略。從歷史記載來看，秦的殖民政策十分成功，當殖民政策施行之後，殖民地四川沒有留下反抗的紀錄，成為秦征服六國的基地，不僅提供軍需的資源，還因為四川在地緣政治上的優越地位，打破了戰國時代各國相互爭戰、僵持不下的局面，征服了戰國時代所有的國家。

兩個帝國間的四川——劉邦與項羽之爭

　　秦始皇征服六國後，在巡行途中駕崩。[7] 二世皇帝缺乏始皇帝的雄才大略，即位數年間即造成了大規模的農民反抗。[8] 在秦末大亂中，最為關鍵的領袖即為劉邦與項羽，而他們兩人勝負的關鍵就是殖民地四川。劉邦與項羽在秦末大亂時競爭，項羽較劉邦具有優勢，享有分封秦所瓦解的帝國的權力。項羽將劉邦分封於四川，其背後的陰謀則為巴、蜀之地道路險阻，想要斷絕劉邦的後路，但卻反而加強劉邦的勢力與資源。[9]

　　項羽不知道成都平原對於秦帝國在征服六國當中的地位。

7　*SJ*, 6, 263.

8　秦帝國晚期混亂的狀況與戰國時代晚期混亂的情形相似，請參見田餘慶，〈說張楚〉，《秦漢魏晉史探微》（北京：中華書局，1993），頁 1-29。

9　*SJ*, 8, 365; *HS*, 1B, 61.

秦政府不僅完全地控制成都平原，尚且將此地的資源加以發展，成為最強的國家。劉邦重要的軍師蕭何早就觀察到了這一點，他知道重法的秦國，法令和制度貫徹到社會的底層，只要掌握重要的圖籍、政府文書和命令，即可控制政府和其轄下的郡縣。成都平原在六國反秦的戰爭中並未受到任何破壞，只要掌握統治方式，即可產生源源不絕的後援實力。[10] 居住在四川的人群無法選擇自己的統治者，從文獻紀錄來看，此地區與新的統治者劉邦之間並無磨合期，劉邦迅速地控制此地，並掌握其資源。或許此乃因為劉邦為秦的合法繼承者，他接受了秦的投降，並且維持了政治與社會秩序的延續；也可能劉邦入關中之後，削除苛酷的秦法。巴、蜀的居民應該不會反對一個較為緩和的統治者。

　　殖民地四川的巴與蜀，劉邦對於兩地居民的軍事動員是有差異的。成都平原所提供的為豐富的糧產和充足的兵源；而四川東部之人，即一般文獻當中所謂的巴，此地的人據說相當善戰，劉邦平定關中，有一部分即得力於此地的「賨民七姓」。[11] 劉邦透過四川的武力與資源，在數次的策略與征戰之中，先取得關中地區。擁有關中地區和殖民地四川之後，劉邦宛如統一六國前的秦國，依照以往秦的腳步，逐漸掌握局勢。四川的糧食對劉邦的軍隊相當重要且關鍵。然而，此一時期糧

10　*HS*, 39, 2006-2007.
11　*HYGZ*, 14. 關於住在四川東部的族群，請參見楊偉立，〈賨人建國始略〉，《西南民族大學學報》3（1980）：42-50。

運基本上與秦時相同，無法從蜀地直接運糧至關中，成都平原
的糧產必須透過長江運輸。任乃強認為由成都平原之水道而
論，東向必先得從成都沿嘉陵江往南而行。南行後，順長江而
下，舟運入楚，再由楚自南陽車行入洛。[12] 故劉邦除了掌握關
中與大部分的四川外，尚需控制楚地的黥布與彭越，才能獲得
成都平原而來的糧食。漢王三年，劉邦攻打彭城，敗戰以後從
梁城退出。蕭何前往淮南王封地說服英布，從《史記‧黥布列
傳》的記載中，即可知道蜀地糧食對於楚漢相爭的重要性，[13]
劉邦之所以固守著滎陽與成皋，即是看重四川運來的穀粟，惟
有守住這條線，營建壁壘，才能確保糧食的源源不絕。

　　由於殖民地四川的居民提供大量軍糧與人力動員，他們在
西漢帝國建立的過程中相當重要，政府經常下令免除此地的
賦稅。[14] 劉邦曾經免除關中地區一年的賦稅，[15] 相較於關中的
一年，四川居民由於軍事勞苦，除去兩年的賦稅。[16] 當劉邦建
立漢帝國，天下大定，給予那些從四川追隨他統一天下的士卒
終身免稅。[17] 他透過不斷的下令，給予殖民地四川賦稅上的好
處。由此也可以看到四川居民的主動性，他們選擇能與之合作

---

12 *HYGZ*, 143.

13 *SJ*, 91, 2601.

14 *HS*, 1A, 34.

15 西漢早期，四川也屬於關中，請參見王子今、劉華祝、〈說張家山漢簡《二年律
　令‧津關令》所見五關〉，《中國歷史文物》1（2003）：44-52。

16 *HS*, 1B, 73.

17 *HS*, 1B, 78.

的外來殖民者，在秦帝國崩潰之際、尋求本身最大的利益。

西漢帝國下的殖民地四川

（一）土著豪族與移民

從秦末到西漢初年，社會勢力可以分為兩大類，即土著的豪族與東方移民。原本居住於四川的豪族選擇與殖民政府合作，他們以驍勇善戰出名。在西漢帝國成立之時，出身於四川北部大巴山一代的居民，周邊的人稱他們為賨人，他們幫助劉邦從四川進入關中，之後打敗項羽，他們的首領因此封侯，轄下的七姓免其稅。除此之外，《華陽國志》之中記載西漢時期在殖民地四川的土著大姓，像是蜀郡的樊氏，是當地出身的上層階級。蜀郡的范氏、板楯七姓的羅、朴、昝、鄂、度、夕、龔，也是本來居住於當地的社群。[18]

在移民政策上，我們看到秦將六國貴族、豪富、罪犯遷移到四川。遷移到四川之後，他們遠離原居地，雖然沒有舊有的資源，但是在四川，他們利用四川的資源加以經營，成為西漢四川社會上的豪族。《史記・貨殖列傳》也有提到移民，像是趙人卓氏、魯國程氏、鄭氏等。蜀人卓氏的祖先原來是趙國人，祖先因為冶鐵而致富。秦國滅了趙國以後，卓氏的祖先以俘虜的身分被強制遷移到了四川臨邛，當地盛產鐵礦，利用他

---

18 *HYGZ*, 14.

們的冶鐵技術，將礦石冶煉成鐵器販賣。卓氏不但善於冶煉，也善於經營，出產的鐵除了在蜀地販賣之外，也銷往雲南，還有上千個奴隸供其差遣。除了卓氏以外，程、鄭兩氏則是山東來的俘虜，他們基本上和卓氏祖先一樣，也靠冶鐵致富，並且賣給周邊的少數民族，富不下於卓氏，也都住在臨邛。[19]

　　西漢帝國沿襲秦帝國的政策，將外來人口大量遷入四川。從史料記載來看，漢代遷徙到四川的主要是罪人，但並不是一般的犯罪，而是官僚、諸侯王、宗室、貴族和豪富的犯罪。從《漢書・諸侯王表》可以看到共有九次的紀錄，將犯罪的諸侯王遷徙到四川。[20]

　　由此可以看出西漢帝國的殖民政策基本上與秦帝國相同。遷徙之民移入之前即造好的城邑，其內部區分為里，並分配耕地。由這些新住者構成的里，與以血緣或姓族所構成的族居不同，它是分散化的、單個戶的混合。國家給予當地的居民土地、耕具，授予民爵，並課以相關的徭役勞動與兵役。原居地的政治權力和資源在殖民地四川喪失，國家的權力得以在這樣的場合當中獲得實踐。除此之外，還有一項很重要的原因在於稀釋掉當地的居民，使得原本四川的居民比例降低，反抗帝國的力量也相對地減少。[21]

19　*SJ*, 129, 3277.

20　崔向東，《漢代豪族地域性研究》（北京：中華書局，2012），頁109。

21　Nishijima Sadao, "The Economic and Social History of Former Han," *CHCH*, 551-559.

（二）經濟剝削

　　西漢帝國相當覬覦殖民地四川的豐富自然資源和礦產，豐富的資源也為帝國的中心剝削。[22] 專賣制度對於帝國來說是相當具有利潤的，在漢武帝時，由於國家長年征戰，缺乏收入，將鐵和鹽收歸為國家專賣。漢帝國在四川設有四處鐵官，除了臨邛以外，蜀郡還有犍為、武陽和南安，漢中郡有沔陽，[23] 這些地方在通往周邊族群的交通線上，並非巧合，主要是要將周邊山地之中的礦產加以剝削。殖民地四川的鹽官設在蜀郡的臨邛、犍為郡的南安、巴郡的枸忍、臨江。鹽官和鐵官在四川的重複性很高，因為煮鹽所需的大鐵鍋需要冶鐵的技術，這可以從近來在四川蒲江縣（即漢代的臨邛）所發現的完整大鐵鍋加以證實，這個大鐵鍋直徑一百三十一公分、高五十七公分，厚約三・五公分，[24] 為漢代所用的熬鹽鐵盆。生產鹽鐵的工作交由卒、徒和工匠，在漢代卒可以分為正卒和更卒，每個二十三到五十六歲的男子都必須在軍中服一年的勞役，此為正卒的來源；更卒則是十五歲到五十六歲的男子，每年須服一個月的勞役。徒則是服勞役的罪犯。這些都是國家無償徵用的勞工，

22　漢武帝駕崩之後，他的鹽鐵政策在朝廷上引起很大的爭論，後來收錄於桓寬的《鹽鐵論》。

23　楊遠，〈西漢鹽、鐵、工官的地理分布〉，《香港中文大學中國文化研究所學報》9（1978）：219-244。

24　侯虹，〈蒲江鹽井的開發與西漢四川鹽鐵經濟的發展型態〉，《鹽業史研究》3（2002）：18-27。

對於他們的管理相當嚴格。[25] 下一段之中關於漆器的品質管理措施，可以了解殖民帝國以精細、苛刻和有效率的方式管理人民、工匠與罪犯。

在殖民地四川，蜀郡和廣漢郡設有工室，前者為秦帝國所設，後者依據文獻在漢高祖時所設。從考古所出土的材料中來看，年代最早的漆器為西漢昭帝始元二年（西元前八五年），一直持續到東漢和帝永元十年（西元九八年）。[26] 透過李安敦（Anthony Barbieri-Low）的研究，我們現在知道漆器作坊的工作狀況是如何。宮廷作坊的生產組織模仿了朝廷本身的體制，有官員負責監督皇帝的旨意是否在工匠手裡得到嚴格的執行，即生產是否符合標準或者達到規定的數量。宮廷作坊中採用模件化和規模化生產，而漆器的大量生產需要熟練的技術和雄厚的財力，出現高精度的分工和完善的監督制度，已經與工業革命後的工廠制度並無本質差別。工匠生產物品以流水線的方式、周密衡量勞動力的價值盈損。[27]

考古學者們意識到一件小小的酒器如「耳杯」，就要經過五種官吏的監督，由此窺見漢代官營手工業作坊內部的細緻分

---

25 相關的研究，請參見 Nancy Lee Swann, *Food and Money in Ancient China* (Princeton: Princeton University Press, 1950), 50；Martin Wilbur, *Slavery in China during the Former Han Dynasty, 206 BC-AD 25* (New York: Russell and Russell, 1967), p. 223. 近來的研究，可以參見 Anthony Barbieri-Low, *Artisans in Early Imperial China* (Seattle: University of Washington Press, 2007), pp. 212-227。

26 洪石，《戰國秦漢漆器研究》（北京：文物出版社，2006），頁 174。

27 Anthony Barbieri-Low, *Artisans in Early Imperial China* (Seattle: University of Washington Press, 2007), pp. 73-83.

工和嚴格管理。帝國對於殖民地工室的管理仰賴「卒」、「徒」和「奴」等鐐銬中的工匠，精美工藝品依賴的是製作過程的精確性和統一性，而這種精確性和統一性勢必導致對工匠進行苛刻的管理，[28] 但凌駕於這些之上的還是帝國中心經濟利益的考量。[29] 剝削殖民地勞動者製造出來的漆器，在當時的帝國流通相當廣泛，主要作為精美的商品加以貿易或是皇帝及貴族用以賞賜的物品。[30] 除了鹽、鐵、漆器之外，還剝削特定的物產，像在嚴道設有「木官」，[31] 專門負責木材資源的攫取；在巴郡枸忍和魚復設有「橘官」，負責上貢帝國中心所需的特殊物產。[32]

（三）商人的主動性

殖民地四川的鐵礦、鹽業和工業，受到帝國中心的控制與剝削。除此之外，帝國政府的政策重視農業，打擊商業，抑制商人的利益。但是，矛盾的是，政府壓迫商人的力量愈大，他們的勢力就愈大。這清楚地顯示政府的賤商政策無效，而且實際上讓商人得到更大的好處。在鼂錯的奏議之中清楚的表明了這一點。鼂錯曾經評論：「今法律賤商人，商人已富貴矣；尊

---

28 洪石，《戰國秦漢漆器研究》（北京：文物出版社，2006），頁 169-190。

29 Anthony Barbieri-Low, *Artisans in Early Imperial China*, pp. 212-256.

30 洪石討論和帝國漆器的流動，參見《戰國秦漢漆器研究》（北京：文物出版社，2006），頁 218-221。

31 *HS*, 8A, 1598.

32 *HS*, 8A, 1603.

農夫，農夫已貧賤矣。」[33]

　　殖民地四川的情形也是如此，《華陽國志》記載當秦、西漢帝國將大量的移民遷至四川之後，由於蜀地有大量的鹽、鐵的礦藏，而且鄰近森林，商人們採集其中的資源發展工商業，獲取大量的財富，成為「豪族」，並且競相炫富，在衣服、食物、交通工具和墓葬之上，展現出極盡奢華之能事。[34] 這不免令人感到好奇，四川的商人如何在殖民政府嚴厲地控制之中，經營他們的商業，展現其主動性呢？可以分為兩種情況：

　　第一、與殖民政府合作，從中獲取利潤，再投入土地的買賣，從而擁有大量土地。舉例來說，西漢初年政府准許商人自行鑄錢，[35] 漢文帝將四川嚴道銅山的收益權賜予鄧通，鄧通轉租給四川臨邛的卓氏經營，[36] 卓氏不僅鑄造鐵器，還鑄造錢幣。憑藉著特許，卓氏累積大量的財富。[37] 商人經由壟斷某些商品，囤積居奇，賺取大量的利潤之後，透過商業所獲得的財富，往往將金錢投入土地，購置田產並且加以兼併，形成商人兼地主的情形。這個現象在西漢中後期開始變得嚴重，到東漢時，大土地的占有已經被視為理所當然。

33　*HS*, 24A, 1133; Nancy Lee Swann, *Food and Money in Ancient China*, p. 166.

34　*HYGZ*, 148.

35　鑄錢的規定，請參見 Anthony Barbieri-Low and Robin D.S. Yates, *Law, State, and Society in Early Imperial China: A Study with Critical Edition and Translation of the Legal Texts from Zhangjiashan Tomb No. 247* (Leiden: Brill, 2015), pp. 626-630.

36　*HYGZ*, 157.

37　*SJ*, 129, 3277.

　　第二、逃避法律，脫離帝國的控制。西漢帝國禁止商業物品私運出國境，但是四川商人並不理會帝國的管制與法律。[38]從史料當中，我們可以看到兩個例子。漢武帝時，派王蒙遣使南越，南越人以枸醬招待王蒙，滋味鮮美。王蒙後來得知枸醬只有四川才有，蜀地的商人經常將它偷偷賣給西南夷的夜郎，經由夜郎，又賣給南越國。另外一個例子則是漢武帝派遣張騫出使西域，當他回到長安時，向武帝報告，指出在西域曾經看到邛竹杖和蜀布，那邊距離中國一萬兩千里，張騫很好奇這些東西的來源，透過大夏商人的告知，他得知這些蜀地的商品是從大夏東南數千里外的身毒國買來的，在身毒有蜀商人的市場。身毒即今天的印度，可見蜀地的貴重物品可以銷售到數千里之外，並且在印度已經有固定的市場可以販賣。[39]李約瑟（Joseph Needham）在《中國科學技術史》中也認為漢代四川和印度之間，有一條商路是途經雲南、緬甸的。[40]我們在第二章分析三星堆所出土的考古器物之中，也發現到遠從印度洋而來的海貝。印度到四川的商道在古代四川應該是存在的，近年的「南方絲綢之路」考古也逐漸證實這樣的推論。[41]

---

38 漢律有所謂的「尖闌出物」，如果沒有政府的允許，不許將物品送出國。參見 Yü Ying-shih, *Trade and Expansion in Han China* (Berkeley: University of California Press, 1967), p. 122.

39 *SJ*, 116, 2993-2994.

40 Yü Ying-shih, *Trade and Expansion*, pp. 110-117.

41 羅二虎，〈西南絲綢之路的考古調查〉，《南方民族考古》第五輯（成都：四川科學技術出版社，1993），頁350-389；江玉祥編，《古代西南絲綢之路研究》第一卷（成都：四川大學出版社，1990）；四川大學歷史系編，《中國西南的古代交通

　　由前述記載可以看出，帝國的中心並不知道殖民地四川與印度之間交易的情形，可見即使在帝國法律不允許的狀況之下，四川的商人們還是展現他們的積極性，盡可能脫離國家的控制，賺取自己的利益。

　　四川賺取財富的商人們，他們生活的具體狀況是如何？由蜀郡王褒寫的《僮約》為我們留下殖民地四川的社會狀況。[42]王褒是西漢的辭賦家，年少時於成都遊歷。《僮約》是在西元前五九年，[43]王褒路經寡婦楊惠家時導演的一幕喜劇。雖然《僮約》是一齣戲劇，但是其內容真實的反映西漢中葉四川的經濟、商業和農業狀況。日本學者宇都宮清吉對於《僮約》的研究最為全面，從他的研究之中可以發現，《僮約》具體地展現西漢中後期，甚至一直到東漢帝國時代四川的田莊經濟。[44]

　　以莊園為主的經濟是「自給自足」？抑或是發達的商品經濟？在田莊之中，除了農業的生產之外，還有從事林業、養魚、飼養禽畜等活動。除了田莊之中的農業活動，人們也從事遠距離的商業活動，在《僮約》之中提到了僮奴按照主人的吩咐，販賣與購買主人所需的商品，活動範圍從近到遠、從基層

與文化》（成都：四川大學出版社，1994）。

42　相關研究，請參見 Martin C. Wilbur, *Slavery in China during the Former Han Dynasty, 206 B.C.-A.D. 25,* pp. 383-392.

43　關於僮約的文本研究，可以參見楊生民，〈僮約新探〉，《中國史研究》1986（3）：26-35。

44　關於僮約的詳細研究，可以參見宇都宮清吉，〈僮約研究〉，《漢代社会経済史研究》（東京：弘文堂，1955），頁 256-374。

市場到遠距離的市場。在基層的村市販賣的商品有：索、犬、鵝、刀、矛等物，必須赴遠距離地點購買的商品包括：席、枲、茶、荷、羊、牛。其中涉及的商業地點有九個，由此可以看到四川經濟的活躍。僮約所描寫的地點為犍為郡的資中縣，以此為中心，商業的範圍高達三百公里的直徑範圍。交易地點共九個，分別是：成都、江州、湔主、益州、綿亭、雒水、新都、武陽、南安。[45]

《僮約》展現了西漢中葉以後殖民地四川的大土地所有制，蘊含商品經濟與開放性，尤其對於前面所述及的卓氏、程氏和鄭氏等豪族而言，由於他們只經營專業化的礦業，所以更需要商品市場滿足其所需要的生活必需品。他們是生產者，同時也是消費者，依賴市場購買所需和賣出他們的剩餘產品。田莊經濟不只出現商品化，還出現專門化的現象，由於某地盛產某種特產，因而成為重要的商品集散地，綿亭是席的重要產地、武都則是茶的原產地。西漢中後期的四川，可見田莊經營農產品生產，還有商品交換的特質，綜合農、林、牧、漁和工商業活動，四川盆地大部分地區都在他們的交易範圍內。[46]

漢文帝大力推行鼂錯重農抑商的政策，漢武帝實行經濟的專賣，殖民地四川的大量資源遭到帝國的剝削，商人在政治上

---

45 官德祥，〈從王襃《僮約》探析漢代中葉四川田莊商品經濟〉，《中國農史》2010（4）：35-47。

46 官德祥，〈從王襃《僮約》探析漢代中葉四川田莊商品經濟〉，《中國農史》2010（4）：35-47。

受到重大的打擊，不過他們也找到自己的辦法逃避國家的政策，將賺取的錢投資到土地上，身兼大地主，兼併自耕農的土地。這樣不僅侵蝕國家的稅收，並且由於大批的農民、雇農和奴婢在大地主的控制之下，使得大地主成為地方上的重要勢力，國家的權力也必須向他們妥協。[47]一直到西漢帝國瓦解，國家始終都無力控制大土地所有制的成長。由此多少可以看到商人如何在帝國的壓制之下，找到賺錢的方法，並利用殖民地四川特殊的資源，展現自身的積極性。

國家與殖民地社會

西漢帝國初年，帝國的統治階級主要是劉邦及其周邊的功臣所組成的團體，西嶋定生[48]和增淵龍夫[49]都注意到劉邦集團的結構與人際關係的結合方式。最近，李開元提出了「軍功受益集團」，他指出西漢帝國初年的國家機構上層，是特定地域集團的專有物，對於從帝國全境普遍拔擢人才欠缺制度化的途徑。[50]漢初的選官制度，仍屬草創階段，各方面仍有未善之

---

47 Nishijima Sadao, "The Economic and Social History of Former Han," *CHCH*, 554-559；許倬雲，〈西漢政權與社會勢力的交互作用〉，《中央研究院歷史語言研究所集刊》35（1964）：261-281。

48 西嶋定生，〈中國古代帝國形成の一考察──漢の高祖とその功臣〉，《歷史学研究》141（1949）：1-15。

49 增淵竜夫，〈漢代における民間秩序の構造と任俠的習俗〉，《一橋論叢》26.5（1951）：97-139。

50 李開元，《漢帝國的建立與劉邦集團》（北京：三聯書店，2000）。

處，因此武帝以前的中央政權未能在社會基層扎根，也沒有改變或擾動原來的地方社會秩序。[51]

對於殖民地四川而言，秦和西漢的殖民政策嚴厲地控制住四川的政治、交通、生產和經濟等層面，無法直接反抗帝國的地方行政系統。在西漢帝國的統治之下，部分的四川人開始透過帝國提供的選舉系統加入殖民政權。漢代的選才主要以被選者的出身為準，西漢的選舉制度稱為察舉，地方的士人因為具有某種知識和能力被選之後，先至京城的皇宮之中，擔任郎吏，經過考評，再分發到地方政府。[52] 甘懷真指出選舉制度不僅具有政治功能，也具有社會整合的機制，從西元前一世紀開始，漢帝國向地域社會的菁英開放政治參與。[53]

我們可以看到約略在西元前一世紀，也就是漢景帝末年，蜀郡的郡守文翁，[54] 從漢帝國東邊的廬江而來，通過選舉制，到帝國的中心為郎吏，後來發派到蜀郡為官。

　　文翁，廬江舒人也。少好學，通《春秋》，以郡縣吏察舉。景帝末，為蜀郡守，仁愛好教化。見蜀地辟陋有蠻夷

---

51 阿部信幸，〈論漢朝的「統治階級」——以西漢時期的變遷為中心〉，《臺大東亞文化研究》1（2012）：1-32。

52 嚴耕望，〈秦漢郎吏制度考〉，《中央研究院歷史語言研究所集刊》23（1951）：89-143。

53 甘懷真，〈漢唐間的京城社會與士大夫文化〉收錄於邱仲麟編，《中國史新論》（臺北：聯經出版，2013），頁172。

54 關於文翁的研究，參見何汝泉，〈文翁治蜀論考〉，《西南師範大學學報（人文社科版）》，1980（4）：34-51；房銳，〈文翁化蜀與儒學傳播〉，《中華文化論壇》2005（4）：88-91。

風，文翁欲誘進之，乃選郡縣小吏開敏有材者張叔等十余人親自飭厲，遣詣京師，受業博士，或學律令。減省少府用度，買刀布蜀物，齎計吏以遺博士。數歲，蜀生皆成就還歸，文翁以為右職，用次察舉，官有至郡守刺史者。又修起學官於成都市中，招下縣子弟以為學官弟子，為除更徭，高者以補郡縣吏，次為孝弟力田。……由是大化，蜀地學于京師者比齊魯焉。[55]

文翁認為蜀地有「蠻夷」風，希望加以「文明化」，於是在自己的官署之中選了十幾位有才能的人，到京師學習為官的知識與技能。[56] 幾年後，這些到帝國中心的四川居民或者分配到其他地方，或者回到四川，作為統治者階層的一員。按照《漢書》的記載，文翁之後的四川儒學，堪比儒學的原鄉齊、魯之地，[57] 但是真實的四川是如此的嗎？余英時在〈漢代循吏與文化傳播〉一文中，指出《漢書·循吏傳》中的循吏，以儒家理想施政，頒布「條教」治民。透過循吏在地方的教化，將儒家理想的文化秩序傳播到帝國的各個角落，進行著「華夏化」的使命。[58] 然而，史料上並沒有任何文翁傳播儒學的證據。

---

55 *HS*, 59, 3625.

56 王健文，〈帝國秩序與族群想像——帝制中國初期的華夏意識〉，《新史學》16：4（2005：12）：195-220。

57 胡適說文翁是「儒生政治家」，參見〈儒家的有為主義〉，《中國中古思想史長編》（合肥：安徽教育出版社，2006），頁231。

58 關於儒家的循吏與儒學傳播間的關係，請參見余英時，〈漢代循吏與文化傳播〉收錄於氏著，《中國思想傳統的現代詮釋》（臺北：聯經，1987），頁67-258；王

值得注意的是，在西漢時期所完成的《史記》並沒有記載文翁，直到東漢《班固》所寫的《漢書》才將文翁的事蹟記錄下來。班固深受儒家思想的影響，所記載的並不一定是西漢的實際狀況。再加上漢景帝時，帝國中心尚未確認以儒家思想作為帝國的正統思想。李開元認為，文翁在文景時期為官，當時皇帝歡迎的是法家學說，所用之人應該是了解法家思想的「法吏」，而非「儒生」。[59]從漢高祖到文景時期，當時的郡太守都是由軍吏和法吏所組成。從《漢書》之中的記載無法證實文翁是以儒學的修養而成為帝國的官吏。

而且，我們不宜高估「移風易俗」所能達到的成效，《漢書》的記載中沒有寫文翁究竟傳播了什麼儒家文化。在西漢時期的四川，只有三位五經博士，列入《儒林傳》僅有一人，經學之作僅有三部，儒家類書籍僅有兩部，只占蜀地傳世書籍的五分之一，與儒學的故鄉齊、魯仍然相差太遠。[60]那麼，文翁究竟培養的是什麼樣的官吏呢？文翁作為一個帝國在殖民地四川的官僚，其出發點主要在培養法吏。從葉山（Robin D. S. Yates）的研究之中，我們知道秦與西漢初年的地方行政制度基本上相同。張家山漢簡挖掘出的材料，提供我們西漢帝國地方行政很重要的資料。葉山指出，專業公務人員的早期訓練有

健文提到循吏與華夏意識間的關係，參見〈帝國秩序與族群想像──帝制中國初期的華夏意識〉，《新史學》16：4（2005：12）：195-220。

59 李開元，《漢帝國的建立與劉邦集團》（北京：三聯書店，2000），頁283。

60 盧雲，《漢晉文化地理》（西安：陝西人民教育出版社，1991），頁48。

可能是在家裡進行的，其後才到官辦學校裡接受官方教師的訓練，而且在都城、大城市和郡都有這樣的學校。[61]

〔試〕史學童以十五篇。能風（諷）書五千字以上，乃得為史。有（又）以八體試之，郡移其八體課大史，大史誦課，取最一人以為其縣令（簡 475）史，殿者勿以為史。三歲壹并課，取最一人以為尚書卒史。（簡 476）

現在的學者普遍認為漢代的地方官學是由文翁時在蜀郡創辦的，其實漢代繼承秦代的制度，在地方設有學校，其所教育出的史、巫、祝除了得認識一定的文字之外，還要掌握專業的知識，才能成為官員。我認為作為法吏的文翁，在成都培養的官員也是這些，使四川當地的初級官員了解帝國的律令和制度，以便於統治。而且文翁提供這些初級官員可以進一步到帝國中心學習、爬升的機會，提供誘因。對於四川的初級官吏而言，帝國如果能夠給予韋伯（Weber）所說的「仕途軌道」（career track）的話，在這個軌道上，他們可以預期自己職位能夠提高、薪水得以增加，並且隨著職位的上升，社會的威望也會隨之高漲。如果地方菁英都期望並且按照這個軌道，帝國對於殖民地的統治就會比較順利，某種程度而言，如果地方的

---

61 Robin D.S. Yates, "Soldiers, Scribes, and Women: Literacy among Lower Orders in Early China," in *Writing and Literacy in Early China,* eds., Li Feng and David Branner (Washington: University of Washington Press, 2011), pp. 350-351.

菁英都能接受帝國所給予的官職，並且為帝國服務，對於帝國來說，這應該就是一種「文明化」。

然而，我們必須追問的是，殖民地四川的官吏是否都像文翁一樣仁愛？是否都能像他一樣協調帝國中央與殖民地之間？或是他只是一個特例？

在現存的史書之中，文翁的確是一個特例。殖民帝國派在四川的官吏大多相當殘暴且嚴厲。舉例來說，像是蜀郡太守馮當凶殘地摧殘當地的居民，廣漢太守李貞以嚴刑峻法對待百姓，喜歡支解罪犯，對殖民地進行恐怖統治以貫徹國家的法令。[62] 當帝國政府的殖民政策太過殘酷時，四川人便集體地反抗帝國中心的命令。《漢書・孫寶傳》就記載了一段殖民地抗暴的過程。我們可以從反抗的規模和程度了解殖民地一般居民受到什麼樣的待遇。[63] 西元前一八年，四川的廣漢郡居民不滿國家嚴厲的殖民政策，出現盜賊，以鄭躬為領導攻擊官府，放出監獄裡的囚犯，搶奪官衙之中的兵器，自封為山君。由於規模太過龐大，當地的官吏無法處理。帝國的中心為此震動，皇帝相當擔心殖民地四川的控制狀況，指出當地的官吏大多相當殘暴，侵擾居民，為了平息這件事，他把所有的錯誤怪罪到丞相薛宣身上，罷免了他。[64] 中央派兵數千人到廣漢鎮壓，施行

62　*SJ*, 122, 3154.

63　*HS*, 47, 3258.

64　*HS*, 53, 3393.

戒嚴，將領導鄭躬斬首，其下起義的數千人被抓。[65]

地方的四川知識分子

　　殖民地四川的一般民眾選擇以起義的方式反抗帝國統治，那麼知識分子是如何呢？第一、當地的知識分子對於帝國的察舉制度並不感興趣，他們選擇消極不出仕以遠離帝國的控制；第二、他們對帝國提倡的儒學不感興趣，專注於其他的學問。

　　西漢時，巴蜀士人選擇的大多是消極不出仕，縱使他們學有所長，也不願意受到政府的徵辟，出任官職的人也不多。[66]相較於其他地方，殖民地四川的知識分子對於中央的態度消極且逃避。以嚴君平為例，他出生於成都，為了生活，他在成都市中心開了一間占卜的店，專門幫人卜筮解惑。他認為幫人算命比起當帝國的官僚還可以幫助更多的人：

　　　卜筮者賤業，而可以惠眾人。有邪惡非正之問，則依著龜為言利害。與人子言依於孝，與人弟言依於順，與人臣言依於忠，各因勢導之以善，從吾言者，已過半矣。[67]

65　*HS*, 47, 3258.
66　*HYGZ*, 532-533.
67　*HS*, 72, 3056.

　　除此之外，在空餘的時間，他也講授《老子》，下一節即將討論到的揚雄也曾經是他的學生。揚雄曾經說他是「蜀才」、「蜀珍」。[68]《漢書》說嚴君平「博覽、無不通」，學問很好，不管是儒家、道家的經典，都有涉獵。當時只要通一經就能當官，但是嚴君平選擇不要，益州牧李強以極高的禮遇請他出仕，也遭到嚴詞拒絕。嚴君平活了九十多歲，終於成都。他專精《周易》、《老子》、《莊子》，是個研究道家思想的著名學者，著有《道德真經指歸》一書，目前只剩半部，融合了儒、道思想。[69]我們在這裡不分析其著作之中的哲學思想，而是從其作為一個殖民地知識分子的消極人生態度而言，嚴君平是有條件和能力出仕的，而且也有人尋求他的意願，但是他選擇不出仕。同時期的殖民地知識分子也有同樣的人生觀，像是林閭翁孺[70]、李弘[71]、鄭子真[72]、李仲元[73]，他們都具備出仕的能力與條件，也有人詢問其做官的意願，但是他們對帝國所提供的誘惑並不感興趣。

---

68 Aat Vervoorn, "Zhuang Zhun: A Daoist Philosopher of the Late First Century BC," *Monumenta Serica* 38 (1988-1989): 72.

69 關於嚴君平的思想研究，參見鄧星盈、黃開國，〈試論嚴君平的學術思想〉，《社會科學戰線》6（1997）：72-77；金春峰，《漢代思想史》（北京：中國社會科學出版社，1997），頁415-439。也可以參見 Aat Vervoorn, "Zhuang Zun: A Daoist Philosopher of the Late First Century BC," *Monumenta Serica* 38 (1988-1989): 69-94。

70 *QHW*, 410-411; *HYGZ*, 532-533.

71 *HYGZ*, 532-533.

72 鄭子真聞名於當時，成帝時，大將軍王鳳邀請他到長安，但鄭拒絕邀請，參見 *HYGZ*, 597。

73 *HYGZ*, 533.

　　四川知識分子在西漢時感興趣的知識是什麼呢？雖然現在我們並不清楚古代四川的知識的傳播與傳承，但是透過傳世文獻片斷的記載，顯然蜀地在文翁之前，也就是漢景帝以前，就有其知識傳播的途徑，並非如《漢書》說的有「蠻夷」風。《漢書》以東漢儒家為正統的觀念，批評其他不同的學問為異端。巴蜀地區不出仕的知識分子，他們擅長辭賦、術數、方技和黃老等學問，[74] 擅長辭賦的司馬相如與揚雄在下一節之中將會討論。在巴蜀地區的地域文化中，術數、讖緯一類的內容突出，舉例來說，廣漢什邡的楊宣，年輕時在楚國受教於王子強，後來又師從河內（地名）的鄭子候，學習天文知識和《河圖》，鄭的老師是楊翁叔，此人能聽懂鳥語，善於預測國家大事，學生有數百人之多。巴蜀本身的學術有其傳承的系統，從西漢一直傳承到三國時期，綿延三百年，不受帝國的崩潰與興起而影響。

四川人在中央：司馬相如、揚雄與其他

　　相較於上述在地方的知識分子，對於中央朝廷的消極態度，司馬相如和揚雄則展現出不同的認同。他們來往於殖民地

---

74 蒙文通指出巴蜀知識分子的文化與楚地相近，楚地的文化近黃老思想，有可能也影響了巴和蜀的知識分子。參見蒙文通，《巴蜀古史論述》（成都：四川人民出版社，1981），頁97-100；李大明，〈相如詞賦研究〉，《巴蜀文化研究》（第一輯））（成都：巴蜀書社，2004），頁101-107。

四川與中央之間，熟悉地方，赴中央任官，同時具備中央與地方的認同。司馬相如與揚雄皆為蜀郡成都人，兩者在以往的研究之中，前者被視為文學家，[75] 後者則被視為哲學家。[76] 本章節不打算就他們的文學造詣和哲學內涵做討論，而是著重於他們的人生經歷與著作如何詮釋殖民地四川與中央的關係。

司馬相如生於漢文帝前元元年（西元前一七九 年），卒於漢武帝元狩六年（西元前一一七年），享年六十二歲；年代較晚的揚雄生於漢宣帝甘露元年（西元前五三年），卒於王莽所創建的新帝國天鳳五年（西元一八年）。兩者在史書上都記載因為口吃而不擅言辭，或許是他們的四川話無法適應京城的官話，而造成他們在語言溝通上的問題，這在近代世界的殖民知識分子當中是常見的問題，比方說從英國統治下的殖民地到倫敦留學時，英文說得不夠流利。當然，我們不排除生理上的口吃問題，但過去並沒有人思考到漢帝國裡不同地方來的人如何講官話。司馬相如與揚雄都曾於帝國的中樞任職小官，均受推薦成為皇帝的文學侍從。在他們的人生歷程與作品之中，都在思考殖民中心與地方之間的關係，思考作為「地方」的四川如何成為帝國的一部分。[77]

---

75 關於司馬相如的生平和文學成就，參見熊偉業，《司馬相如研究》（成都：電子科技大學出版社，2013）。

76 關於揚雄的人生和哲學成就，最為詳盡的研究，參見徐復觀，《兩漢思想史》（第二卷）（臺北：學生書局，2000），頁439-562。

77 王銘銘，〈士、文章與大一統——從《史記·司馬相如列傳》看人生史〉收錄於氏著，《人生史與人類學》（北京：三聯書店，2010），頁236-339以人類學的角度重新詮釋司馬相如的人生，指出司馬相如的認同與大一統觀念間的連結。

　　《史記·司馬相如列傳》一開頭就簡單敘述了司馬相如的出身與人生經歷，出身殷實的家庭，透過家中的財富而得以任官，從成都到長安任職郎吏，侍奉當時的漢景帝。[78]司馬相如擅長辭賦，漢景帝對於辭賦並不感興趣，所以無法受重用。適逢梁孝王上朝晉見景帝，梁孝王周邊跟隨著一批游士，司馬相如與他們意氣相投，於是投奔愛好文學且招納賢士的梁孝王。他與當時著名的文士鄒陽、枚乘交往，並寫下知名的《子虛賦》。梁孝王死後，司馬相如回到成都，貧窮到無以維生，寄託於臨邛縣令王吉。

　　臨邛縣社會勢力最龐大的是富商，特別是經營鐵礦的卓王孫，官僚與商人經常往來，所以司馬相如得以進入他們的社交場合，結識卓家的寡婦卓文君。司馬相如與有錢的卓氏之女結婚之後，文獻之中記載他買了田宅，成為了富人，還有奴隸上百人，無須擔憂生活，專心著述。西元前一三四年，司馬相如四十三歲，喜歡漢賦的武帝讀到司馬相如的子虛賦，對其印象深刻，於是他得到在朝任職的同鄉狗監楊得意推薦，得以再度進入帝國的中心。

　　從司馬相如的前半生，可以看到其與西漢蜀地那些消極不出仕、專注於自己學問的知識分子不同，嚮往帝國中心的生活。他第二次回到帝國中心時，正值帶有擴張主義的帝王漢武

78　司馬相如較為詳盡傳記，請參見 Martin Kern, "The 'Biography of Sima Xiangru' and the Question of the *Fu* in Sima Qian's *Shiji*," *Journal of the American Oriental Society* 123.2 (2003): 303-316.

帝在位。[79]司馬相如作為四川人，在郎官任上，恰巧碰上漢武帝經營西南夷。西南夷指的是位於四川周邊的少數族群，而司馬相如在開發西南夷中寫的兩篇文章：〈喻巴蜀檄〉[80]和〈難蜀父老〉[81]更是讓我們得以理解當時蜀地民眾的想法。[82]

　　漢武帝之所以經營西南，在於唐蒙出使南越時發現當地有一種枸醬，據說來自蜀地。唐蒙不解從四川往南越的道路，回來向武帝報告，引發武帝想要打開從西南往南越的道路的念頭。蜀地是西南最重要的腹地，武帝在西元前一三一年想要動用巴蜀兩地的人入侵西南夷。然後，從漢帝國成立以來，由於巴蜀地區的人民協助劉邦打天下，他對於巴蜀兩地的人民相當照顧，透過賦稅的減免表達感謝之意。除此之外，由於國家疲弊，盡量減少軍事動員。這次軍事動員因此引起巴蜀巨大的民怨，讓漢武帝不得不處理。漢武帝為了調解巴蜀地方的民怨，派遣司馬相如回到蜀地協調。[83]

　　從上一章當中，可以發現漢帝國對於蜀地的殖民政策相當嚴厲，然而在武帝時，殖民地四川是通往西南少數民族的中

---

79 關於漢武帝的政策、軍事上的策略和在內亞的殖民政策，請參見 Chang Chun-shu, *The Rise of the Chinese Empire, II: Frontier, Immigration, and Empire in Han China, 130 BC-AD 157* (Ann Arbor: University of Michigan Press, 2007).

80 金國永，《司馬相如集校注》（上海：上海古籍出版社，1993），頁 147-158；熊偉業，《司馬相如研究》（成都：電子科技大學出版社，2013），頁 346-362。

81 金國永，《司馬相如集校注》，頁 159-176；熊偉業，《司馬相如研究》，頁 363-386。秦漢時期的「老」，研究請參見韓樹峰，〈論秦漢時期的「老」〉，《簡帛》13（上海：上海古籍出版社，2016），頁 165-183。

82 熊偉業，《司馬相如研究》，頁 95-110。

83 漢武帝經營西南夷的相關史料，參見《史記‧西南夷列傳》。

心，為了滿足帝國的經營要求，四川可以說是帝國的「南進基地」。與現在的殖民史加以比較，日本帝國太平洋戰爭期間，將殖民地臺灣視為其侵略東南亞的基地，首要就是將臺灣成為其內地的一部分，以汲取資源與相關的人力。作為經營西南夷的基地，物資和人力的要求就落在四川的居民頭上。殖民政府對於蜀地民眾動員採取的方式是軍事動員，並且大量的使用當地的米糧。從歷史紀錄來看，殖民地四川的人民是抵抗這項活動的，使得唐蒙得用軍法加以管理，並且使得巴蜀居民大為驚恐，甚至造成帝國中心的震動。

司馬相如在元光五年（西元前一三〇年）回到蜀地協調巴蜀的父老，希望他們一起配合漢武帝的計畫，效忠漢帝國。作為帝國中心與地方的協調者，武帝派遣司馬相如到蜀地進行安撫。在〈喻巴蜀檄〉這篇檄文之中，司馬相如作為中間人，來往於中心與殖民地四川的掮客，向巴蜀當地的民眾宣達了兩個方面的內容：其一，漢帝國是維護民眾利益、強盛且具有道德正當性的帝國；其二，作為漢帝國之下的一個地方，殖民地四川應該響應帝國的政策，成為帝國的好國民。

從殖民統治的立場而言，長安代表的殖民政權中心與大都會，成為四川知識分子最重要且嚮往的場所。在這種統治架構下，漢帝國的中央壟斷了四川知識分子的「文明化」視野，所以司馬相如提出要不然接受長安而來的價值體系，作為帝國之下的好子民，要不然就是成為「蠻夷」。透過殖民西南夷，還可以使蜀地也成為統治者的一部分，得以接受賞賜，傳土地於

子孫。就歷史的發展而言，司馬相如發表〈喻巴蜀檄〉之後，蜀地的民眾似乎還沒有感受到成為殖民者一員的好處。蜀人對於西南夷的開發雖然沒有停工、反抗，但在唐蒙以軍紀威逼之下，以消極的態度面對西南夷的開發。殖民中央面對這種情形，派遣丞相公孫弘入蜀考察，回到帝國中心之後，公孫弘建議停止開發西南夷，覺得殖民這塊地方沒有好處。

然而，漢武帝的擴張主義心態並沒有因為公孫弘的報告而停止，他再度派遣司馬相如入蜀安撫四川當地民眾的情緒。[84] 殖民中央這次給予司馬相如的規格較高，帶有展示的意味，告訴蜀地的民眾加入殖民者的行列，進而殖民西南夷的好處。蜀郡太守親自到成都城外迎接司馬相如，以盛大的場面讓殖民地的居民感受到殖民者的賞賜。作為蜀人的司馬相如在蜀地得到的榮耀，讓蜀人感受帝國中心來的賞賜如此巨大，而司馬相如獲得的殊榮，來自皇帝的賞識。也就是說，司馬相如透過作為仲介者的角色，向蜀地的民眾展示向帝國輸誠的好處。

從殖民者的角度來看，將殖民地四川成為帝國的「南進基地」，成為帝國的一部分是一種政治和文化上必要的強化措施，以便將殖民地人民轉化成帝國忠誠的子民，他們才能應付帝國經營西南夷的需要。司馬相如的想法基本上等同於現代帝國的殖民思想，我們從殖民地臺灣的歷史也可以看到，臺灣在

84　葉紅，〈司馬相如和漢武帝時代的西南開發〉，《西南民族學院學報（哲學社會科學版）》21.9（2000：9）126-128；王瑰，〈漢興一百年蜀地民眾國家認同的發展和深化〉，《成都大學學報（社科版）》2012（6）：30-36。

一八九五年至一九四五年受日本的殖民統治，[85] 日本帝國希望殖民地的群眾能夠一起加入打造帝國的夢，讓臺灣成為帝國忠誠的子民。我們可以看到相同的論述：

> 鑒於帝國的使命、臺灣的地位以及當前的世界局勢，最緊急的任務是讓五百萬島民獲得與日本人同樣的資格，以恢復他們的決心，共同為國家的繁榮奮鬥。[86]

在日本發動太平洋戰爭時，帝國中心嘗試將臺灣人「同化」為日本人，成為日本的「南進基地」，為日本帝國而奉獻。[87]

殖民中心對於殖民地臺灣和四川的要求都是功能性的。作為中心與地方的協調者，司馬相如得到蜀地民眾的支持，從《史記》當中記載邛、筰、冉、駹、斯榆的酋長們紛紛臣服於漢帝國之下。司馬相如在經營西南夷一事上立下功績、大為成功，漢武帝也很高興，蜀地也成為帝國的「南進基地」。當蜀地成為殖民者的一員時，參與漢帝國殖民事業的四川民眾開始以帝國之民自居，認為對於西南夷的經營違反以往華夷相處、互不侵犯的原則，而且勞民傷財。

---

85 關於臺灣戰爭時代的皇民化運動，參見 Wan-yao Chou, "The *Kōminka* Movement: Taiwan under Wartime Japan, 1937-1945" (PhD diss., Yale University, 1992).

86 譯文引自荊子馨，《成為日本人：殖民地臺灣與認同政治》（臺北：麥田出版社，2006），頁 132。

87 Leo T. S. Ching, "Between Assimilation and Imperialization: From Colonial Projects to Imperial Subjects," in *Becoming Japanese: Colonial Taiwan and the Politics of Identity Formation*, p. 92.

　　漢帝國建立已經七十年，再加上之前秦帝國的統治，殖民地四川的命運和長安之間綁在一起的歷史，當地人相當了解。然而，四川人之前被當蠻夷的歷史，仍然有矮人一等的感覺。所以在〈難蜀父老〉這篇文章之中，司馬相如知道蜀地民眾雖然認為自己是漢家人，但他也暗示出蜀和巴曾經也是蠻夷之地，後來才加入帝國的大家庭。如果巴蜀的民眾不想隨著帝國一起開發西南夷，那麼巴蜀之地就仍會是蠻荒、落後的地方，由此確立參與帝國經營西南夷的合理性與正當性。[88]司馬相如更進一步地指出，對於開發西南夷這樣的非常之事，是要投入巨大的經費與資源，與長安的統治者一起努力，成功後就能和諧在一起。

　　作為殖民地四川與帝國中心的協調者，司馬相如的認同無疑地偏向漢帝國的中心，積極地希望四川成為西漢帝國的一部分，為帝國效忠。[89]然而，出生年代晚司馬相如將近一個世紀的揚雄，[90]他們的人生經歷極為相似，卻在漢帝國搖搖欲墜的時候到達京城，選擇在帝國的中心，掌握知識的帝國圖書館之中研究學問，在王朝交替的時候，選擇認同依古典理想建立的新帝國，對於揚雄而言，認同的「帝國」不只是個政治實體，而是一種文化上的理想在現實政治上的體現。

88　人民大學的國際政治專家時殷弘曾經以帝國主義的觀點分析司馬相如的〈難蜀父老〉，具有啟發性。

89　*SJ*, 116, 2994.

90　揚雄的相關研究，請參見王青，《揚雄評傳》（南京：南京大學出版社，2000）；紀國泰，《西道孔子——揚雄》（成都：巴蜀書社，2012）。

揚雄的學問根植於蜀地的學術傳統，在揚雄尚未入京踏上仕宦之時，蜀地孕育了揚雄早年的思維，無論是在學術思想上的醞釀，或是在文學創作上的啟發，其家鄉的人文和學術，在一定程度上給了揚雄相當的影響。司馬相如以蜀人的身分遊宦京師，在選官尚未制度化的西漢，司馬相如的成功無疑為無緣踏上仕途的蜀地士人們指引了一條當官的方法。班固指出：

> 及司馬相如遊宦京師諸侯，以文辭顯於世，鄉黨慕循其跡。後有王褒、嚴遵、揚雄之徒，文章冠天下。繇文翁倡其教，相如為之師。

揚雄透過司馬相如的啟發，知道殖民地的知識分子要在帝國中心當官的方法。司馬相如成功的故事讓他也想要學著他的腳步，聞名於天下，所以，揚雄也學司馬相如作賦。[91] 晚於司馬相如、早於揚雄的王褒同樣出生於蜀地，王褒以賦進身，由益州刺史薦舉，進入中央，[92] 待詔漢宣帝。揚雄也學習司馬相如、王褒。揚雄到長安時是成帝元延元年冬十二月，先為大司馬王商門下吏，王商奇其文，向成帝推薦，召為待詔，踏進仕途，歷經西漢的成、哀、平、孺子嬰和新帝國的王莽。

然而，西漢後期的元帝、成帝對辭賦的喜好不如武帝。從

91　關於揚雄賦的分析，參見 David Knechtges, *The Han Rhapsody: A Study of the Fu of Yang Hsiung (53 BC-AD 18)* (Cambridge: Cambridge University Press, 1976)。

92　*HS*, 34B, 2822.

儒學的發展來看，要到漢成帝時期，西漢的選舉制度、官制、朝廷禮儀才產生較大的變化，或許才可以說是「獨尊儒術」的歷史起點。在朝廷之中，非儒學的士人逐漸邊緣化，通經而入仕遠比獻賦容易引起帝王的注意。為了滿足帝國中心的需要，蜀地的士人也得跟著改變，在漢成帝時官至九卿、大師空的何武，出生蜀郡郫縣，早年與蜀郡的辭賦之士王褒作賦歌頌漢德時，何武與成都楊覆眾等為歌僮，[93] 得以進入帝國的首都。然而，何武後來得以晉身至高位的原因則在於進入太學，受教於經學博士，獲得皇帝的青睞。

揚雄雖然成為了漢成帝的文學侍從，但是當他到京師的時候，發現辭賦在帝王的心中類似俳優的角色，而且好儒學的成帝對於辭賦也不感興趣。當他意識到這點時，人生已經到了中年，這才開始深入鑽研儒學。揚雄認為：經莫大於《易》，故作《太玄》；[94] 傳莫大於《論語》，作《法言》。[95]《周易》、《論語》要高於《詩》、《書》、《禮》和《春秋》。在儒家經典中，只有《周易》才受到道家的推崇。不少學者指出，揚雄的儒學帶有四川的色彩，因為他的青壯年時期，都是在四川度過的。[96] 揚雄少時以嚴君平為師，嚴君平被稱為「道學大師」，黃老道家的色彩濃厚。揚雄對於老子和道家的學說進行

93　*HS*, 56, 3481-3488.

94　Michael Nylan, *The Canon of Supreme Mystery: A Translation with Commentary of the* T'ai Hsüan Ching (Albany: SUNY, 1993).

95　Michael Nylan, *Exemplary Figures: A Complete Translation of Yang Xiong's* Fayan (Seattle: University of Washington Press, 2013).

96　王萍，〈嚴遵、揚雄的道家思想〉，《山東大學學報》1（2001）：72-77。

吸收，融合儒家的經典，對於古典學問做出了重新的詮釋。他晚年將研究投入經學之中，模仿《周易》、《論語》作《太玄》和《法言》，從體例到內容都模仿經書。揚雄作經時，經傳的分別已經相當嚴格，稱《太玄》為經，表示刻意與官方的儒學區分，招致當時儒者的批評。

揚雄後來任職於帝國的圖書館天祿閣，不少學者認為他因此遠離政治，鑽研於學術。以往的學者的研究之中，認為揚雄是身在朝廷之中的隱士，雖然入仕，但似乎與現實的政治保持距離。[97] 然而，既然在朝廷之中做個隱士，在帝國的圖書館之中研究學問，為什麼不學蜀地的知識分子，消極的不出仕呢？四十幾歲以前的揚雄就像他的老師一樣：鄭子真、嚴君平和林閭翁孺這些具有知識又有出仕條件的知識分子，選擇不出仕。揚雄在四十幾歲入仕之後，感覺得到時代正在變化，加上他四百石郎吏的職位，地位雖然不高，但是有機會目睹朝廷最高政治活動的實況。他生處在西漢帝國由盛而衰的時代，徐復觀指出，揚雄對現實政治疏離，對漢廷缺乏認同。作為一個在帝國中心的巴蜀士人，他的人生除了在中央與地方游移，也在現實政治與古典理想當中徘徊。[98] 然而，對於揚雄而言，不是認同「漢」家王朝，而是認同儒家經典當中聖人的理想。

97　徐復觀，《兩漢思想史》，頁 286。

98　研究者指出揚雄在帝國的圖書館中當隱士，參見 Aat Vervoorn, *Men of the Cliffs and Caves: The Development of the Chinese Eremitic Tradition to the End of the Han Dynasty*, 203-227; Alan J. Berkowitz, *Patterns of Disengagement: The Practice and Portrayal of Reclusion in Early Medieval China* (Stanford: Stanford University Press, 2000), pp. 140-145.

　　揚雄認同孔子的理想，不滿帝國官方所認定的儒家經學，他認為只有以孔子為代表的儒家之道才是儒學的核心。[99] 揚雄的《法言》模擬《論語》的問答形式論述其思想，《法言》大致的思想在於評論漢代以前的學術，藉以彰顯儒家的重要，他肯定道家、陰陽家，否定法家、名家、縱橫家、兵家，這和揚雄繼承蜀地嚴君平思想有關。揚雄認為西漢學術走偏了，摻入陰陽災異、讖緯，而且設立五經博士系統造成學風繁瑣和庸俗化。此外他也評論歷史人物，但與司馬遷《史記》呈現相左的觀點。透過論古，揚雄想要的是讚美現在世上所出現的聖王：王莽。[100]

　　揚雄認為即將崩潰的西漢帝國不是孔子理想的實現，因為漢成帝奢侈與荒淫、漢哀帝昏庸無能、漢平帝幼弱無知。揚雄理想中皇帝的道德修養，是國家治理的關鍵。王莽對古典知識的信仰、「奉天法古」的精神讓揚雄認同。所謂「奉天」，指皇權受命於天，一旦無道，則上天必會降下災異以示警告，若頑冥不改，則必遭上天拋棄；所謂「法古」，則是回歸上古三代的「禮治」，換言之，回歸周公時代。在揚雄的眼裡，王莽勤於政事，建辟雍、立學校、制禮樂、定輿服，恢復井田和象刑，實在是堪比堯、舜一樣的偉大人物，是周公之後當之無愧的「聖人」。[101]

---

99 「雄少而好學，不為章句，訓詁通而已。」*HS*, 57A, 3514。

100 宋代的朱熹指出揚雄法言的最後部分歌頌王莽的行為和德行，將之比擬為伊尹和周公。參見朱熹，《通鑑綱目》（北京：中華書局，1983），8.63a-b。

101 閻步克，〈奉天法古的王莽新政〉，《士大夫政治演生史稿》（北京：北京大學出版社，1998），頁 360-411。

　　從揚雄的作品，我們也可以看到他如何評估帝國和地方之間的關係。秦與漢帝國征服且殖民多元的世界，這些不同地方的官員，每年進京匯報，將各個地方的人口、錢糧、獄訟和治安的狀況上報朝廷，稱為「上計」。[102] 然而，上計的官員匯集殖民都會，講著不同地方的語言。除此之外，臣服於漢朝的四方少數民族，每年也需要派代表至長安朝貢天子。揚雄對於帝國中心族群與語言的多樣性相當有興趣，花費了二十七年的時間，帶著筆和絹帛，前往使者們下榻的驛站，詢問與記錄「異語」。[103] 除了記錄之外，整理之後刻於木板之上。揚雄到了晚年，將各地的方言材料，連同早年師從林閭翁孺所得的《方言梗概》一起進行整理，完成《方言》。從社會與政治的角度來說，郭君銘認為這本書能夠幫助中央政府統治周邊的族群，使中原的文化傳播到邊緣地區，也得以讓周邊人群的語言、事蹟記錄在中央的文獻裡。[104] 從殖民的視角來看，方言或許可以說是一本早期的民族誌，擔任民族誌書寫的揚雄雖沒有親自深入帝國不同地方，像是搖籃椅上的人類學家，但是他記錄帝國的語言、風俗，使帝國的統治者方便統治。

　　除了採集各地的方言，揚雄也撰寫中央與四川的歷史。

---

102 關於「上計」的討論，請參見葛劍雄，〈秦漢的上計和上計吏〉，《中華文史論叢》19（1982：2）：15-22；徐心希，〈上計制度的歷史考察〉，《福建師範大學學報》4（1992）：35-53。

103 *QHW*, 411.

104 郭君銘，〈「方言」的創作與揚雄的民族思想〉，《中華文化論壇》43（2004：3）：55-58。

西漢帝國的歷史，司馬遷記錄從黃帝到漢武帝，寫下了《史記》，揚雄則記錄宣帝到平帝時期。[105] 由於揚雄的著述已佚失，今天的我們無法分析他的觀點，只能從揚雄對於古代四川歷史的記載，從殘存的《蜀王本紀》來看，他有意模仿司馬遷撰寫歷史的形式，採用傳記的方式書寫巴蜀古代歷史。[106] 從內容來看，《蜀王本紀》對四川古代的君主蠶叢、魚鳧等做了簡單的介紹，寫到古代四川帝王杜宇禪讓的故事。學者們認為揚雄帶有訓誡帝王的功能，以告誡西漢皇帝如果有聖賢出現，應該讓位給新的統治者。對揚雄而言，殖民地四川的歷史在以帝國為中心的書寫之中，成為帝王訓誡的「對象」，喪失本身歷史的主體性。

王明珂認為揚雄對於巴蜀古代歷史的書寫，將四川的過去蠻荒化和神話化，切斷當今蜀人與古人的聯繫。除此之外，對於蜀人的起源，揚雄有意建立起新的歷史記憶，攀附黃帝和大禹，將巴蜀的歷史納入中原正統的歷史線索中，[107] 嘗試把巴人和蜀人的起源與「華夏」連結。在揚雄的四川歷史之中有意淡化巴蜀地方性的色彩，進而影響到他對於巴蜀歷史的選擇。揚

105　王充，《論衡》，198。

106　洪頤煊編，〈蜀王本紀〉，收入《經典集林》（臺北：藝文印書館）。關於〈蜀王本紀〉的相關研究，參見朱希祖，〈蜀王本紀考〉，《說文月刊》3.7（1942）：117-120；徐中舒，〈論《蜀王本紀》成書年代及其作者〉，收錄於氏著，《論巴蜀文化》（成都：四川人民出版社，1982），頁138-149。

107　王明珂，〈論攀附：近代炎黃子孫國族建構的古代基礎〉，*SYSJK* 73.3 (2002:9): 596-597。

雄的確選擇了「華夏」的認同，但這個認同展現在他現實政治
選擇之上的時候，並不是西漢帝國，而是帶著理想創建的新帝
國。當王莽建立了新帝國之後，他寫了〈劇秦美新〉以表明認
同王莽的政權，稱王莽為「真天子」、「真皇」：[108]

> 逮至大新受命，上帝還資，后土顧懷。玄符靈契，黃瑞
> 湧出，渾淳沕潏，川流海渟。雲動風偃，霧集雨散，誕彌
> 八圻，上陳天庭。震聲日景，炎光飛響，盈塞天淵之間，
> 必有不可辭讓云爾。於是乃奉若天命，窮寵極崇，與天剖
> 神符，地合靈契，創億兆，規萬世，奇偉倜儻譎詭，天祭
> 地事。其異物殊怪，存乎五威將帥，班乎天下者，四十
> 有八章，登假皇穹，鋪衍下土，非新家其疇離之？卓哉煌
> 煌，真天子之表也。

對於後世的知識分子而言，揚雄缺乏氣節，背叛西漢帝
國。[109] 但對從殖民地而來的知識分子來說，他沒有背叛的問
題，這正是他與殖民者的對抗方式，他相信支持一個新的政
權、一個按照儒家理想而實現的帝國，符合他的政治理想。

108　揚雄，〈劇秦美新〉*QHW*，415-416，研究可以參見 David R. Knechtges, "Uncovering the Sauce Jar: A Literary Interpretation of Yang Hsiung's 'Chu Ch'in mei Hsin'" in *Ancient China: Studies in Early Civilization,* eds., David T. Roy and Tsien Tsuen-hsuin (Hong Kong: The Chinese University Press, 1978), pp. 235-243.

109　朱熹批評揚雄的不忠，可以參見《通鑑綱目》，8.63a-b。

小結

　　在殖民情境下，殖民地四川的地方行動者展現了他們的掙扎。在這一章，我拒絕使用以往的「漢化」觀點評估四川被占領之後的狀況，那是一種中國中心、征服者的思考。面對殖民政權，被殖民的人群並不是消極的面對殖民政府、不是「消極的野蠻人」，他們在被殖民的過程當中，展現出積極性。抵抗、消極與合作可以說是殖民地四川的居民面對外來統治者的態度，這三種態度可以作為分析的概念，以說明殖民地四川的行動者面對殖民者的反應。隨著殖民政策的改變，四川人民動態性的尋找最符合他們利益的態度。當秦實行一國兩制政策的時候，四川原有的統治階級覺得有機會奪回他們被占領的土地，所以不斷地反抗秦的統治。當秦帝國崩潰，四川人民與一個較為溫和的統治者合作；在西漢帝國的統治下，四川商人面對帝國賤商的政策，有些嘗試與帝國政府合作；有些則是觸犯法律，穿越國境販賣商品，兩者都是在帝國嚴格控制的殖民政策下展現主動性、尋求最大的利益。當帝國對殖民地的統治政策太過苛刻時，殖民地的人民也會集體抗暴。

　　從目前的史料看來，四川在地的知識分子消極地不參與殖民政權。他們有能力可以入仕，而且在多次受人請託的情況下，仍然拒絕成為統治階層的一員。四川當地知識分子在帝國中央任職的以司馬相如和揚雄為代表，如果說抵抗、消極與合作是一條光譜，司馬相如選擇與殖民政權合作，作為中間人，

依偎在殖民帝國的中心與四川之間，調和中央與四川的衝突。揚雄則較為模糊，長期任職於帝國中心，但他卻專注於研究學問，不問朝政，也帶點消極的人生態度，不過他對帝國的認同並非即將崩潰的西漢帝國，卻是托古改制、帶著儒家理想的新帝國。從某種程度而言，他也帶著抵抗殖民者的心態，尋求自身的認同。

第五章

四川人如何面對東漢帝國的「文明化使命」?

　　時代降至東漢，東漢帝國展現與西漢、秦帝國不同的意識形態，他們確認了帝國的「文明化使命」（Civilizing Mission）。本章我將先分析東漢帝國「文明化使命」的內容，主要分成三個層次：

　　第一、帝國意識形態的建立：透過皇帝確認儒家經典為帝國的意識形態，並且以儒家經典作為出任官僚的標準。

　　第二、京城社會的成立：京城成為全國官僚與知識分子聚集的場所，使他們具有集體的認同。

　　第三、地方風俗的控制：東漢帝國透過地方官學的推行，將儒家官吏作為推動者，到各個地方推行文明化的使命。東漢帝國不只確認國家的正統思想，並且透過官僚組織、學術文化、地方行政加以貫徹。

　　接著我會分析地方社會的反應，東漢四川社會最重要的力量就是當地的豪族，他們透過朝廷的選官方式，得以晉身統治階級。雖然成為帝國的官僚，但是四川出身者卻無法在帝國的官僚組織和學術文化之中得到重視，無法在朝廷發揮，學術文化也得不到認可。殖民地四川的豪族主要關注四川的地方事務，四川的豪族只有在公共建設和戰亂，需要國家力量的介入時才與朝廷接觸，他們大多保境自持，社會網絡也都在四川。

　　在學術上，四川的學術雖然受到中原的影響，但是他們有自己的學術系譜和傳承，從西元一世紀一直到四世紀，不僅不受帝國的崩潰與興起的影響，在東漢末年，還發展出顛覆帝國的意識形態。面對東漢帝國的「文明化使命」，四川並非消極

地接受帝國的意識形態，相反地，四川的知識分子積極地、選擇性地接受帝國的意識形態，並且透過主動性加以改造帝國的意識形態，成為自己的認同。

帝國意識形態的成立

　　漢代將儒家的經典設立為官學，除了在思想發展上相當重要，在政治史與社會史的發展也相當重要。以往的學者認為在西漢武帝時期，官方肯定五經在學術體系中的崇高地位，五經的位階高於諸子百家之學。[1] 但是，有關漢武帝設置五經博士的說法，尤其是此時西漢帝國究竟有無如班固所說「罷黜百家，獨尊儒術」，[2] 仍有不同說法。[3] 日本學者福井重雅則主張，是在東漢光武帝時設五經博士。[4] 無論如何理解班固之語，在漢武帝時期，儒家之外的諸子學說仍被列入官學，設有博士，儒家並沒有得到獨尊的地位。[5] 但是，可以確定的是，

1　在魯惟一的新書中指出從西漢時候的材料看來，無法說明儒家已經控制了當時的朝政，或是獲得勝利。參見 Michael Loewe, *Dong Zhongshu, a 'Confucian' Heritage and the Chunqiu Fanlu* (Leiden: Brill, 2012), 335。

2　《漢書》，頁 212。

3　關於武帝對於方士的態度，參見楊生民，〈漢武帝「罷黜百家，獨尊儒術」新探──兼論漢武帝「尊儒術」與「悉延（引）百端之學」〉，《首都師範大學學報》2000（5）：6-11。

4　福井重雅，《漢代儒教の史的研究──儒教の官学化をめぐる定説の再檢討》（東京：汲古書院，2005），頁 111-260。

5　參見甘懷真，〈中國中古時期禮制觀念初探〉，《史學：傳承與變遷學術研討會論文集》（臺北：臺灣大學歷史系，1998），頁 86。

西漢晚期，儒家思想在帝國的中心愈來愈受到重視。宣帝甘露三年（西元前五一年）石渠閣經學會議是其中重要的例子，這次會議特別受重視，並不是在此之前無此類的經學會議，而是這次會議皇帝親自到場並且裁決經學的紛爭。皇帝（漢宣帝）的親自出席，象徵儒家經典在官學中的重要性。[6]

　　由於經學發達，而且經學也成為當官出仕的條件，也吸引了想要出仕的學子們。經學（包括經書、緯書）在西漢後期的解釋日益繁瑣，人們不斷持續將經學體系化與簡化的工作。王莽的新帝國也以儒家思想為帝國的正統思想，作為制定統一的、官方認可的思想。在王莽時代，國家也參與解釋經學，[7]而東漢光武帝也延續了這項政策。由朝廷主持的解釋經學，在漢章帝時持續進行，建初四年（西元前七九年），召開了一次全國性的經學討論會，即白虎觀會議，是為了推行思想上的統一，由諸儒生講述五經同異。這次會議的目的，據章帝在建初四年的詔書指出，主要是延續東漢光武帝解釋經學的工作。白虎觀會議上的諸儒所論被編為「白虎議奏」，[8]由章帝裁決是

6　甘懷真，〈中國中古時期制禮觀念初探〉，《史學：傳承與變遷學術研討會論文集》（臺北：國立臺灣大學歷史學系，1998），頁103。

7　儒家學者為什麼在中國的國家意識形態、上層社會的生活方式以及指導觀念扮演決定性的角色，Robert P. Kramers 指出：首先，儒者被推崇為早先王室傳統的保存和傳承之人，而不僅是諸子百家中一派的代表。其次，更重要的是，儒家各派發展的背後動力。是一種預言的本質，對人和宇宙的互動關係做一種全面性的解釋。參見 Robert P. Kramers，〈儒家各派的發展〉，《劍橋中國史：秦漢篇》（臺北：南天書局，1996），頁875。

8　《後漢書‧肅宗孝章帝紀》，頁138。

非。後來班固奉命整理議奏，撰成《白虎通》。[9]借助皇帝的權威，用法典形式制定有關經學的標準，以鞏固儒學作為政治上的正統思想，故《白虎通》被認為是傳統中國王朝的「國憲」，[10]不過它不只牽涉政治，還深入地方文化、思想與禮儀等層面。

　　對於帝國中心而言，《白虎通》展現了「普同世界觀」[11]與君主的合法性。儒家思想成為東漢帝國的正統思想，日本學者稱之為「儒教國家」。[12]「儒教」何時開始成為政治上的正統思想，並且為國家的正當性提供基礎，被普遍承認是國家支配的理念呢？東漢時期國家和儒教之間的關係，與西漢時有所不同。東漢時期，皇帝為了保證自己的正當性而擁護儒教。例如光武帝就「宣布圖讖於天下」，藉由將讖緯之學作為法定經典，以維護自己的正當性；章帝則在白虎觀會議上，提示了儒教作為支配理念的地位。[13]到了這個階段，皇帝開始承認儒教

9　《後漢書》，頁137-38。

10　「國憲」一詞來自《後漢書・曹褒列傳》，頁1205。任繼愈指出制定「國憲」和統一經義這兩件事必須相輔相成，參考任繼愈編，《中國哲學發展史・秦漢》，頁745。林聰舜指出召開白虎觀會議是因為當時的經學發展過於繁瑣、支離破碎，缺乏作為帝國指導思想的作用，所以必須整合經義，欽定經學的要旨，使能有效地為朝廷服務，建立政治秩序，林聰舜，《漢代儒學別裁——帝國意識形態的形成與發展》（臺北：臺大出版中心，2013）頁213-261。

11　林聰舜，《漢代儒學別裁——帝國意識形態的形成與發展》（臺北：臺大出版中心，2013），頁230。

12　相關的研究史，可以參見渡邉義浩，〈日本有關「儒教國教化」的研究回顧〉，《新史學》14：2（2003：6）：179-214。

13　《白虎通》可被視為漢代「神學」的最高理想，那是官學最後的偉大紀念碑，和帝國的神祕性緊密相連。參見Robert Kramers，〈儒家各派的發展〉，《劍橋中國史：秦漢篇》（臺北：南天書局，1996），頁874。

可以為國家支配的正當性提供理論基礎，而在這個意義上，如同渡邊義浩指出的，我們才可以斷定「儒教國家」的支配理念確立了。[14]

除此之外，儒學思想也浸透了官僚階層。東漢政權的主要官員，從初期開始就有七成以上有儒學修養。這個數字和西漢儒教進入官僚階層最多的元帝時期的二十六‧七％相比，可知東漢儒教對公卿階層的滲透程度有多高。在此，我們可以斷定這個時期就是以「儒教對公卿階層的滲透」為指標的「儒教國家」成立的時期。[15]

確立了帝國的正統思想，還需要制度性的機構，才能移風易俗、實行教化，完成「文明化使命」。下兩節我們要討論的，就是這些制度與機構。

京城社會的形成：選舉制與太學

國家的意識形態確立之後，需要相應的組織加以推行。帝國中心對地方菁英的選才，主要是透過察舉制度和太學兩者，使得國家的正統思想得以「制度化」。嚴耕望的〈秦漢郎吏制度考〉[16] 和黃留珠的《秦漢仕進制度》[17]，都相當深入地研究了秦

---

14 參見渡邊義浩，《後漢国家の支配と儒教》（東京：雄山閣，1995）。

15 參見渡邊義浩，《後漢国家の支配と儒教》（東京：雄山閣，1995）。

16 嚴耕望，〈秦漢郎吏制度考〉，《中央研究院歷史語言研究所集刊》（1951）：89-143。

17 黃留珠，《秦漢仕進制度》（西安：西北大學出版社，1985）。

漢選舉制度。從他們的研究之中可以發現，西漢帝國的察舉
制度在漢武帝時才開始制度化，東漢帝國則對察舉制度進行一
系列的改革，最主要的改變就是對於儒學的理解成為選官的標
準。據黃留珠推測，從武帝元光元年（西元前一三四年）到東
漢結束的三百五十年間，兩漢孝廉的人數在七‧四萬人左右，
現今可考的人數為三百零七人。在兩千年前資訊較不發達的時
代，透過地方官在轄區內考察與選舉人才的察舉制度，帝國的
地方菁英會聚在一起生活、社交，由此發展出東漢的「京城社
會」。[18]

　　同樣對於「京城社會」的發展有重要貢獻的，是太學生人
數的大量增加。太學創辦於西漢帝國的武帝元光元年（西元前
一三四年），目的有二：第一、透過教育獲得思想上與統治階
級符合的人才；[19]第二、讓不同地方而來的帝國知識分子接受教
育，以達到思想上的統一，並且到各個地方推廣帝國的政策。

　　董仲舒提出創設太學的建議後，雖然得到漢武帝的同意，
但是沒有馬上成立。直到十年後，宰相公孫弘提出創立博士弟
子員的制度，才得到武帝的批准。太學是為了教學、傳授知識
和研究學問的機構與場所。[20]最初的太學規模不大，人數也不
多。從《漢書‧儒林傳》的記載，可以知道漢武帝時博士弟子

---

18 甘懷真，〈漢唐間的京城社會與士大夫文化〉收錄於邱仲麟編，《中國史新論》
　　（臺北：聯經出版，2013），頁165-198。
19 張榮芳，〈論兩漢太學的歷史作用〉，《中山大學學報（哲學社會科學版）》（1990：
　　2）：68-76。
20 《漢書》，頁172。

員只有五十人，他們可以享受免服繇役、賦稅的特殊待遇。博士弟子的來源有兩種，一種是中央由太常直接選擇，條件是年滿十八歲、外表端正，另外一種是由各地方郡、國、縣選擇，在武帝時代選擇的標準並不需要精通儒學的經典，因為帝國還沒有作為標準的統一思想。太學成立之後，到昭帝時增加至一百人，宣帝時到兩百人，成帝時則增加到三千人。西漢末期才確認熟悉儒學經典可以成為博士弟子員、然後受任官職的制度。通過博士弟子員的方式，地方上智術之士可以經過正式的機構、確定的思想和定期的選拔方式，進入政治的權力結構，這也是地方知識菁英得以進到帝國中心的方式。[21]

　　到了東漢，由於帝國意識形態確立，加上太學生人數的快速增加，京城作為一個社會空間，全國的菁英在此匯聚和交流。到西元二世紀中葉左右，京城的太學生高達三萬人。太學成為各地菁英與士人交流的場所。[22] 甘懷真指出地方士人到京城的旅途，使得地域社會的士人了解帝國的中心，士人之間彼此間有了共同的中心地：京城。在京城的日子，士大夫們聚集在一起，形成社交圈，他們建構出士人的集體性，進而出現一個全國性的士大夫階層與網絡。[23]

---

21 關於太學的發展，請參見高明士，《唐代東亞教育圈的形成——東亞世界形成史的一側面》（臺北：國立編譯館，1984），頁 84-105；周光倬、仇良虎，〈兩漢太學生考〉，《史地學報》3.1（1924）：75-104。

22 杜佑著、王文錦點校，《通典》（北京：中華書局，1988），卷 53，〈禮典·吉禮·太學〉，頁 1463。

23 甘懷真，〈漢唐間的京城社會與士大夫文化〉，《中國史新論》（臺北：聯經出版，2013），頁 180。

　　帝國意識形態的成立，再加上知識分子彼此的認同，透過制度性的選舉制和「京城社會」的成立，意識形態的社會基礎穩固，帝國的「文明化使命」就得以推廣。

移風易俗的使命

　　現代的帝國主義對於殖民地，透過改變地方習俗的「文明化使命」（Civilizing Mission），將殖民地轉型成他們所置於此地的形象。研究法國和葡萄牙殖民主義的學者，特別強調天主教的傳教與其中的「文明化使命」，[24] 由於東漢帝國的國家意識形態將政權與「儒教」結合，「文明化使命」有如現代帝國中的傳教傾向。秦帝國和西漢帝國也有他們的「文明化使命」，但是秦和西漢帝國因為帝國的意識形態尚未完整地確立，而且也沒有東漢帝國具備的大量太學生與官員以完成他們的「使命」。

　　我們先來觀察移風易俗的使命。秦帝國統一天下，面對多元的世界，不僅要統一度量衡、法律，也要統治帝國之下不同地方的文化。[25] 秦王政二〇年（西元前二二七年），郡守騰發

---

24 相關的研究可以參見 M. B. Jerónimo, *The "Civilising Mission" of Portuguese Colonialism* (Hampshire: Palgrave Macmillan, 2015); Alice L. Conklin, *A Mission to Civilize: The Republican Idea of Empire in France and West Africa 1895-1930* (Stanford: Stanford University Press, 1983).

25 田昌五，〈秦國法家路線的凱歌──讀雲夢出土秦簡札記〉，《文物》1976（6）：15-19。

布了一道文告，傳送到各縣、道，《睡虎地秦墓竹簡》：

> 古者，民各有鄉俗，其所利及好惡不同，或不便於
> 民，害於邦。是以聖王作為法度，以矯端民心，去其邪
> 僻，除其惡俗。……凡法律令者，以教導民，去其淫僻，
> 除其惡俗，而使之之於為善也。今法律令已具矣，而吏民
> 莫用，鄉俗淫佚之民不止，是即廢主之明法也，而長邪僻
> 淫佚之民，甚害於邦，不便於民。故騰為是而修法律令、
> 田令及為閒私方而下之，令吏明布，令吏民皆明知之，毋
> 距於罪。[26]

　　這段文字說明了秦帝國移風易俗的努力，始皇刻石強調
「匡飭異俗」[27]，漢代中期後，朝廷派遣官吏推行教化，「廣教
化，美風俗」，必須加以修正原本多元的民間風俗，改造為
「萬里同風」的局面。移風易俗就是帝國除了在政治領域的統
一以外，在文化領域、生活領域和信仰領域的統一。帶著文明
化使命的官僚，想要使帝國之下的每個地方「萬里同風」。[28]
　　但是，東漢帝國與秦、西漢帝國的不同之處在於，帝國中

---

26 睡虎地秦墓竹簡整理小組，《睡虎地秦墓竹簡》（北京：文物，1990）。

27 關於琅邪刻石的細緻文本研究，請參見 Martin Kern, *The Stele Inscriptions of Ch'in Shih-huang: Text and Ritual in Early Chinese Imperial Representation* (New Haven: American Oriental Society, 2000), pp. 17-18.

28 王健文提及循吏與華夏意識之間的關係，參見王健文，〈帝國秩序與族群想像——帝制中國初期的華夏意識〉，《新史學》16.4（2005：12）：195-220。

央有一套正統思想，而且透過大量的官吏和太學生加以推動。官僚制是天子推行教化的媒介，作為天子與人民的中介。余英時指出，漢代的循吏在地方推行文明化的政策，將儒家的理想傳播到帝國的各個角落，以建立理想的文化秩序。帶著「文明化使命」的官僚，從文化上根除當地的民間信仰，將正統思想帶進地方宗教系統。不僅在法律、制度與命令上進行外在的控制，尚講究思想與文化上的控制。[29]

　　東漢帝國儒家「國教化」以後，將官方認可的倫理規範推動到地方，成為帝國對地方政治的重要政策。班固認為，推動「文明化政策」的目的在移風易俗，其中最為關鍵的就是建立學校，以貫徹使命。[30]地方官學是帝國在地方上散布正統思想的重要據點。漢代創設地方官學者，源於蜀郡太守文翁。西漢景帝末年（西元前二世紀中期），文翁出任蜀郡太守，見蜀地有「蠻夷」風，乃在成都市裡修起學官，招下縣子弟以為學官弟子，入學者不用負擔繇役，成績高的可以在郡縣當官。受到文翁提出的條件誘惑，蜀地的富人甚至花錢以求官位。漢武帝甚為讚許文翁辦學之舉，乃令天下郡國皆立學官。然而，漢代地方官學的發展也有一個漸進的過程，漢武帝雖號召天下郡國

---

29 余英時，〈漢代循吏與文化傳播〉，《政治與權力》（北京：中國大百科全書出版社，2005），頁42-111。

30 羅馬帝國與東漢帝國的「文明化使命」有著明顯的不同，研究指出羅馬帝國朝廷沒有計畫要影響當地的社會、改變他們的風俗。參見 Jonathan Williams, "Roman Intentions and Romanization: Republican Northern Italy," in *Italy and the West: Comparative Issues in Romanization*, eds., S. Keay and N. Terrenato (Oxford: Oxbow, 2001), p. 94.

建立學校，但當時地方官學仍不普遍。直至東漢，郡國學校才
在重視修建地方官學、提倡興學之下得以普遍建立。

　　在四川，最重要的地方官學當屬成都的官學。在蜀郡東漢
的官學，為紀念文翁，稱之為「文翁石室」，[31] 從一塊東漢獻帝
興平元年（西元一九四年）的碑刻《益州太守高頤修周公禮殿
記》指出：[32] 在東漢帝國初年（西元三四年），蜀郡太守文參為
文翁學堂增建了兩百多間的校舍。在永初年間（西元一〇七─
一一三年）學堂遭遇大火，其他屋舍都燒毀，只有文翁當年修
建的一間石造建築仍然存留，後來文翁學堂再度重建。傳播帝
國中心的正統思想到地方，修建地方官學是相當重要的政績。

　　新出土的材料也給我們這樣的歷史訊息，二〇一〇年十一
月，成都天府廣場由於工程施工，意外出土兩塊漢代石碑，碑
身龐大，文字訊息豐富，引起四川歷史學者和漢代歷史學家的
注目。兩塊石碑的其中一塊為記載裴君，另一塊為李君生平，
故發掘報告將之命名為「裴君碑」與「李君碑」。裴君與李君
在西元一三〇年到一五〇年之間曾任職東漢蜀郡的郡守，作為
帝國的官僚，兩人重要的工作都是在蜀郡推行教化的工作，並
且提倡儒家經典，在成都建立州學。

31　關於文翁石室地點的討論和相關的議題，請參見 Michael Farmer, "Art, Education,
　　and Power: Illustrations in the Stone Chamber of Wen Weng," *T'oung Pao* 86 (2000):
　　100-135；張勛燎，〈成都東御街出土漢碑為漢代文翁石室學堂遺存考──從文
　　翁石室、周公禮殿到錦江書院發展史簡論〉，《南方民族考古》8（2012）：107-
　　172。
32　洪適，《隸釋·卷一》（北京：中華書局，1985）。

由於出土的碑身高大，裴君碑約兩公尺，李君碑超過三公尺，立於當時成都的市中心，一些學者認為兩碑所立之處為當時成都官學的所在。雖然我們無法確認當時官學的正確位置，但是可以確定，東漢在成都的官學作為帝國傳播正統思想、文明化的據點，從東漢初年到末年，歷經帝國的官僚們一代一代的傳承，文明化有「蠻夷風」的蜀地。[33]

除了成都之外，當時在四川的縣也有官學。雖然現在的史料無法重建所有縣的官學，但可以一窺他們的規模；如：東漢章帝時巴郡人楊仁為蜀郡什邡縣令，大興地方官學，[34] 學生之中有通曉儒家經典者，即可在地方任官，或者上報朝廷，得以到帝國中心留學。東漢末年順帝和桓帝時，馮顥為當時的成都縣令，所設立的官學人數就超過八百人，由此可以看到當時四川官學的規模。[35]

當時任職於地方官學的教職人員由何而來，從流傳下來的碑刻資料之中，我們看到師資主要來自當時四川留學於京師的太學生。有一塊名叫「學師宋恩等題名」的漢碑，記載了東漢末年蜀郡的一些教師、職員和官員的姓名，其中稱師者二十人，還有掾若干人；師是教五經的老師，掾可能是掌管各經的教學行政人員。這說明了當時蜀郡文學的性質，教學師資乃是

---

33 張勛燎，〈成都東御街出土漢碑為漢代文翁石室學堂遺存考──從文翁石室、周公禮殿到錦江書院發展史簡論〉，《南方民族考古》8（2012）：107-172。

34 在《後漢書‧儒林列傳》中記載楊仁寬惠為政，勸課掾史弟子，悉令就學。

35《華陽國志》，頁 156。

了解儒家經典的專家。[36]

　　從上面的討論中，我們可以看到東漢帝國展現了與秦、西漢帝國不一樣的統治策略，有一些政策是在西漢武帝時開始推行的政策，但是在當時還沒有普及，到了西漢末期、新莽時才開始推展。等到了東漢帝國時，中央確認儒學為正統思想，將政治與學術結合在一起，並且透過實際的組織和制度實踐。地方菁英如果想要成為統治者的一員，就必須進入帝國設計的體系與制度中。地方菁英結束在帝國中心留學的行程後，有的人回鄉、有的人被分配到不同的地方進行文明化的任務。

　　從社會階層的角度來看，我們必須追問：東漢帝國的官僚，這批具備儒家經典知識的地方菁英，他們在地方社會的角色是什麼？作為「文明化」的使者，他們如何作為國家與地方社會的中介者？在接下來的討論，我將透過四川的例子指出，東漢帝國的豪族與士族擔任國家與地方社會的中介者，作為「文明化」的使者，然而，四川的豪族們由於無法獲得朝廷的認可，發展出強烈的地域性。

強烈的地域性

　　東漢的士族或是豪族，在古典文獻之中語意含糊，界線並不明顯。從一九三〇年代以來，日本、中國、臺灣的歷史學者

36　洪適，《隸釋・卷一》（北京：中華書局，1985）。

對於豪族與士族的研究相當深刻。[37]學者楊聯陞指出，所謂的豪族，並不是單純的同姓同宗的集團，是以一個大家族為中心，有許多其他個人以政治或經濟的關係依附著他們，在地方上形成一個豪族單位。楊聯陞主要從豪族與地方社會的關係立論，認為他們在地方社會形成強大的勢力。[38]中國學者則主要從經濟因素分析「豪族」，認為他們是「地主」，以經濟屬性劃分他們的階級。日本學者則強調豪族的宗族性與社會性，川勝義雄指出，豪族的核心是一個以強而有力的家族，由許多具有宗族關係的小家庭相互合作形成。因此，我們可以觀察到豪族作為一種社會階層，具有多種特性。[39]

　　在早期中華帝國的發展上，西漢帝國中期以後，豪族已逐漸形成，經濟勢力日益鞏固。隨著東漢帝國正統思想的確立，豪族透過學習五經獲得入仕的機會，使自己取得政治上的地位。國家尊儒的政策使得豪族為了獲取政治權力，同時連結了經學和知識，逐漸成為「士族」。所謂的「士族」，我採用劉增貴的定義：凡一族有二人以上仕宦，或雖只見一人，但有其他記載可證其為地方豪族者，皆認為士族。[40]由此可以看到豪

37 余英時，〈東漢政權之建立與士族大姓之關係〉，《士與中國文化》（上海：上海人民出版社，1987），頁217-285；勞幹，〈漢代的豪強及其政治上的關係〉，《古代中國的歷史與文化》（上冊）（臺北：聯經出版，2006），頁132-163。
38 楊聯陞，〈東漢的豪族〉，《清華學報》11：4（1936），收入韓復智編中華叢書，《中國史論集》（臺北：茂昌圖書有限公司，1989），頁1107-1164。
39 川勝義雄，《六朝貴族制社會の研究》（東京：岩波書店，1982）。
40 劉增貴，〈漢代的益州士族〉，《中央研究院歷史語言研究所集刊》，頁528。

族同時代表地方勢力，也壟斷地方的土地與經濟的基礎，並且
透過知識的手段，藉由察舉獲得政治權力，並透過宗族延續在
政治與社會的利益。[41]

以帝國中心與地方社會的關係而言，豪族可以說是帝國中
心與地方社會接觸的中間點，他們擔任鄉里事務的領袖，影響
地方百姓的生活。巴蜀豪族的形成可以說是帝國中心的認同與
地方認同相互作用的結果。透過察舉制和到洛陽的留學，四川
當地的菁英或者是豪族有機會成為帝國的官僚，而成為官僚又
再度的保障其後代為官，成為「世族化」。一方面，帝國中心
給予誘惑，誘惑巴蜀當地的豪富成為統治者的一員；另一方
面，巴蜀當地的人也覺得進入這個體系很吸引人。根據劉增貴
的研究，在現有的資料中，包括《漢書》、《後漢書》和《華
陽國志》，[42]可發現漢代益州的仕宦之族約有六十二姓，其中
十姓起源於西漢時期，其餘的都在東漢時期，多少可見東漢帝
國提供較多讓四川人成為帝國官僚的機會。

---

41 余英時，〈東漢政權之建立與士族大姓之關係〉，《新亞學報》1：2（1955），收
　　入余英時，《士與中國文化》（上海：上海人民出版社，1987），頁217-285；勞
　　幹，〈漢代的豪強及其政治上的關係〉，《古代中國的歷史與文化》（上冊）（臺
　　北：聯經出版，2006），頁162-163。許倬雲，〈西漢政權與社會勢力的交互作
　　用〉，《求古編》（臺北：聯經出版，1982），頁453-482；瞿同祖，《漢代社會結
　　構》；崔向東，《漢代豪族地域性研究》（北京：中華書局，2012），頁7。
42 劉增貴，〈漢代豪族研究──豪族的士族化與官僚化〉（臺北：國立臺灣大學歷史
　　學研究所博士論文，1985）。

表 2　兩漢西南各郡士人分布表 [43]

籍貫		蜀郡		廣漢郡	巴郡		犍為郡		祥柯郡	永昌郡
朝代	人數	西漢 東漢	19 41	東漢 52	西漢 東漢	13 35	西漢 東漢	1 23	東漢 2	東漢 1
總數		60		52	48		24		2	1

　　東漢帝國雖然開放四川知識分子參與政治，但是基本上仍然歧視四川。在東漢，舉孝廉能扶搖而上，而透過這方法官至二千石或三公九卿者，以關東人士占壓倒性多數。仕途路上，除了德行、才能和學識的角逐，也意味著財富、家族勢力和政治關係的競爭。邢義田指出，東漢人重地域，使得地緣關係成為重要的政治本錢。關東孝廉在政治上占的優勢，歷兩百年不曾稍退。這是因為這個地區在經濟、文化的發展上，最為悠久。關東士人在政治上居主導地位最早從西漢帝國漢昭帝和宣帝以來就已經如此。再加上東漢政權的建立，基本上是依賴以關東大姓為代表的社會勢力為基礎，關東的地位難以動搖。[44] 巴蜀士人在重要的官職上完全沒有地位，這多少與四川殖民地的角色有關。[45] 班固就曾帶著歧視的眼光看巴蜀：

43　崔向東，《漢代豪族地域研究》（北京：中華書局，2012），頁112。

44　邢義田，〈東漢孝廉的身分背景〉，《秦漢史論稿》，頁192。

45　我在研究當中指出，古代四川在秦、西漢和東漢帝國中的地位相當於現代帝國的殖民地，由於地位特殊，所以仕進上受阻。請參見胡川安, Early Chinese Empires and the People without History: Resistance, Agency and Identity of Ancient Colonial Sichuan (PhD diss: McGill University, 2017).

巴、蜀、廣漢本南夷，秦並以為郡，土地肥美，有江水
沃野，山林竹木疏食果實之饒。南賈滇、僰僮，西近邛、
莋馬旄牛。民食稻魚，亡凶年憂，俗不愁苦，而輕易淫
泆，柔弱褊阨。景、武間，文翁為蜀守，教民讀書法令，
未能篤信道德，反以好文刺譏，貴慕權勢。及司馬相如遊
宦京師諸侯，以文辭顯於世，鄉黨慕循其跡。後有王褒、
嚴遵、揚雄之徒，文章冠天下。繇文翁倡其教，相如為之
師，故孔子曰：「有教亡類。」[46]

此外，帝國中心對巴蜀的鄙視，也造成巴蜀士人集團性與
地域意識較強，他們關注地方事務，形成強烈的「地域性」，[47]
在學術取向上與帝國中心展現出不同的認同。

東漢巴蜀地方社會的豪族形成的主要原因與巴蜀的開發有
關，然而巴蜀的開發並不是中央主導的結果，而是當地豪族與
居民的努力。東漢帝國所轄的郡縣，由於各式各樣的天災，包
括水災、旱災、蝗蟲、瘟疫，造成帝國人口數的減少與經濟的

---

46 《漢書》，頁1645。
47 以往研究漢代豪族或是士族的研究者，較少注意到地域性的問題，從上個世紀八
〇年代以來，愈來愈多的學者關注到漢代豪族由於地域的關係而產生的差異性。
透過豪族的地域性研究，學者觀察到西漢帝國主要由東、西兩大豪族形成兩極的
相對格局，東漢帝國則是由南陽、西北和東南豪族所形成的三元格局。不管是西
漢或是東漢帝國，四川的社會勢力在帝國的中央政治無法扮演重要的角色，是很
明顯的事實，因此四川的豪族較為關注地方的事務，形成自己的活動方式。鶴間
和幸，〈漢代豪族的地域的性格〉，《史学雑誌》87.12 (1978:12): 1677-1714；森
正夫，《旧中国における地域社会の特質》平成2-5（1990-1993）年度科学研究
費補助金一般研究（A）研究成果報告書（名古屋：友人社，1994）。

衰退。相較之下，四川的農業與工商業發達，加上有豐富的礦產資源，並且與周邊民族的商業交易，不但戶口數增加，更給予四川東漢豪族經濟的優厚條件。[48] 由於四川的地理環境較為封閉，東漢益州的豪族也較為關注地方事務。

四川在東漢帝國的管轄下，人口數大為增加，水利事業也大大發展，耕作面積在丘陵地大規模的擴張，巴蜀豪族就在這樣的環境下開闢莊園、累積財富、開發盆地周圍的礦產，自給自足。只有在地方事務需要國家的力量時，巴蜀豪族才會與國家交涉，大多時候都關心地方內部的事務。[49] 由於東漢末期的羌亂，使得巴蜀士族得以獲得國家的軍事權力和自立權，成為將來獨立的前奏。

巴蜀士族關心的地方事務有什麼呢？有農業的發展、商業的經營、修路、開礦等地方事務和與周邊人群的互動。

（一）農業的發展

秦帝國為了剝削殖民地四川的經濟資源，在岷江的扇狀平原北部，建立都江堰以平息當地的水患，增加農業收入。在西漢帝國與東漢帝國時期，流域內的眾多人口都依靠岷江的水利設施與農業種作。成都平原內的重要城市，像是成都和郫縣也

---

48 關於兩漢人口的變遷，請參見 Lao Kan, "Population and Geography in the Two Han Dynasties," *Chinese Social History*, pp. 83-101。

49 劉增貴，〈漢代的益州士族〉，《中央研究院歷史語言研究所集刊》60:4 (1989: 12): 57-577。

都在流域之內。在都江堰興建之前，岷江河道頻繁的改變造成洪水氾濫，都江堰的興建使得洪水的問題得以解決，也使得耕地得以灌溉。[50]

　　當時在四川的耕種方式可以從考古出土的陶田模型來看，東漢墓葬陪葬所用的明器，具體的展現當時四川稻田耕種的方式。一般來說，以土梗圍起一個單位的田地，田地中間有四條較短的梗，在梗端則有放水的缺口，田地中間還有一條溝，溝邊有放水口，可以控制水流。從陶田模型來看，當時四川的農作方式將大塊的田分割成小塊，保持其中每塊田的平整，使田中的水深得以平均，田裡的秧苗整齊有序。四川盆地的主要作物為水稻，《華陽國志》記載一畝收三十斛，最多可收到五十斛，以一百五十斤計一斛，三十斛到五十斛的收成量，每畝達到四千五百至七千五百斤。當時漢代其他地方的平均收成為每畝一百四十斤左右，由此可以看到四川的稻作產量相當驚人。[51]

　　從陶田模型可以看到四川的水稻相當倚賴水利設施，秦時李冰所建立的都江堰在東漢仍然是成都平原最重要的水利設施。一九七四年在都江堰修築外江索橋和堤壩時，分別在今魚嘴下游一百三十公尺處的外江一側，發現了一尊高達二・九五

50　參見鄧自欣、田尚，〈試論都江堰經久不衰的原因〉，《中國史研究》1986（3）：101-110；大川裕子，〈秦の蜀開発と都江堰──川西平原扇状地と都市・水利〉，《史学雑誌》111.9（2002：9）：1439-1466。

51　關於模型的討論，參見劉文傑和余德章，〈四川漢代陂塘水田模型考述〉，《農業考古》1983（1）：132-135；劉志遠，〈考古材料所見漢代的四川農業〉，《文物》1979（12）：61-69。巴家云，〈漢代四川農業方面幾個問題的探討〉，《四川文物》1988（6）：13-18。

公尺，戴冠、穿長衣、拱手肅立的雕像，從銘文來看，可以確
定為李冰，完成的時間為建寧元年，且為主管水利的都水掾尹
龍和吏長陳壹建造的三個石人之一，用以鎮水，並且感念李冰
的貢獻。[52] 石像說明了東漢時期的成都平原仍然相當依賴李冰
建造的都江堰。[53] 岷山的水系縱貫全境，並且得益於都江堰水
利和郫江、檢江、湔水、文井江等大小河流，便利成都農業灌
溉。水利設施讓土壤肥沃、雨水充沛和氣候溫暖潮濕的成都平
原四季適宜農耕，除了最重要的水稻之外，其他像是林木、魚
池養殖和畜牧等，在成都平原也發展得相當好。

　　川西成都平原的東部是丘陵地帶。在東漢時代，人們利用
農業技術和水利開發發展農業。四川盆地的丘陵地帶，相對高
度在兩百到三百公尺之間，關於丘陵地帶的水利開發和農業記
載，在歷史文獻之中比較少見。但是，我們透過在丘陵地帶墓
葬之中所出土的水池、水田明器，可以看到在此地的水利開發
與農業發展情況。丘陵的農業，主要是利用傾斜的地貌建立梯
田，從《華陽國志》之中也可以看到在郪、廣漢、德陽、資中
等地都有梯田的紀錄。梯田是一項巨大的土方工程和築牆防護
工程，需要切割斜坡、砍鑿山體，將山腹變成平坦的田地，並
在田地四周築起牆使得水不會流走。

　　構築梯田的人力和水稻地耕作需要辛勤且不斷的勞力投
入，只有當地社會的人齊心協力、遵循自然的地勢才有可能達

---

52 四川灌縣文教局，〈都江堰出土東漢李冰像〉，《文物》1974：7。

53 趙殿增，《長江上游的巴蜀文化》（武漢：湖北教育出版社，2004）：411。

成。丘陵地的開發也成為東漢四川豪族興起的原因之一，在二〇〇〇年發現的三臺郪江崖墓之中，在十五平方公里的範圍內，總計有一千六百三十八座的墓群集中於丘陵地的河岸，大部分的墓都是在懸崖的壁面開鑿墓室，其中也有精緻的裝飾壁畫，工程難度相當高。[54] 從劉家堰墓群之中，在長不到一百公尺，高不到三十公尺的丘陵範圍上，分三排排列，整齊且密集地分布著六十六座墓。以我個人的觀察來說，這些崖墓群經過統一規畫，也與丘陵的開發有相當深的關係，其中也有較大的墓室，應該是當地具有影響力的領袖。[55]

　　從人口的發展來看，也可以看出農業大幅度的增長，《漢書》載列西漢時期，益州地區的蜀郡戶數有二十六萬八千二百七十九，口數為一百二十四萬五千九百二十九；巴郡戶數十五萬八千六百四十三，口數為七十萬零八千一百四十八。《後漢書》載列東漢時期，益州地區之巴郡戶數為三十一萬零六百九十一，口數為一百零八萬六千零四十；蜀郡戶數三十萬零四百五十，口數更是達到一百三十五萬零四百七十六。而西漢平帝元始年間，全國有戶數一千兩百二十三萬三千零九十二，口數五千九百五十九萬四千九百七十八，為西漢戶口最高數字。東漢恒帝永壽年間，有戶數一千零六十七萬七千九百六十，口數

---

54 大川裕子，〈水利開発よりみる秦漢時代の四川盆地——扇状地と丘陵地の比較から〉，《中国水利史研究》32（2004）：1-14。

55 四川省文物考古研究所、綿陽市博物館、三臺縣文物管理所編，《三臺郪江崖墓》（北京：文物，2007），頁265-273。

五千六百四十八萬六千八百五十六，是東漢最高的戶口數。東漢戶口最多時期也沒有西漢戶口多，而益州地區的巴、蜀兩郡戶口數，東漢時期卻比西漢時期多，可見當時巴、蜀人口增長之迅速。[56]

透過開發丘陵、灌溉設備的加強，東漢四川土地兼併的風氣相當盛行，將占有的土地變成耕地，使用大土地經營的方式，成為四川豪族形成的主因。豪族掌握大量土地的情形，不僅在自己的田莊之中經營農業，還兼營林、牧、家畜飼養等其他活動。

日本學者上田早苗指出，四川的豪族地域性相當強，他們的出仕也與地方事務有關，只有在遇到水利設施、灌溉這些大規模的公共設施，並非單一豪族可以控制或是掌握時，豪族才與國家權力接觸，進而獲取官僚，並透過官僚掌握地方事務。[57]接下來我們要談的修路、商業的發展與周邊民族的互動等，都屬於地方事務。

巴蜀豪族由於地方的事務、利益，必須與中央接觸，於重修褒斜道的事情上也可以見到此情況。在東漢時代，最重要的為褒斜道和子午道，為四川通往關中的重要交通動脈，在政治、商業和軍事上都相當重要，不過由於羌亂，巴蜀通往關中

---

56 關於兩漢人口和地理的改變，請參見 Lao Kan, "Population and Geography in the Two Han Dynasties," pp. 83-101。

57 上田早苗，〈巴蜀の豪族と国家権力──陳寿とその祖先たちを中心に〉，《東洋史研究》25.4（1967：3），頁 1-22。

的重要道路褒斜道遭到破壞。明帝時擴充了褒斜道，在〈開通褒斜道石刻〉的銘文之中，可以看到巴蜀之人對此條道路的重視，從廣漢、巴、蜀找了刑徒與罪犯兩千七百多人加以修復。[58]東漢中期由於羌亂，使得褒斜道無法通行，只能使用路面較窄且危險的子午道。當時在京師的巴蜀官僚們上書重修褒斜道，由碑刻可知，是由巴蜀出身的司隸校尉楊孟文上詔，加上朝中的巴蜀官僚助力，才得以重修褒斜道。[59]

（二）商業的發展

　　東漢帝國取消了一般平民「市籍」的制度，國家允許農民放棄農業去經商。這樣的政策為地方豪族開了一扇巧門。在蜀地的豪族主要透過國家的認可成為地方官吏，再透過權力獲取財富。根據《華陽國志》所載，「豪族」的田莊由於居住的地區天然資源差異很大，生產方向因此各有不同。另外，還有一些從事專門化生產的田莊，像是種桑、種桐、採礦、採鹽或冶鑄等，則把勞動力集中投放於單一生產。[60]由於生產力集中於一種生產活動，產生專門化，該田莊便要仰賴市場購買其所欠缺的貨物，如衣服布匹、蔬果、牲畜及米糧等，生活必需品可

---

58 嚴耕望，〈漢唐褒斜道考〉，《新亞學報》8.1（1967）：101-56。也可以參見 Robert Harrist, *The Landscape of Words: Stone Inscriptions in Early and Medieval China* (Seattle: University of Washington Press, 2008), 38-52。

59 郭榮章，《石門摩崖刻石研究》（西安：陝西人民美術出版社，1985）。

60 Anthony Barbieri-Low, *Artisans in Early Imperial China* (Seattle: University of Washington Press, 2007), pp. 73-83.

以在基層的市場透過交換獲得，但是一些較為專門的物品，還是得到城市裡才能獲取。

二○一○年成都天府廣場挖掘出的「裴君碑」，除了記載蜀郡太守裴君的事蹟外，我們也可以看到東漢成都的社會狀況，碑上記載著：

> 〔成都〕列備五都，眾致珎怪，德盛文彌，尊卑有度，舊設儲偫，瑱盈殿館，金銀文錦，駭目動欲。[61]

成都在西漢帝國統治的時代已經成為中國西南地區最重要的城市。秦帝國以咸陽城為基準，建立了殖民地的地景，奠基了秦漢時期統治成都的基礎。成都在秦帝國時期，主要是一個政治的城市，工商業在國家的控制之中。[62]西元初期，成都人口僅次於京師長安，是全國第二大城市。作為益州和蜀郡的首都，成都除了政治功能以外，還是一座綜合性的城市，是集合農業、手工業、商業和市場消費的城市。[63]漢代四川的漆器製造業以成都為中心，產品多銷往湖北、湖南，也遠銷朝鮮，以其質地優良、製作精美而名傳於世。[64]成都在西漢到東漢期間，成為一個重要的商業都會，並且與周圍的城市構成一個網

---

61 胡川安，〈成都天府廣場2010年出土之裴君碑譯注〉，《史原》27（2015：9）：211-231。

62 周長山，《漢代城市研究》（北京：人民出版社，2001）。

63 高維剛，《秦漢市場研究》（成都：四川大學出版社，2008），頁120。

64 原田淑人、田澤金吾，《樂浪》（東京：東京大學文學部，1930），頁56-58。

絡。以成都為中心，環繞的縣有臨邛、郫縣、江原、廣都、新
都、什邡、雒縣、綿竹、武陽，這些衛星城市與成都透過水道
網絡連接，串聯岷江、郫江、檢江、湔水、文井江，往來十分
方便。整個四川盆地以成都為中心，其對周邊地區的經濟文化
發展起了巨大的組織、協調和推動作用，儼然是漢代西南最大
都會，一座具有綜合性經濟功能的城市。

　　蜀郡的首都為成都，巴郡的首都為江州，處於長江和嘉陵
江的交匯之處，秦帝國時設郡，為郡治，漢代也加以沿用，為
現今的重慶老城區。江州是四川盆地東部的重要城市，除了作
為郡治的行政功能外，主要是作為農產品及相關副業的集中市
場。《華陽國志》記載江州的稻米並非一般的稻米，而是出產
品質良好的「御米」上貢。農業副產品則有桑麻、丹漆、布
帛、漁池，這些除了在四川本地銷售之外，也販賣到首都。[65]
江州較為特殊的經濟型態為高單價的農產品，像是甘橘、荔
枝、御米等，這些除了上貢朝廷之外，[66]也吸引有錢的消費者，
為當地的大姓帶來財富。居住在江州的豪族，在《華陽國志》
共計有十家，包括：波氏、鈆氏、毋氏、謝氏、然氏、楊氏、
白氏、上官氏、程氏、常氏等。[67]

---

65 官德祥，〈從王褒《僮約》探析漢代中葉四川田莊商品經濟〉，《中國農史》2010
　（4）：40。
66 《華陽國志》頁30。
67 《華陽國志》頁30。

（三）與周邊人群的交流

　　巴蜀豪族形成過程中，其中還有很重要的部分，在於與周邊山區的人群交流。西漢時，透過司馬相如在四川的影響力，西漢政府獲得四川民眾在人力與經濟上的支持，經營西南夷，殖民並且加以設郡。東漢時，在四川邊緣的民族與四川的互動方式更為密切，而巴蜀豪族的興起也與周邊民族的互動有關係。與東漢時代四川關係較深的民族有南部各郡之外的「南夷」、北部郡外的「西羌」、在郡內地蜀夷和板循蠻。周邊豪族的組成可能為：

1. 當地族群的領導。以僰人為例，南中大姓建寧孟氏一族，其先祖即為僰人。另外，爨氏一族，也是當地土著發展而來。[68]

2. 邊區移民組成的團體。南中地區處於四川盆地與盆地高山地之間的丘陵地帶，東漢帝國移民相當多的死刑罪犯和奸豪，這些被遷徙的豪族往往聚族而居，舉例來說，南中豪族之一的雍闓，祖先居住在蜀郡的什邡縣，後來因為犯罪而整族南遷到南中地區。在當地生活幾代之後，掌握了當地社會的環境，成為豪族。除此之外，在西漢時期，南越國遭到武帝的滅國，宗室

68　楊煜達，《南中大姓與爨氏家族研究》（北京：民族出版社，2002），頁141；王吉林，〈試論雲南爨氏之興起及其在南北朝的發展〉，《大陸雜誌》47.1（1973）：37-39。

　　　　呂嘉一族被遷徙到南中地區，經過數代的經營，在東
　　漢時期也成為當地的豪族。[69]

　　一九〇一年在雲南昭通出土的東漢和帝永元八年（西元九
六年）「孟孝琚碑」碑文中指出南中大姓孟氏家族並非罪犯的
移民，也不是南中土著的後代，而是源於川西嚴道縣的「嚴道
君」，在當地聚族而居。由此可知，這些移民在遷徙以前都有
相當「宗族性」的特點，即使來到南中地區，憑藉著宗族的人
群基礎，往往可以在新的據點再次建立起勢力。[70]
　　研究中國邊疆歷史的學者方國瑜指出，中華帝國之所以能
利用安置在邊境的勢力，是由於在移民中培養、提拔了一批上
層人物，透過他們控制著移民群眾；這些人物為了自己的利益
依靠王朝、互相利用。[71]這些移民要成為統治階級，必須熟習
儒家經典，或是由郡吏入仕。南中地方的豪族在東漢察舉的記
載之中，人數相當的少，估計每年不會超過一人。當地的豪族
為了鞏固自己的勢力，大多留守在南中地區，透過郡守的辟召
在本地任官，而且在本地任官有財產上的限制，一般多為地方
豪族。[72]

---

69 楊兆榮，〈西漢南越王相呂嘉遺族入滇及其歷史影響試探〉，《中國史研究》2004
　　（4）：23-33。
70 魯剛，〈雲南昭通東漢〈孟孝琚碑〉史料價值舉隅〉，《中國邊政》141（1998）：14。
71 方國瑜，《滇史論叢》第一輯（上海：上海人民出版社，1982），頁28-57。
72 楊煜達，〈試論漢魏時期南中地區大姓的形成和漢族社會的嬗變〉，《民族研究》
　　2003（5）：75-82。

　　南中地方的豪族需要經常和四川盆地周邊的族群交流，包括行政、徵稅、貿易等事務。從《華陽國志》的記載可見，南中地區是金銀財貨之地，在此任官者可以累積很大的財富，然而財富的來源並非合法，造就當地豪族經濟基礎的是地方豪族把持著當地政權、占有大量的土地，並透過與周邊民族的貿易，在其中獲取利益。

　　從上述的例子，可以看到巴蜀地方豪族勢力的龐大，連帝國的中心也得尊重，也可以看到帝國對四川的控制愈來愈弱。[73]從巴蜀豪族的集團性活動和關注地方事務來看，他們往往固守在四川的關係，不大與其他地方士族往來，此外，他們在學術上也展現不同於中央的風貌。

特殊的學術取向與認同

　　班固的《漢書・地理志》批評巴蜀士人以好文刺譏，貴慕權勢，卻也不得不承認司馬相如、王褒、嚴遵（君平）、揚雄等文學家展現的文學風采讓巴蜀文章冠天下的事實。[74]上述四位大家中，司馬相如、王褒是西漢人，嚴遵、揚雄雖生活年代跨兩漢，但主要活動也還在西漢；在東漢帝國中心強烈的正統

---

73 許倬雲指出豪族所引起的地域主義（regionalism）最終導致東漢帝國的滅亡。參見許倬雲，"The Roles of the Literati and of Regionalism in the Fall of the Han Dynasty," in *The Collapse of Ancient States and Civilizations*, eds., Norman Yoffee and George L. Cowgill (Tucson: University of Arizona Press, 1988), pp. 176-195。

74 《漢書》，頁 1645。

思想之下，殖民地四川以士族為中心的學術文化，展現出與帝國中心相互關聯卻又不同的學術傾向與認同。

辭賦是巴蜀士人最引以為傲且具全國知名度的學術傾向。對於東漢帝國的士人而言，若要討論什麼是巴蜀士人的系譜，他們想起的是曾舉國知名的司馬相如，而這個系譜本身並不會因為帝國政權的改變而產生變化。上一節提及的「李君碑」石刻碑文提到：

> 前有相如，嚴平、子雲。後雖庶幾，名滅不傳。君乃發憤，撰其文。[75]

就可以見到外來的統治者也必須尊重當地士人的地方認同。李君作為一個外地出身，到過帝國中央接受教育，之後任職於蜀郡的郡守，在任官期間，除了建學校、提倡儒家經典，進行「文明化」的任務，他也關注四川士人本身的認同，並且加以回應。其中最讓四川人感謝的是，這位李君還曾組織知識分子整理成都名人司馬相如、揚雄、嚴君平的文章，讓其得以流傳。對於四川士人而言，他們有生為巴蜀士人的驕傲，地方是其生長之處，以往出身於蜀地的士人，是他們效法的目標。

文學之外，巴蜀學術也傾向著重讖緯。西漢晚期，讖緯之學興起，研究災異祥瑞的學問吸收了不少方士預言、符瑞的內

---

75 羅開玉，〈《李君碑》、《裴君碑》初探〉，《南方民族考古》（北京：科學出版社，2012），頁 21-32。

容。[76] 經學也加入了很多的讖緯思想，特別是今文經學。由於讖緯思想暗含著顛覆政治的意識形態，東漢帝國甚至還頒布國家認可的讖緯，防止民間讖緯影響帝國的正當性。[77] 東漢帝國的經學對官職來說相當重要，由於巴蜀士族無法在全國性的士族文化中占據重要的地位，他們的學術傾向也和帝國中心呈現的不同，最後甚至以讖緯之學發展出足以顛覆中心的思想。巴蜀的經學與帝國中心流行的學術傾向不同。在帝國中心，自東漢和帝以後，作為中央博士官學的今文經學日益沒落，古文經學則日漸興盛。與這種情況相反的是，今文經學以及依附於今文經學上的讖緯，在巴蜀地區不僅沒有衰落，反而占據巴蜀當地經學的重要地位。

在東漢，如果說地方官學是傳播帝國意識形態的地方據點，那麼，從地方私學的傳統則可以看到不一樣的意識形態與學術上的差異傾向。其實在官學興辦前的漢初，私學教育就已存在。在東漢帝國時，官學有了很大發展，但中央官學只有太學，名額有限，選送有一定的規定，再加上四川有獨特的學術傾向，當地的學生不一定想進入官方的學校。[78] 東漢時期，巴蜀地區的私人講學相當盛行，學生動輒成百上千。像是明帝和

---

76 關於方士的概要性研究，請參見 Kenneth DeWoskin, *Doctors, Diviners, and Magicians of Ancient China: Biographies of Fang-shih* (New York: Columbia University Press, 1983); Hsu Cho-yun, "The Activities and Influences of Fang-shih," *Asian Culture* 19.2 (1991): 59-86。

77 《後漢書・桓譚列傳》，頁 2705。

78 李桂芳，〈儒學的傳播與漢代巴蜀的地方教育〉，《中華文化論壇》2005（3）：10-15。

章帝時，武陽杜撫受業於薛漢，之後返回鄉里教授，弟子就千餘人；順帝時，新都楊厚教授門生三千餘人；董扶在家教授，弟子自遠而至；犍為資中人董鈞，門生百餘人。當時巴蜀私人講學風氣之盛，婦女也跟著開始接受教育。

四川讖緯與經學的分布有相當高的一致性，著名的方士有些也是儒生，還有門徒眾多的經師、儒學世家。《後漢書·方術傳》所收錄的三十二名方士中，主要分布在巴蜀、黃淮、三輔、吳會、燕代地區，其中巴蜀占了八人，居第一位。[79]《華陽國志》提及方士人數更多。

巴蜀地區的學術傾向很明顯的是以讖緯包裝帝國認可的經學。其所發展的讖緯學傳統很注重系譜，有其自身與當地的脈絡。蜀地的讖緯主要代表為楊氏一族，包括楊厚及其門人董扶、任安、周舒等人，經學世家。源於西漢末年廣漢新都的楊仲續，初以研究經學為主，以《夏侯尚書》相傳。[80]

楊春卿在巴蜀經由一代一代的相傳，或者是父子、師徒相傳，系譜貫穿東漢一代，甚至到三國時期都還找得到清楚的傳承脈絡；[81]當西漢帝國與東漢帝國之間的新帝國政權不被殖民

---

79 《後漢書·方術列傳》，益州有八人，如果統計後漢書中具有方士特徵（通圖讖）的巴蜀人士，則還有任安、景鸞、楊厚、翟酺等人，盧雲統計巴蜀地區有讖緯十二人，參見盧雲，《漢晉文化地理》（西安：陝西人民教育出版社，1991），頁210-211。

80 《後漢書·楊厚列傳》引注《益部耆舊傳》，頁1048。

81 吉川忠夫，《蜀における讖緯の學の傳統》，收錄於安居香山編，《讖緯思想の綜合的研究》（東京：国書刊行会，1984），頁193-215。

地四川認同，支持外來的公孫述在四川成立國家時，楊春卿就服務於公孫述的朝廷。[82]

楊春卿的兒子楊統繼承父親的讖緯之學，在東漢帝國任官。章帝建初年間任職於彭城令時，適逢大旱，他以消伏的方式祈雨，大獲成功，名聲廣傳於朝廷。後來朝廷因此向他諮詢災異之事，任命為侍中光祿大夫，在帝國的中心著書，至九十歲才過世。繼承楊統的是他的兒子楊厚，楊厚從安帝在位時（西元一○八年）到順帝的永和年間（西元一三六年），有將近三十年的期間服務於朝廷，預言蟲害、水災、火災和戰事皆靈驗。然而，東漢末年，朝廷由外戚和宦官把持，楊厚厭惡當時的外戚大將軍梁冀，決心退隱回四川。回鄉之後，他於廣漢新都修習黃老，並且招收學生，吸引了超過三千人的學生到新都求教。

楊氏學派展現濃厚的地方色彩，對現實政治抱有戒備之心，對中原政局採取較為疏離的態度，即使在帝國的中心也以政治清客的角色出現，當時局有變，即返家不仕。[83]

楊厚在廣漢新都招收學生，大約是在西元二世紀中葉時，雖然學生超過三千人，但是其中學有專長的只有七人，為昭約、寇懂、何萇、侯祈、周舒、董扶、任安。這些弟子的出身都集中於四川，說明了楊氏之學濃厚的地域性。其中的昭約、

---

82 關於楊厚的研究，請參見程元敏，〈東漢蜀楊厚經緯學宗傳〉，《國立編譯館館刊》17.1（1988）：31-48。

83 楊民，《秦漢西晉中央與巴蜀地方關係研究》（成都：巴蜀書社，2011），頁126。

寇懼，在《華陽國志》之中記載其為隱士，沒有太多的紀錄。何英和侯祈也沒有相關的歷史紀錄。周舒之子周群，在三國時代以熟悉讖緯之學記載於史書。[84] 七人之中在歷史上留下最多紀錄的為董扶和任安。任安年輕時在太學學習，往後的日子則在四川家鄉廣漢綿竹講學、經營學堂，專注於讖緯之學，直到建安七年（西元二〇二年）去世為止。任安與楊厚一樣，主要的成就是培養了大批的學生，擴大了楊氏之學的影響力，他在四川的講學，不受東漢帝國滅亡的影響，蜀地本身的學術系譜仍然持續不墜。董扶年少就學習儒家經典，後又師從楊厚學習讖緯之學，[85] 之後至洛陽太學就讀。在太學一段時間之後，回鄉講學。適逢東漢靈帝在位，董扶得到大將軍何進的推薦，官拜侍中。然而，董扶進到帝國中央後，對於東漢帝國的政權缺乏認同，漢靈帝死前一年，董扶預料到天下將大亂，他告訴當時也在洛陽的劉焉，京師將亂，在四川有天子的氣浮現，鼓勵劉焉以四川為據點。[86]

小結

　　西元一世紀，東漢帝國確認了正統的意識形態，是透過政治、知識和制度性的體制運作形成的一種帝國意識形態，並且

---

84 《三國志》，頁 1021-1042。

85 《三國志·劉焉傳》，裴注引《益部耆舊傳》載。

86 《三國志》，頁 865。參考楊民，《秦漢西晉中央與巴蜀地方關係研究》（成都：巴蜀書社），頁 136-145。

透過太學和地方風俗的控制進行，帶有其「文明化使命」。然而，殖民地四川呈現的，並不只是帝國中心在強勢文化推廣下逐漸同質化的過程，也包含了地方透過自身積極性展現的異質性。

東漢帝國的地方豪族成為士族的過程，就是帝國中心與地方相互接觸的中間點，兩者的接觸在帝國裡產生不同的過程與結果。由於帝國中心鄙視殖民地四川，並且明顯排擠四川知識分子參與政權，使得他們專注於地方事物，透過農業開發、商業繁榮與周邊民族的接觸，來壯大豪族在地方的勢力，逐漸脫離國家的控制。

透過「文明化的使命」，經學在東漢帝國的全面推廣下，四川也受到很大的影響。在帝國儒學的影響之下，也促使在地學術出現新的反思、新詮釋。不但未與帝國中心趨於同質化，反而更凸顯「在地」的主體性。四川在面對帝國中央的正統思想時，沒有消極地接受帝國的意識形態，而是以讖緯之學改造儒學，並且在讖緯之學中展現地方的認同。殖民地四川對中央朝廷的政治認同並不牢固，甚至帶有疏離中央的政治意識。

第六章

來世不做漢家人

——漢代四川人對天堂的想像

　　在本章，我將透過考古資料和古典文獻，重建古代四川人對天堂與死後世界的想像，以更進一步展現四川與中原地區的差異。

　　天堂的想像可以呈現四川的人對於死後世界的嚮往不同於中原。四川人不希望進入殖民者的天堂，想在自己構築的天堂中享受死後生活。以往的研究並未注意到四川社會的性質，透過比較中原地區同時期的墓室，認為四川的墓葬結構是自中原傳播而來，其中的墓室壁畫是「漢化」的結果，是模仿、是中原的簡化版、次級版。在這樣的脈絡下，四川人不僅日常生活被「漢化」，連對死後世界、對天堂的想像都與中原相同，然而事實並非如此。

　　我將透過墓葬中的畫像，說明殖民地四川不僅沒有被漢化，而且嚮往的是與中原不同的死後世界，他們期望在西王母的仙界中過著不死的生活，並且將生前的世界帶到死後享受。

　　學者俞偉超指出，西漢中期以後，考古學中的「漢文化」包含家族塋地的興起、多代合葬一墓的新葬俗、模擬莊園面貌的模型明器、墓室壁畫和畫像石反映「三綱五常」道德觀。[1]然而，在所謂的「漢文化」下還蘊藏不少的區域類型，區域類型不只是考古器物的不同、墓葬形制和畫像風格的差異，還包含作為一個「地域」或是「地區」，秦漢以前的土著文化，如

1　俞偉超，〈考古學中的漢文化問題〉，收錄於杜正勝編，《考古、文明與歷史》（臺北：中央研究院歷史語言研究所，1999），頁43-61。

何與漢帝國各地共同流行的因素相互影響。「地域」不只是消極的接受來自中心的文化，不只是單存的「被漢化了」那麼簡單，他們在文化相互適應的過程中，展現出積極的主動性，創造出獨特的「地域」文化。

「地域」認同與物質文化

在這一節，我們會先討論「地域」是否可以作為物質文化認同的對象；接下來，會以漢代四川所出土的畫像資料，說明四川獨特的地域文化與認同，即便在漢帝國的統治之下，它的文化特色還是基於自身的需求、自主性的吸收漢代文化，不僅僅是單純的「漢化」而已。四川人有自己對於天堂的想像，他們死後不想進入漢人的天堂。

我們已經透過前幾章，看到漢代四川逐漸形成一個地域網絡的社會。地域社會是各種關係和認同運作的「場所」，通過「地域社會」這個概念，可以整合各式各樣不同的社會關係。在文字材料相對缺乏的古代社會中，物質文化也代表了人類在認同與關係之中創造的產物，是認同的具體實存，也是社會關係的見證，也因此除了文字材料外，研究地域社會不能忽視物質文化遺存所蘊含的訊息。[2] 文字史料無庸置疑的是歷史學解

2　關於古代社會的物質文化與認同，參見 Shelley Hales and Tamar Hodos, eds., *Material Culture and Social Identities in the Ancient World* (Cambridge: Cambridge University Press, 2010)。

釋最重要的一環，但不應該只限於文字史料。視野與觀點將決定使用的材料的廣度，不只流傳下來的歷史文獻，發掘出來的畫像、石製品和物質文化，都可以成為資料，讓我們理解漢帝國之下不同地區與族群的文化。

透過考古發掘，我們發現了很多從一世紀到四世紀，殖民時期在四川留下來的墓葬。戰國晚期，秦併成都平原。西元前三一六年之後，物質文化的情況較複雜，本地原有的陪葬品仍然存在，但來自東邊楚地的物質文化減少。代之而起的是從北方秦而來的物品。[3] 此一時期正值成都平原政治與社會的變革期。秦征服巴、蜀後，歷經超過一世紀的統治，物質文化在此一時期逐漸轉變。不過，以成都平原為中心的物質文化，仍占據著一定的地位。[4]

孟露夏（Luisa Mengoni）研究指出，西元前五至二世紀，成都平原墓葬結構和陪葬品呈多樣性發展，顯示了各地的多種群體認同（貴族抑或軍官、士兵抑或移民）的表達方式。成都南郊的龍泉驛墓葬，年代大約在西元前三至二世紀，陪葬品有成都平原常見的青銅器和陶器、具有秦風格的漆器，和很少量的素面兵器。農具與日常生活用品或許反映了他們的生產活動，墓葬的形式與陝西部分相似，兵器的稀少則可能與他們移

3　胡川安，〈由成都平原看中國古代多元走向一統的過程〉（臺北：國立臺灣大學歷史學研究所碩士論文，2006），頁212-213。

4　Alain Thote, "The Archaeology of Eastern Sichuan at the End of the Bronze Age (5th to 3rd Century BC)," in *Ancient Sichuan: Treasures from a Lost Civilization,* ed. Robert Bagley (Princeton: Princeton University, 2000), pp. 203-252.

民的身分有關。[5] 上述的考古資料，與我們在第三章討論的歷史發展情況符合。

西漢中期以後，以成都平原為中心，墓葬習俗產生了轉變，主要是夫妻合葬。到了東漢，家族合葬墓大量產生，隨著新葬俗的出現，墓葬形制也跟著改變，原本的豎穴土坑墓轉變成橫穴墓，主要是為了方便兩次入葬或是家族的多次入葬習俗。漢代的墓葬自西漢中晚期之後，由於宗族制度的發展和大土地所有制的形成，新的社會結構形成，墓葬制度也開始產生變化，家族合葬的墓制產生，墓室當中的壁畫也在此一時期出現。[6] 邢義田認為，漢代墓室畫像的產生不只有滿足美術或是裝飾上的需求，而與道德勸誡和政治上的要求有關，[7] 不過邢義田討論的畫像主要集中在中原地區。

透過歷史文獻，我們可以得知四川的認同與中原地區不同，不過古代四川人對於死後世界的想像，是否也是如此呢？

5　孟露夏（Luisa Mengoni），〈西元前 5－2 世紀成都平原的社會認同與墓葬實踐〉，《南方民族考古》6（2010）：99-112；孟露夏，"Identity Formation in a Border Area: The cemeteries of Baoxing, western Sichuan (third century BCE-second century CE)," *Journal of Social Archaeology* 10:2 (2010): 198-229。

6　關於漢代墓葬結構的發展，參見 Wu Hung, *Monumentality in Early Chinese Art and Architecture* (Stanford: Stanford University Press, 1995): 126-136; 信立祥，《漢代畫像石綜合研究》（北京：文物出版社，2000）；黃曉芬，《漢墓的考古學研究》（長沙：嶽麓書社，2003）：90-93。Huang Yijun（黃義軍），"Chang'an's Funerary Culture and the Core Han Culture" in *Chang'an 26 BCE: An Augustan Age in China*, eds. Michael Nylan and Griet Vankeerberghen (Seattle: University of Washington Press, 2015):153-174。

7　邢義田，〈漢代壁畫的發展和壁畫墓〉，收錄在《畫為心聲：畫像石、畫像磚與壁畫》（北京：中華書局，2011），頁 9-27。

在回答這個問題前，讓我們先梳理脈絡，看漢代的墓葬藝術，究竟對當時的人有多重要呢？

從政治上的角度而言，美國密西根大學的包華石（Martin Powers）在《早期中國的藝術與政治表達》（*Art and Political Expression in Early China*）中指出：「從新石器時代晚期到漢代早期，藝術與等級制度緊密相連，製作材料的昂貴程度是擺在第一位，圖像內容則擺在第二位的；藝術地位與經濟地位相關，經濟地位與社會地位相關。西漢中期以後情況產生變化，不僅貴族可以擁有裝飾性傳統，任何有經濟實力有地位的人都可以擁有。」[8]

包華石從贊助者的角度研究漢代墓室的圖像資料，指出藝術和社會、政治的關係，漢代藝術除了宮廷中的皇室與貴族外，地方上的豪族、富商或是宦官都是藝術的贊助者。墓室中的畫像不只簡單反映墓主的思想，也體現其所代表的集團利益。

從新莽時期開始，統治者將儒學作為一種奪取政治利益的工具。到了東漢時期，儒家學者形成一個特殊的集團，他們對於社會的價值、文化都有一套自身的標準，並且將這套想法付諸於藝術表現。以武氏祠為例，在畫像的風格上較為簡約，追求古典主題和風格，強調對稱和秩序。從贊助者的角度而言，在碑文之中提到建立祠堂所花費的金額，可以使得墓主的門生故吏或是子孫後代獲得名聲，在儒家學者集團之中獲得認可，

8　Martin J. Powers, *Art and Political Expression in Early China* (New Haven:Yale University Press,1991).

進而達到出仕舉孝廉的目的。如果從儒生集團彼此之間的認可而言，代表他們對於彼此之間的行動有一種內在的認同，具有一定的政治觀點，認可彼此的社會地位和學術立場。[9] 漢墓及在祠堂所舉行的儀式，不只為了儀式本身而已，尚具有重要的政治與社會功能。

至於漢代遺留下的畫像資料為什麼可以作為「地方認同」的材料呢？邢義田先生指出，目前遺留下來的畫像資料從選擇題材、製作畫像到竣工，至少牽涉到墓主本人、墓主家屬、時代流行風尚和實際製作的石工等四個方面。[10] 一般而言，畫像石由專業的工匠刻畫，如果是畫像磚則由工匠燒製，有一些主題在很多地方流傳，在某一區域受到歡迎的畫像主題，多少可以看出當地人的喜好。

考古學家、藝術史家將漢代墓葬畫像流行的區域劃分為四大區和數小區，即是在墓葬的形制和畫像的選擇上理解到地區性的差異。[11] 在畫像的選擇上，牽涉到當地的贊助者與當地人的喜好，他們除了反映墓主本人生前的意願，也關係到墓主家

9　Martin J. Powers, *Art and Political Expression in Early China* (New Haven:Yale University Press,1991).

10　邢義田，〈漢碑、漢畫和石工的關係〉，《畫為心聲：畫像石、畫像磚與壁畫》（北京：中華書局，2011），頁 47-68。

11　就現有的資料而言，主要可以分為四大區：一是山東、蘇北、皖北、豫東區；二是豫南、鄂北區；三是陝北、晉西北區；四是四川、滇北區，四川主要集中在嘉陵江和岷江流域。參見信立祥，《漢代畫像石綜合研究》（北京：文物出版社，2000）；中國社會科學院考古研究所編，《中國考古學：秦漢卷》（北京：中國社會科學出版社，2010），頁 529。

族在受當地流行風尚影響下所做的選擇，反映他們如何透過石工提供的範本和服務，選定特定的主題。漢代的墓葬儀式與家族、當地社會的連結有關。[12] 投入建墓的勞動力，加上墓葬以及在祠堂舉辦的儀式，說明了墓葬是社會交流的場所。如果同一個區域看到特定的畫像選擇，而且主題彼此間有其內在有機的聯繫，就可以說明當地人的特定喜好與認同。[13]

我們再回來看看漢代四川的墓葬。西漢晚期到東漢，四川主要有兩種類型的墓葬：磚室墓與崖墓。畫像磚主要出現於磚室墓中，墓大多被盜，能夠了解完整畫像次序的磚室墓在四川並不多。磚室墓的墓葬結構與同一時期在山東和河南等發現的類似，只是較為簡單。崖墓主要出現在成都平原和重慶地區，在雲南的昭通地區和遵義地區也存在一些，成都平原又以樂山和彭山地區的崖墓數量最為龐大。

根據唐長壽和羅二虎的研究，帶有紀年的崖墓最早為西元六五年，墓葬可以粗略的區分為三個時期：一、西元一世紀中葉到二世紀中葉；二、二世紀中葉到西元一八〇年，為主要發展期；三、西元一八〇年到三世紀，為四川崖墓的繁盛時期。

以麻浩地區為例，墓葬的結構可以分為單室、雙室和多室三種類型，單室墓的結構為主室、甬道、棺室和耳室，一般在

---

12 Martin Powers, "Pictorial Art and Its Public in Early Imperial China," *Art History* 7.2 (1984):135-163.

13 Martin Powers, "Social Values and Aesthetic Choices in Han Dynasty Sichuan: Issues of Patronage," in *Stories from China's Past,* ed. Lucy Lim (San Francisco: The Chinese Culture Foundation of San Francisco, 1987), pp. 54-63.

十公尺以下；雙室墓則具備兩個
主室、甬道、耳室和棺室，在十
到二十公尺之間；[14] 多室墓由一個
前主室，兩個以上的後主室、甬
道、耳室和棺室構成，長度一般
超過二十公尺。在麻浩崖墓中有
相當多的石刻，可以分為建築雕
刻、石刻畫像和石刻題記，從建
築雕刻可以了解崖墓雖然鑿於岩
上，但墓室的整體結構為仿造生
前的居所，故雕刻為仿木結構的
柱、梁、椽、斗栱或闕；石刻畫
像的數量較多，在樂山崖墓中就
超過百幅，麻浩一號墓就超過三
十五幅。[15]

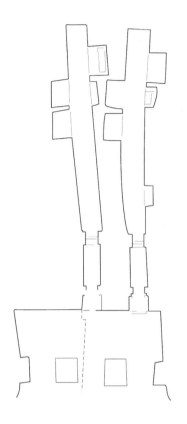

麻浩崖墓剖面圖。

關於四川崖墓的起源，早期
有的學者認為來自於中國以外或
是將之視為野蠻人的葬俗，招致
中國學者反駁。羅二虎認為，崖墓主要起源於中國境內，是受
到中原地區墓葬的影響，在四川因為地形環境的影響而做的改

14　唐長壽，〈四川樂山麻浩一號崖墓〉，《考古》2（1990）：111-115。
15　唐長壽，《樂山崖墓和彭山崖墓》（成都：電子科技大學出版社，1994），頁31-
　　40；羅二虎，〈四川崖墓的初步研究〉，《考古學報》2（1988）：141-144。

變，取代四川原有墓葬形式，並在東漢到六朝大量流行。[16] 羅森（Jessica Rawson）和埃里克森（Susan Erickson）都認為，四川崖墓最早的雛型在河北滿城的中山王劉勝墓。雖然中山王墓的形式與四川崖墓在構造上仍有不同，但很明顯的相似處，在於將墓葬構築為死後的居所。漢代人「事死如生」，墓葬布置得有如生前的空間，四川的漢代墓葬顯然也受到這樣影響。[17]

　　磚室墓與崖墓都受到四川商品化經濟影響。以成都平原為中心的主要流行磚室墓，磚上的畫像是趁泥胚未乾時用模子印成再加以燒製，然後施加色彩。按照考古學家的發掘，在不同的墓葬中發現完全相同的磚，應是從作坊中成批燒製的。畫像磚上的題材，顧客可以按照自己的喜好加以購買。崖墓的造法和磚室墓較不同，在四川境內分布的崖墓一般在丘陵上，經常是幾座或是幾十座的分布。一處的墓地方向一致，墓室結構也相同，排列相當整齊。羅二虎認為崖墓的安排和規畫應該是由專門的工匠在處理，同時墓室的開鑿需要一批專門從事造墓的工匠，這批工匠的收費按顧客的需求而不同。

　　由於四川大多數具有畫像的墓室都被盜，崖墓和磚室墓皆同，因此無法了解一座墓完整的出土脈絡，不過，由於四川的

---

16 羅二虎，〈四川崖墓的初步研究〉，《考古學報》2（1988）：141-144。

17 Jessica Rawson, "Tombs and Tomb Furnishings of the Eastern Han Period (AD 25-220)," in *Ancient Sichuan: Treasures from a Lost Civilization*, ed. Robert Bagley (Princeton: Princeton University, 2000), 253-262; Susan N. Erickson, "Eastern Han Dynasty Cliff Tombs of Santai Xian, Sichuan Province," *Journal of East Asian Archaeology* 5 (2006): 401-469.

墓室畫像已經商品化，類型和主題有很多相似之處，我們可以從四川各地所出土的不同畫像，透過主題加以分類，歸納其特質，觀察四川人對於哪些畫像具有特殊偏好，然後進一步的思考漢代四川人對天堂的想像和地方認同之間的關係。

漢代四川對天堂的想像

古代四川人如何透過圖像表現死後的世界，如何描繪天空、神祇？最近出版的《漢代對於天的想像和視覺轉化》（*Picturing Heaven in Early China*），曾藍瑩的方式乃是尋找畫像當中的慣例（convention），認為工匠必須借助慣例而來的「內隱性知識」（tacit knowledge）具象化天。[18] 漢代工匠借助的知識源於宇宙論、神話和天文學。工匠們借助這些知識而展現他們的才能，觀者也必須理解這些知識，才能知道圖像所呈現的世界，使得對於天的描繪成為一種社會交流。

在幅員廣大的漢帝國中，不同的地域、階層、時期或是宗教傳統，對於天都有不同的想像。研究漢畫的學者早已注意到四川西王母的不同風格，特別在造型、風格、畫像配置和圖像意義都與山東、河南出土的畫像大不相同。[19] 在四川留下的漢

18　Lillian Lan-ying Tseng, *Picturing Heaven in Early China* (Cambridge: Harvard University Press, 2011), pp. 1-15.

19　胡川安，〈評 *Picturing Heaven in Early China*〉，《九州學林》34（2014：9）：293-305。

代畫像中，對於天堂的想像是否與其他地方相同呢？墓葬畫像
的分類，[20] 讓我們可以了解四川人對死後生活的具體想像。半
個世紀前，馮漢驥在〈四川的畫像磚墓及畫像磚〉一文中，根
據畫面內容將之分為五類：[21]

1. 生產、勞動等畫像磚。其中包括播種、收割、舂米、
   釀造、鹽井、桑園、剝削階級的家庭勞動如庖廚等。
   是畫像磚中數量較多的一種。
2. 建築等畫像磚。這一類的磚比較少，畫像除庭園建築
   和室內布置外，主要為「闕觀」，不僅可以與四川現存
   的石闕做比較研究，亦可以與文獻記載相印證，是研
   究漢代建築少有的資料。
3. 描寫社會風俗等畫像磚。這一類的磚內容比較豐富，
   其中有市集、宴樂、遊戲、舞蹈、雜技，以及剝削階
   級的家庭生活等。
4. 車騎出行等畫像磚。
5. 神話畫像磚等。內容主要為西王母傳說。

隨著畫像磚發現的數量愈來愈多，後來的研究者在馮漢驥

---

20 墓葬的畫像不僅是畫像石與畫像磚兩種材料，還包含搖錢樹、銅牌飾等考古新發
   掘的材料。
21 馮漢驥，〈四川的畫像磚墓及畫像磚〉收錄在《馮漢驥考古學論文集》（北京：文
   物出版社，1985），頁 67。

的基礎上也做出不同的分類，劉志遠[22]、余德章[23]和高文[24]依據
畫面內容或分四類、或分六類，與馮漢驥當年依據的分類方式
大同小異。這樣的分類使研究者得以迅速了解四川畫像資料的
具體內容。然而，分類只存在於畫像內容的描述，卻無法知道
四川畫像背後整體的聯繫。在這樣紛雜的內容背後，四川的墓
葬畫像是否存在特定的心態，或是特殊的認同呢？

　　漢代四川畫像的研究者經常將墓葬畫像視為漢代社會的具
體反映，這樣的假設雖然不是全然有問題，但忽略了畫像本身
存在於墓葬當中的脈絡。羅二虎的研究就具體的說出上述畫像
分類的問題，認為墓葬中的畫像應該與當時人們的喪葬和儀式

---

22 劉志遠將四川漢代畫像磚的題材區分為六類：1. 郡縣制政治生活的側影，包括考
　績、寺門擊鼓、亭前迎謁和官吏出行等；2. 農業生活，包括蓐秧、農作、播種、
　收穫、釀酒和製鹽等；3. 城市、商業和水路交通，包括市井、酒肆、驛站、車
　馬、官闕和庭院等；4. 地方官吏的生活；5. 舞樂百戲的發展；6. 神話題材。參見
　劉志遠，《四川漢代畫像磚與漢代社會》（北京：文物出版社，1983）。
23 余德章將四川漢代畫像磚的題材區分為六類：1. 政治生活，包括考績、寺門擊
　鼓、闕前迎謁和官吏出行等；2. 勞動生產，包括蓐秧農作、播種收穫、採蓮採
　芋、採桑、釀酒和製鹽等；3. 市井商業交通，包括市井、車馬、雙闕、庭院和
　酒肆等；4. 社會習俗，包括宴飲、傳經、六博、鬥雞等；5. 舞樂百戲；6. 神話
　故事，包括西王母、伏羲女媧、羽人、日月星辰、仙人六博。參見余德章、劉文
　傑，〈試論四川漢代畫像磚的分布地區、刻塑技法及其史料價值〉，《考古與文
　物》5（1986）。
24 高文將四川崖墓畫像區分為四類：1. 反映社會現實生活，包括織布、釀酒、垂
　釣、狩獵、車輛運輸、水田耕作、人物故事、聚會、謁見、講經、車騎出行、武
　庫、庖廚、宴飲、切割、屠宰、百戲、樂舞、雜技、亭臺樓閣、倉庫、橋梁、
　闕、禽獸、魚、蟲等；2. 描繪歷史故事：荊軻刺秦王、孔子見老子、帝王將相、
　烈女、孝子；3. 圖畫祥瑞：神話故事、伏羲女媧、西王母、三足鳥、九尾狐；4.
　描繪自然景物：日月星雲、草、樹等。參見高文，〈四川漢代畫像石初探〉，《四
　川文物》4（1985）：4-8。

觀念有關。

在全面性的檢查四川的畫像資料之後，羅二虎認為石棺中普遍出現的畫像內容為當時流行的喪葬與死後世界的觀念，具體來說可以分為：一、仙境與昇仙；二、驅鬼鎮墓兩大類。對於四川畫像中所出現的社會生活題材，他認為具體的說明墓主期望將生前的財富和榮華富貴的生活帶入另一個世界，[25] 且不再單一的從畫面的內容作為分類的依據，而開始探索畫像石背後整體喪葬儀式的脈絡。趙殿增更進一步的以「天門」的主題，尋求畫像磚後的「指導思想」，整體的聯繫四川畫像背後的心態。[26] 他認為經「天門」升天成仙是四川漢代畫像磚畫面敘事的主要想法，而畫像當中的社會生活：生產、生活和風俗的畫面，主要為了使墓主人繼續享用，趙殿增認為就其墓主的想法來說，「仍是為了建造在天國中供墓主享用的理想環境，並非簡單直接地表現具體事物。」

由於四川包含成都平原與丘陵地帶，有些學者指出成都平原與丘陵地帶的差異，我不否認四川境內的差異，但就四川整體而言，可以看出四川畫像與其他地方有別，也就是四川境內的畫像彼此有共通性。四川人建構自己死後生活的場所，有些透過磚造的畫像石、有些透過丘陵地區的崖墓，也有些透過畫

---

25 羅二虎，《漢代畫像石棺研究》（成都：巴蜀書社，2002）：169。

26 關於「天門」的研究，請參見趙殿增，〈天門考——兼論四川漢畫像磚石的組合與主題〉，《四川文物》6（1990）：3-11；李衛星，〈對四川漢畫「天門」圖像考釋之我見〉，《四川文物》3（1994）：59-61。

像石棺和搖錢樹來呈現對天堂的想像。這些不同形式的畫像展現古代四川對於死亡的不同想像，有共同的特色。

接下來，我將透過兩個部分，具體地說明古代四川畫像的特色：

第一、由西王母所統治的仙界。在這個系統中包含西王母圖像和對仙界的描繪，由日、月、祥瑞等珍奇異獸所保護，也包含墓主升天成仙的過程。

第二、死後世界的描繪。四川人對天堂的想像是透過世俗的理想反映而成的，像是車馬出行、宴飲、雜技等人間世界的享樂，四川人也希望在死後的天堂享受到。

（一）西王母儀式

漢代的求仙風氣相當盛行，武帝熱烈地追求永生，關於祥瑞的知識和長生的討論因此在宮廷中傳播開來；聽信方士的武帝，透過太一神和封禪儀式，以及各式各樣的建築形式以追求長生。[27] 實際上，不只武帝，漢代的皇帝、上層階級和普遍信仰都追求長生。西王母在當時是掌握長生祕訣的神祇，進入西王母統治的國度，就是進入幸福快樂且不死的天堂。

西王母的信仰從何而來呢？

---

27 Michael Loewe, *Chinese Ideas of Life and Death: Faith, Myth and Reason in the Han Period (202 BC-AD 220)* (London: George Allen & Unwin Ltd., 1982), pp. 104-113; Joseph Needham *Science and Civilisation in China*, vol. 2 (Cambridge: Cambridge University Press, 1956), pp. 132-139.

　　最早在商代的甲骨卜辭中就有「西母」兩字，[28] 然而僅有一條證據，無法說明是否就是西王母；西周青銅器上則有「王母」，然而，唐蘭認為那是祖母之意。戰國以前的資料皆找不到確切的證據，直到《莊子》中將西王母與伏羲、黃帝並列，書名其特徵為長壽，並且說西王母的領地為「少廣」，人們對西王母的認識才比較清晰。描述西王母最多的是《山海經》，[29] 當代的學者認為此書可能是戰國初年到漢代時楚地和巴蜀地方的人所作。[30]《山海經》中對於西王母的描寫可以歸納為三項：其一，是半人半獸且掌管瘟疫和刑罰的凶神；其二，是半人半獸的神祇，但已經脫離了凶神的性質；其三，不是以獸形的姿態出現，而是憑几戴勝。從小南一郎和魯惟一的研究中都可以發現，《山海經》是不同時代編纂者所寫，上述對於西王母不同型態的描寫，也歷經了不同的時期。[31]

　　《穆天子傳》裡也有關於西王母的記載，[32] 不過書籍的真偽和成書的年代比較有爭議，[33] 現在的學者普遍同意此書的成書

---

28 陳夢家，〈古文字中之商周祭祀〉，《燕京學報》19（1936）：131-133。

29 小南一郎，〈西王母と七夕伝承〉，《東方学報》46（1974）：33-81。

30 楊靜剛，〈《山海經》的作者及時代及其與四川漢代畫像磚石上所見之西王母〉，《九州學林》6.2（2008：6）：2-55。

31 Michael Loewe, *Ways to Paradise: The Chinese Quest for Immortality* (London: George Allen and Unwin, 1979), pp. 89-92. 李淞，《論漢代藝術的西王母圖像》（長沙：湖南教育出版社，2000），頁18。

32 For an English introduction of *Mu Tianzi zhuan*, see Michael Loewe ed., *Early Chinese Texts: A Bibliographical Guide* (Berkeley: The Society for the Study of Early China, 1993), pp. 342-346.

33 楊善群，〈《穆天子傳》的真偽及其史料價值〉，《中華文史論叢》54（1995）：227-251；楊寬，〈《穆天子傳》真實來歷的探討〉，55（1996）：182-204。

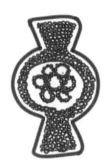

勝（左）；戴著勝的人（右）。

年代在戰國初期和中期。《山海經》中西王母穴居，而且虎齒
豹尾；《穆天子傳》的西王母則居住在西土，又和周穆王相互
贈物吟詩，也暗示了西王母掌握了長生不老的權力。值得注意
的一點是，後來提到西王母都會與崑崙山聯繫在一起，然而
《穆天子傳》中的西王母與崑崙山沒有關係。[34]

　　西漢文獻中的西王母主要出自《淮南子》和《史記》，出
現了以往沒有的情節，像是崑崙山與西王母之間的關係，還有
西王母與不死之藥的關聯。《史記》中對西王母的描述，最重
要的出現在〈司馬相如傳〉和〈大宛傳〉，[35] 出身四川的司馬相
如在〈大人賦〉中描述西王母皓然白首，戴勝而穴處，以三足
鳥為之使，且長生不老。〈大宛傳〉則描述了張騫出使西域時

的見聞,在極西的地方,可能是現今伊朗附近,有條支國,[36]
西王母居住在那裡。然而,東漢永元九年(西元九七年),甘
英出使大秦,[37]到了條支,卻沒有發現西王母,他們認為西王
母可能在更西邊的地方。西漢的揚雄,和司馬相如一樣四川出
身,也模仿了〈大人賦〉,作了一篇〈甘泉賦〉,在揚雄的描
寫中,西王母與弱水相關,長生不死且有兩位神女相伴,代替
了司馬相如的三足鳥。[38]

　　上述的文獻中,不管是司馬相如還是揚雄的賦,都無法看
到西王母作為一個神祇,如何受到民眾的膜拜與歡迎,無法得
知祂與當時民間信仰之間的關係。從《漢書》,我們則可以看
到漢哀帝時以西王母信仰為中心,發生了千萬民眾奔走的大規
模騷亂;當時從關東一直至京師,從正月一直至秋季,政府實
際上已經失控,其狂熱程度之驚人,說明了當時民間西王母崇
拜的深刻影響,已經足以策動變亂,掀起社會波瀾。

　　從文獻資料可以看出西王母信仰在漢代大量的流行,《漢
書‧哀帝紀》曰:

　　　　(建平)四年(西元前三年)春,大旱。關東民傳行西
　　　　王母籌,經歷郡國,西入關至京師。民又會聚祠西王母,

36　A. F. P. Hulsewé, *China in Central Asia* (Leiden: Brill, 1979), p. 24.
37　Edwin G. Pulleyblank, "The Roman Empire as Known to Han China," *Journal of the American Oriental Society*, 119, (1999:1): 71-79.
38　*HHS*, 88, 2918.

或夜持火上屋，擊鼓號呼相驚恐。[39]

《漢書・五行志》亦記此事，曰：

哀帝建平四年正月，民驚走，持稿或梀一枚，傳相付與，曰行詔籌。……經歷郡國二十六，至京師。其夏，京師郡國民聚會里巷仟佰，設（祭）張博具，歌舞祠西王母。[40]

巫鴻和魯惟一都認為這場群眾運動是有組織的宗教運動，民眾聚會祭祀西王母，並且有歌舞的活動，其中還提到了西王母祠。結合不同的文獻來看，西王母在西漢除了是掌握長壽祕訣的神祇以外，還是民間宗教的「救世主」，形象相當多元。[41]

從上述的文獻，我們可以歸納西王母在古典文獻中的特質為兩項：其一、神話愈來愈複雜，西王母神話添加了不少新的元素，像是崑崙山和東王公；[42] 其二、西王母司職的任務愈來愈多，而且祂也從凶惡的形象，變成了救苦救難、掌握長生妙法的救世主。[43] 至於西王母究竟起源於何處？不少學者傾向認

---

39 班固，《漢書》（北京：中華書局，1962），頁342。

40 班固，《漢書》，頁1476。

41 Michael Loewe, *Ways to Paradise: The Chinese Quest for Immortality* (London: George Allen and Unwin, 1979) 100; Wu Hung, *The Wu Liang Shrine: The Ideology of Early Chinese Pictorial Art* (Stanford: Stanford University Press, 1989), 128.

42 舉例來說：孫作雲，〈洛陽西漢卜千秋墓壁畫考釋〉，《文物》6（1977），頁17-22。

43 Michael Nylan, "The Legacies of the Chengdu Plain," *AC*, 318; 楊靜剛，〈《山海經》的作者及時代及其與四川漢代畫像磚石上所見之西王母〉，《九州學林》6.2（2008：6）：2-55。

為發源於四川，但也有發源於其他地方的說法。我們不排除西
王母起源於四川的可能，但是仍有待更確切的證據加以證明。
下一節，我們將從考古出土的畫像證據加以討論，說明西王母
在四川與中國其他地方，的確有很大的不同。

（二）西王母的考古證據

　　研究漢畫的學者早已注意到四川西王母的不同風格，特別
在造型、風格、畫像配置和圖像意義都與山東、河南所出土的
畫像大不相同。四川出土的西王母具有「獨尊」的地位，[44]正
坐於畫像中央，是眾神之首，與山東畫像中西王母屬眾神中的
其中一尊相較，地位完全不同。依據李淞的研究，四川西王母
圖像的特色在於：

1. 類別和形式豐富，在畫像磚、石棺、搖錢樹、石闕等
　 遺存上，都有西王母圖像，其中有幾類為四川地區所
　 獨具。
2. 多為西王母獨尊，少有西王母、東王公成對。[45]
3. 西王母多配以龍虎座。
4. 西王母幾乎都是左右對稱的正面角度，少有四分之三

---

44 李淞，《論漢代藝術中的西王母圖像》（長沙：湖南教育出版社，2000），頁 173-
　 215。
45 西王母和東王公在山東的呈現很明顯地受到了陰陽思想的影響。參見 Wu Hung,
　 The Wu Liang Shrine: The Ideology of Early Chinese Pictorial Art (Stanford: Stanford
　 University Press, 1989), pp. 108-141.

側面角度。

5. 時間基本在東漢，並主要靠近東漢後期，延至蜀漢。[46]

　　四川畫像中與西王母最有關係的就是「天門」，是區分人間世界與天堂的界線，死者穿過天門而進入西王母的世界。[47]四川的墓葬畫像中，天門的主題相當的明顯，死者必須完成旅程和穿越天門才能到達永生之地，死後世界的終點是西王母的聖地，而墓葬畫像中最能顯現跨過「天門」之後就是西王母領地的，就是銅牌飾了。

銅牌飾

　　一九八〇年代在四川一共發現了十四件銅牌飾（Bronze Plaque），都是從墓葬出土，而且都在巫山縣，銅牌飾可能是當地特殊的葬俗，放在木棺外面。十四件銅牌飾中有八件為圓形，其餘的有方形、長方形、柿蒂形等，銅牌飾的表面用細線鏨刻出人物、神獸、雲氣、雙闕和天門，結合鎏金的工藝技術和鏨刻，畫面相當清晰，而且富麗堂皇。圓形的銅牌飾畫面構成大同小異，直徑約二十三至二十八公分，可能存在著時代上的差異，但可以看出是在同一種信仰下產生的陪葬品，在中心

---

46 李淞，《論漢代藝術中的西王母圖像》，（長沙：湖南教育出版社，2000），頁172。

47 趙殿增，〈天門考──兼論四川漢畫像磚石的組合與主題〉，《四川文物》6（1990）：3-11。

有一圓孔，圖像的配置為以陰刻的細線勾勒出活潑且流暢的建築、雲氣、瑞獸的形象，於圖像之上鎏金。畫面中的建築為雙闕，雙闕之間的女性形象，頂上帶冠（學者普遍解釋為戴「勝」），[48] 端坐於畫面中央，其後刻畫繚繞的雲氣。從圖像的配置並參照四川的圖像脈絡，這畫面中的人物應為西王母。祂頭上書了「天門」二字。[49]

　　銅牌飾的發現讓我們知道四川人的死後世界是什麼樣子。他們相信過了天門之後就是西王母統治的世界，銅牌飾上刻的「天門」二字，則讓觀者知道這是區分生前與死後的界線。不過如果沒有文字，我們如何從畫面上得知古代四川人的來世呢？

「闕」

　　如果沒有「天門」字樣，我們還可以從銅牌飾中「天門」前的雙闕，來看古代四川人的死後世界。

　　什麼是「闕」？「闕」是漢代常見的建築物，主要是作為「權威的象徵」。目前留存下來的「闕」共二十八座，其中二十座在四川，[50] 都是墓葬設施的一部分。馮漢驥認為，漢代官員在兩千石以上的才能夠有闕，墓葬設施中的闕是墓主生前

---

48 關於「勝」的討論，參見曾布川寬，〈崑崙山と昇仙圖〉，《東方學報》51（1979）：158-163。

49 重慶巫山縣文物管理所和中國社會科學院考古研究所三峽工作隊，〈重慶巫山縣東漢鎏金銅牌飾的發現與研究〉，《考古》12（1998）：77-86。

50 劉增貴，〈漢代畫像闕的象徵意義〉，《中國史學》10（2000）：97-127。

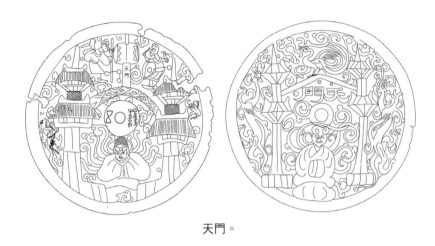

天門。

宅邸闕的表示。[51] 然而，唐長壽反對這樣的看法，認為四川在
兩千石以下的人物也有闕，而且墓葬的闕也不一定和墓主生前
的身分有關，[52] 四川的闕和中原地區的意涵並不同，墓闕在四
川很明顯的是區分生前與死後世界的象徵，和銅牌飾上的「天
門」用意相同，當墓主進入墓闕之後，也就象徵了進入西王母
的領土了。《四川漢代的石闕》一書中收錄的完整西王母圖像
有十闕，西王母位於闕的上半部中央的位置，可以說是最為
崇高的位置，也是信仰的中心。[53] 舉蘆山樊敏闕為例，它建於
東漢末期建安十年（西元二〇五年），為巴郡太守樊敏墓前的

---

51 陳明達，〈漢代的石闕〉，《文物》12（1961）：9-10；朱曉南，〈闕的類型及建
　　築形式〉，《四川文物》6（1992）：13-20。

52 唐長壽，〈漢代墓葬門闕考辨〉，《中原文物》3（1991）：67-74。

53 重慶市文化局和重慶市博物館編，《四川漢代石闕》（北京：文物出版社，1992）。

闕，墓葬的其他設施已經不見，雙闕也只剩左闕，其中的西王母圖像有雙翼、戴勝，坐於龍虎座之上，西王母四周沒有其他的圖像，更加彰顯了祂偶像的性質。[54]

關的功用在四川墓葬的圖像類似於「天門」，是區分生前與死後世界的分界線，通往天堂的道路必須通過天門或「闕」，進入西王母統治的仙界。除了「闕」，四川最多西王母圖像的其實是墓葬中的畫像磚，接下來，就讓我們看畫像磚如何呈現西王母。

畫像磚

四川的西王母圖像以畫像磚上的最多，流行區域主要在川西平原。[55] 關於四川畫像中的西王母，韓國的學者全虎兌和中國學者李淞都曾做過研究，出版的共有二十六幀畫像磚，所有的畫像磚中西王母都正面端坐，這是顯示其偶像地位的畫面配置，其中最清楚也最能表達西王母偶像地位的，是新繁縣一號漢墓所發現的西王母圖像（參閱卷首彩圖），[56] 此墓於一九五五年由考古學家馮漢驥主持發掘工作，墓室分為中室、東西側室和耳室，後面這三室的正壁中央都有西王母圖像，其左右為日與月，西王母坐於龍虎座上，左右為兩根弧形的華蓋支柱，

---

54 馮漢驥，〈四川的畫像磚墓與畫像磚〉收錄在《馮漢驥考古學論文集》（北京：文物出版社，1985）：65。

55 李淞，《論漢代藝術中的西王母圖像》，頁174-179。

56 四川省文物管理委員會，〈四川新繁清白鄉東漢畫像磚墓清理簡報〉，《文物參考資料》6（1956）：36-44。

上為華蓋，兩旁有祥雲繚繞，蟾蜍於下方起舞，左側有傳說中的三足鳥，玉兔手持靈芝跪於右側，其上還有九尾狐。畫像磚的下方是跪拜的祈禱者。[57]

石棺

畫像石棺是四川及周邊地區特有的墓葬方式，分布區域主要在四川和重慶地區。畫像石棺不會在有畫像的磚室墓和崖墓中出現，可見畫像石棺是用來替代磚室墓與崖墓中的畫像。[58] 雖然如此，畫像石棺與墓葬畫像在內容上還是有差異，畫像磚墓或是崖墓中的畫像，主要是希望在墓葬中的所有人都能進入天堂（合葬或是家族葬），畫像石棺則主要強調讓畫像石棺的葬者本人能進入天堂。

相較於磚室墓和崖墓的規模和所需的人力，畫像石棺所需的人力較少，由此也可以反映出磚室墓與畫像石棺的葬者之間，存在社會地位的差異。畫像石棺不像磚室墓中的畫像多為模製，已進入量產階段，而是按照個人的需求加以訂製。[59]

高文與高成剛編著的《中國畫像石棺藝術》，是迄今為止蒐羅漢代畫像石棺最為詳細的書籍，並且對石棺的畫像進行考證。[60] 我們可以發現西王母的形象普遍出現在畫像石棺上，主

---

57 于豪亮，〈幾塊畫像磚的說明〉，《考古通訊》4（1957）：106-109。

58 羅二虎，《漢代畫像石棺》，頁246。

59 Chen Xuan, *Eastern Han (AD 25-220) Tombs in Sichuan* (Oxford: Archaeopress, 2015), p. 84.

60 高文、高成剛，《中國畫像石棺藝術》（太原：山西人民出版社，1996）。

要有兩種配置：

第一、完整的呈現西王母的仙境，西王母在畫像石棺居於中央的部位，占據畫面較大的比例，端坐於龍虎座上，畫面左邊是三足鳥、九尾狐；右邊則是蟾蜍，還有吹奏樂器的音樂家，以彭縣崖墓出土的石棺為代表。

第二、較為簡略的勾勒西王母仙境的景象，像是四川郫縣所出土的石棺，[61] 西王母也居於正中，身上有羽翼，端坐於龍虎座上，身後則由三株樹構成華蓋，畫面中則是兩個仙人在下六博棋，[62] 其中一個仙人有羽翼。[63]

搖錢樹

搖錢樹是漢代中國西南出土的獨特器物，樹枝上裝飾有多種樣式的形象，最為特殊的即為樹枝上鑲嵌許多的錢幣，也是搖錢樹得名的理由。搖錢樹可能與三星堆的青銅樹之間有著四川本地的連結，惟需要更多材料才能證實。現在可以確定的是，其主要出土於四川的漢代墓葬，以成都平原最多，旁及貴州、陝南、甘肅和青海等地。目前所出土的搖錢樹共一百八十

61　羅二虎，《漢代畫像石棺》，頁21。

62　Yang Lien-sheng, "An Additional Note on the Ancient Game Liu-po," *Harvard Journal of Asiatic Studies* 15, nos. 1/2 (1952), pp. 138-139; Lillian Lan-ying Tseng, "Picturing Heaven: Image and Knowledge in Han China" (PhD diss., Harvard University, 2001), pp. 57-58; and Lillian Lan-ying Tseng, "Representation and Appropriation: Rethinking the TLV Mirror in Han China," *Early China* 29 (2004), pp. 186-191.

63　四川省博物館、郫縣文化館，〈四川郫縣東漢磚墓的石棺畫像〉，《考古》6（1979）：496。

四件，顯示它的普及性，但出土的幾乎都不完整，只有七件堪稱完好。

搖錢樹可以分為樹身和樹座兩個部分：樹身為青銅枝葉，其上鑄有畫像，一般為錢幣或是西王母圖像；樹座則為陶質，兩個部分相加的長度在一百二十公分到一百九十六公分之間。[64]

何志國和埃里克森（Susan Erickson）的研究顯示，搖錢樹的各組合部分（構件）都有模子，不同搖錢樹的構件很類似，所以可能有一個範本或是中心作坊。[65] 搖錢樹和畫像磚與崖墓相似，都是四川商品化的墓葬用具。搖錢樹看似龐大，但是從樹座到樹枝是由小的構件組成，便於搬運和組裝。消費者可以根據自己的喜好選擇西王母或是錢的圖案，按照不同的組合構成一株搖錢樹。

文獻中缺乏對搖錢樹的記載，但是從考古的脈絡中，我們首先可以確定搖錢樹都發現於墓葬中，其次則是搖錢樹表現的並非日常生活的景象，而是仙界或是天堂中的想像；再來，搖錢樹與西王母儀式之間有著密切的關係。

搖錢樹樹枝上的西王母呈現固定化的形象：西王母安坐於龍虎座之上，肩上附有羽翼，雙翼朝上支撐著華蓋。除了在搖錢樹的樹枝外，搖錢樹座上也發現西王母的圖像，舉例來說，在成都東漢墓出土的陶質搖錢樹座上的造型十分特殊，從

---

64 何志國，〈中國最大的搖錢樹及其內涵〉，《文物天地》2（1998）：45-48。

65 Susan Erickson, "Money Trees of the Eastern Han Dynasty," *Bulletin of the Museum of Far Eastern Antiquities* 66 (1994), figure 29.

陶質錢樹座。

其圖像來看，可以看出是成仙或是長生不老的過程。樹座通高六十‧五公分，本身呈現出山形，其上雕有不少的人物形象，由上至下共分為四層。最上層為山頂，西王母端坐於其上，侍女於身旁奉侍；中間一層立著兩人，其後為一門，應為天門。各層之間以捲雲分隔，雲應為仙境的表現，這個樹座透過搖錢樹座形象化昇仙的過程。[66] 搖錢樹的功能和畫像石棺與銅牌飾的功能類似，在出土畫像石棺與銅牌飾的墓葬中沒有墓室壁畫，他們取代了壁畫，出現在崖墓和磚室墓中，成為四川人死後世界的想像，他們透過搖錢樹，前往西王母的仙境。

　　西王母的圖像起源於何處？有中原說、印度傳來說、本土起源說三大類。在四川地區，西王母圖像特別受尊崇，尤為流行。四川西王母圖像有明顯的偶像特點，具體表現為正面、龍虎座、華蓋、天門幾個方面，組合在一起構成了西王母偶像的特色，巫鴻認為此乃受到佛教藝術的影響，他指出漢代西王母

66　王方，〈「錢樹座」側面觀〉，《成都文物》1（1987）：52, figure 2。

圖像的構圖方式是從情節式發展到偶像式的趨勢：情節式構圖是東周以來早期中國人物畫的法則，相對而言，偶像式構圖則是新的，並且在西元一世紀開始流行，這是因為受到佛教藝術傳入影響，四川西王母圖像因此呈偶像式構圖出現。持中原說的學者，認為西王母神像是受中原影響，而西王母的龍虎座則是受東漢章和二帝時期，從中亞而來的正面角度和雙翼形式的神像影響。也有人認為，西王母是從地中海世界而來，柯瑙爾（Elfriede R. Knauer）的研究指出，四川的西王母的信仰可能受到地中海世界的影響，特別是四川漢代畫像石所刻畫的「龍虎座」和西王母所戴的「勝」，柯瑙爾都在地中海世界找到原型，像是土耳其、希臘、中亞、印度等。[67]

　　然而，何志國認為西王母圖像應該源自四川，他認為上述說法依賴的證據都是依靠朝鮮出土的文物，上面記載著這是永平十二年（西元六九年）蜀郡西工製造的漆盤西王母正面形象，這也是最早有確切紀年的西王母圖像。雖說如此，從西漢中晚期到東漢初期在四川已發現的年代可靠、流傳有序的西王母圖像，祂們都是偶像式和正面的西王母形象，遠比佛教藝術和中亞藝術傳入中國的時間要早，可見西王母的圖像有可能是

---

67 Wu Hung, *The Wu Liang Shrine: The Ideology of Early Chinese Pictorial Art* (Stanford: Stanford University Press, 1989), pp. 108-141; Elfriede R. Knauer, "The Queen Mother of the West: A Study of the Influence of Western Prototypes on the Iconography of the Taoist Deity," in *Contact and Exchange in the Ancient World*, ed. Victor H. Mair (Honolulu: University of Hawaii Press, 2006), pp. 62-115；何志國，〈論四川漢代西王母圖像的起源〉，《中華文化論壇》2（2007）：27-32。

起源於四川本地。三星堆出土的青銅頭像、青銅面具都暗示了偶像式的崇拜在四川找得到源頭，我們所缺乏的是從三星堆到西王母圖像之間完整的聯繫，而這有待將來的發現。

四川的西王母圖像的地位是獨尊的，不與其他神祇並排或祭祀。而且，我們不只在漢代四川較大型的墓葬中發現西王母，在較小的墓葬裡也有發現，說明西王母在四川廣為流行，而且是非常庶民的信仰；相較於山東，西王母出現在較高階層的祠堂、與其他神祇並排，並非獨尊。[68] 可見在四川，西王母是主神，是四川人信仰的核心，是天堂的主宰。

天堂裡的生活

穿越天門之後，在西王母的天堂中，四川人如何構築他們對死後生活和對天堂的想像呢？

漢代的人想像的死後世界類似生前的組織，在此世界中的情景是生前的翻版。從漢代四川的畫像石來看，他們著眼於生活的世界、世俗的一切，在墓葬畫像中描述日常生活，四川人關注市井、農業、生產、煮鹽等日常生活常見的事物，也將他們喜歡的娛樂帶入另外一個世界，甚至也在天堂中再現兩性歡愉的場面，不同於當時中國其他地方。

---

68 Jean M. James, "An Iconographic Study of Xiwangmu during the Han Dynasty," *Artibus Asiae* 55 (1995): 17-41.

墓葬的畫像具體反映當地社會，在農業為本的漢代社會，四川漢代畫像磚也具體的描繪了當時的農業生產生活。余德章和劉文傑將農業生產的畫像磚分三類：其一，有關播種的畫像磚；其二，水稻栽培和收穫；其三，採蓮和採芋。舉例來說，從成都曾家包出土的兩座東漢畫像磚石墓來看，雖然兩墓遭盜，但畫像的配置仍然可見，以 M1 後室後壁畫像為例，具體展現濃厚的生活氛圍。後壁畫像可以分為上、中、下三個部分：上部的狩獵圖，右半部狩獵者在山中張弓射鹿，在天空有飛鳥，河流穿過其中；畫面中間有女子提水、牛車運糧和釀酒的過程；下半部則是各式各樣成群的家禽穿梭其間，使得悠閒的氣氛更加濃厚。

同樣的例子也在一九七二年於四川大邑安仁鄉出土的畫像磚可以見到。該畫像磚高三十九‧六公分、寬四十六‧六公分，畫面分為上下兩個部分，上半部右邊為蓮花池，池中蓮斗挺立，魚鴨優游於水中，大雁於空中翱翔；畫面下半部為收穫圖，畫面中的六人，一人挑擔提籃，三人俯身割穗，畫面右半部兩人在割草。呈現出農耕漁獵的景象，整體畫面在寫實中又呈現出生活的世界，具體而微的展現鄉村的耕作狀況。西元一世紀之後，四川大土地所有制所形成的莊園生活，四川人不僅想在生前能夠享用，死後也希望繼續過著這樣的生活。

（一）做愛的場面

除了對日常生活的描寫，四川墓葬畫像最特殊的在於繪製

思想與行為開放的一面。在一九七七年由四川省新都縣所徵集的十餘塊畫像磚當中，內容有搗米、釀酒、樂舞、雜技等，最特殊的兩塊為「桑間野合」，畫像磚長四十九・五公分、寬二十九公分、厚六公分。畫像磚當中為赤裸的三男一女，中間為頭梳高髻的女子仰臥於地，雙腿抬起，其採桑的竹籔翻倒於一

桑間野合畫像磚。

旁。女子繫衣的帶子解下後隨意扔在身旁，其中一名男子撲在她的身上，男子兩腿之間露出雄偉而堅挺的陽具，準備插入女性的生殖器官。

交合男女的身後有一個身材矮小的男子跪在地上，以雙手推著交合男子的臀部，生殖器也呈現勃起狀態。畫面的左方則是高大的桑樹和另外一個男子望著交合的場景，彷彿被興奮的景象感染，生殖器堅挺的勃起。在樹枝上掛著四人的衣服，四隻小鳥在枝枒上跳躍，兩隻猴子於一旁嬉戲。整體畫面歡欣喜悅而且氣氛和諧，人物沒有爭先恐後，歡愉且溫馨。

第二塊畫像磚則是第一塊的後續，兩幅為連環的畫面，原先交合的男子坐在樹下喘氣，矮小的男子疲倦地扶著樹幹，輪到原來畫面左方的男子交合，女子的雙腿似乎支撐太久，已經垂下。

由於這幅畫像磚本身的特殊性，不少學者嘗試從「生殖崇拜」或是道家的「房中術」加以解釋，葛兆光從道教過度儀的角度，認為屬於「房中術」、「合氣之術」屬於道教儀式中的養生或是神仙術的範疇，是信仰者必須經歷的一種「過度儀式」（rite of passage）。[69] 其他的學者則認為這屬於一種原始的性禮儀習俗、[70] 一種原始巫術或是士大夫階級的腐化生活。[71]

---

69 葛兆光，《屈服史及其他：六朝隋唐道教的思想史研究》（北京：三聯書店，2003），頁61。

70 高文，〈野合圖考〉，《四川文物》1（1995）：19-20。

71 陳雲洪，〈四川漢代高禖圖畫像磚初探〉，《四川文物》1（1995）：15-18；馮修齊，〈《桑間野合》畫像磚考釋〉，《四川文物》3（1995）：60-62。

　　如果我們了解畫像磚的生產過程，就可以知道：成都平原
的畫像磚在東漢時期由於商業發達，作為墓葬使用的畫像磚大
量的模式化與程式化，如同馮漢驥先生所言：「從已發現的畫
像磚來看──以成都區出土者為例──凡是同一題材的，都係
一模所製。」一個模可能製造出很多塊畫像磚，製模的題材顯
然要受到一定程度的歡迎，才符合商家的成本，由此可見這樣
的題材在當地並非驚世駭俗。除此之外，從畫面中愉悅、輕鬆
的氣氛來看，這並不像是舉辦儀式，不應將之視為宗教活動。
簡單來說，這兩塊畫像磚展現的就是男女之間的魚水之歡，而
且是多女一男的性關係。

　　親密的行為也展現在其他與西王母並列的畫像磚中，表示
四川人的死後生活居住在西王母的天堂中，同時也是愉悅、享
樂的世界。在四川榮經出土的漢代畫像磚中，畫面的中央有一
扇半開的門，女子站於門邊。畫面的左側為男女親密的畫像，
一般將之稱為「祕戲」，[72] 而右側則是西王母圖像。研究中國古
代房中術的專家金鵬程（Paul Goldin）認為，這幅圖與房中術
或是男女情愛有關。[73] 巫鴻則注意到這幅圖畫右側的西王母，
認為這與道教的「房中術」或是「生殖崇拜」有關。除了榮經
的親密畫像之外，彭山出土的崖墓中也可以見到西王母與「祕

72　Lucy Lim, ed. *Stories from China's Past* (San Francisco: The Chinese Culture Foundation of San Francisco, 1987), p. 128.

73　Paul R. Goldin, "The Motif of the Woman in the Doorway and Related Imagery in Traditional Chinese Funerary Art," *Journal of the American Oriental Society* 121 (2001) : 539-548.

戲」之間的關係。西王母象徵的是仙境，這些親密的場景顯示
四川人死後也想繼續享受人間性愛的歡愉。

（二）重建漢代四川的天堂想像

　　從上面的討論，我們可以知道西王母在四川人天堂想像中
的重要性。由於大部分具有墓室畫像和陪葬器物的墓葬都被偷
盜，我們很難了解一座墓的畫像敘事，而昭覺寺的墓葬畫像，
可以讓我們更加明瞭四川人的死後世界觀。

　　一般漢墓的研究者都選擇成都羊子山十號墓，然而為什麼
我要選擇昭覺寺的墓來分析呢？因為我認為昭覺寺的畫像磚墓
配置和羊子山基本相同，只是羊子山的畫像磚有所欠缺，沒有
像昭覺的如此清楚。[74]

　　成都市北郊昭覺寺出土的畫像磚墓保存良好，提供了很好
的例子。墓室的前室南北兩壁各有十枚畫像磚；後室有三枚嵌
入的畫像磚。從墓門開始的畫像分別是：南壁一系列的車馬出
行圖，展示了墓主夫婦前往另一個世界的排場，有前導車、斧
車、吹奏樂器的騎士、主車過橋。南壁的畫面是墓主的魂渡往
仙界的出行圖，行列的最後方，在馬車上的人物是行列的主
人，也就是墓主。從南壁離開後，墓主一行人到墓門附近右
轉，之後向北壁行進，一行人的目的地是北壁中央。北壁則展
示了墓主人進入仙界的想像，象徵天門的雙闕，還有前導車，

74　劉志遠，〈成都昭覺寺漢畫像磚墓〉，《考古》，1984：1。

接著賓主相見和宴會，之後還有弋射收穫和製鹽場。進入雙闕後代表進入仙界，之後有雜技和樂舞歡迎墓主夫婦，他們享受著豐衣足食的生活。天堂中有宴會的場合，也有莊園中的生活，像是收割、製鹽的畫面，讓墓主人死後的生活無虞。在仙界保護墓主的，就是後室後壁正中央的西王母。接受宴飲之後的墓主謁見西王母，兩側有日神和月神，玉兔和九尾狐等神的使者，墓主夫妻向安坐在龍虎座上的西王母跪拜以祈求長生。

　　上面的例子告訴我們四川墓葬畫像的信仰內涵。畫像石棺、銅牌飾、搖錢樹的畫像敘事，基本上類似畫像磚墓，只是因為畫像石棺的畫面配置較小，有些部分加以簡化，但是背後共享的儀式背景則相似。丘陵地區的崖墓也是如此，在陳軒出版的研究中，已經指出崖墓與磚室墓具有共同儀式背景。

　　漢代的四川，在墓葬畫像上展現了以西王母為中心的信仰，構築出的天堂與四川的莊園類似。四川人死後生活在西王母的仙界中，期望將生前的世界帶往死後的生活。如果只看四川的儀式，我們無法了解四川在漢帝國中的特殊性，只有比較其他地方的墓室壁畫，才可以看出他們的地方認同。

小結

　　漢代人認為死後世界和今世之間沒有什麼差別，我認為四川人也受到了這樣的影響，但這並不代表他們被「漢化」了。

　　墓室壁畫與社會和政治有關，漢代藝術除了宮廷之中的皇

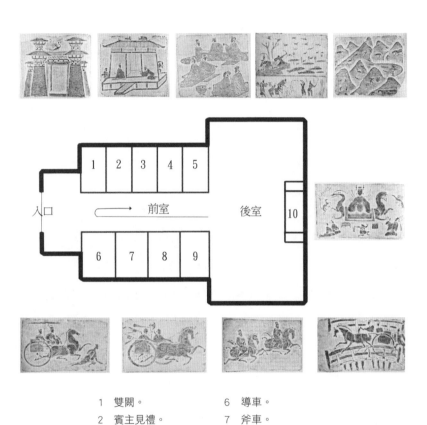

1　雙闕。
2　賓主見禮。
3　宴會。
4　弋射。
5　製鹽。

6　導車。
7　斧車。
8　騎吏。
9　主車過橋。
10　西王母。

昭覺寺畫像磚與墓室結構。

室與貴族外，地方上的豪族、富商或是宦官都是藝術的贊助者。墓室中的畫像不只簡單地反映墓主的思想，也體現其代表的集團利益。以山東的武氏祠為例，整體畫像風格簡約，崇尚古典的主題和風格，並且強調對稱和秩序。如此的風格比較符合儒生集團的品味，容易獲得儒生們的認可與讚賞。

　　四川人並不在乎中原地區的看法。從相關的研究當中，我們看到了四川的知識分子只在乎本地事務，這展現在他們特殊的學術傾向上，顯示出他們有強烈的地方意識和集體認同。

　　不僅在生前展現出強烈的地方意識，四川人對死後世界中天堂的想像也與中原不同。從上述的討論我們可知，西王母信仰在四川大規模流行，而畫像資料顯示，不同地方的人對西王母的想像也不同。在山東，蔣英炬和吳文祺復原的武氏祠，使我們對祠堂圖像的完整配置能夠有整體的認識，在他們復原的三個石祠之中，西王母與東王公成對出現。東王公並未在漢代及其以前的文獻中出現過，應該是符合山東陰陽思想而創造出來的神祇。在四川，西王母是信仰的中心，是無可取代的神祇，是天國世界唯一的主宰，在祂的仙境中，人們可以享受美好的生活。

　　從我們對漢代社會和文化的認識來說，東漢社會由於獨尊儒術，除了在國家支配的層面外，社會風氣也逐漸重視儒家的道德觀念，男女之間的界線已日趨嚴格。中原地區的壁畫反映的是忠臣、賢婦、孝子的儒家道德勸誡，呈現的主要為道德訓誡、三綱五常和烈士貞女的觀念。在山東和南陽的畫像，強調

歷史故事和儒家傳統，與儒家意識形態較為相近。至於四川的墓葬，則較為缺乏歷史故事與儒家傳統的畫像，且有大量日常生活的場景。

四川以外的漢代畫像，大部分都是聞名於當時的歷史故事場景或是人物。舉例而言，武梁祠畫像的陳列，就很明顯地讓人浸淫在儒家的思想與道德情境中。如同包華石（Martin Powers）觀察到的，四川墓室壁畫只能辨認出三種歷史場景，四川觀眾對山東聞名的歷史場景沒有太大興趣。儒家的畫像，像是孔子或是與儒家思想有關的圖像，在四川相對簡化。四川畫像呈現的是不同的世界，不但大量描繪日常生活種種，也不重視古賢烈士、忠臣孝子的想法，更為關心日常生活的活動，並希望人死後能享有愉悅的性生活。或許也可以說，成都平原的男女之防與道德界線，比起儒家思想濃厚的山東來說，較為開放。

總結來說，漢代的四川人對死後世界的想像和地方認同與中原不同。巫鴻的〈地域考古與對「五斗米道」美術傳統的重構〉認為，五斗米道早期具有強烈的地域性格，透過四川和陝南的物質文化以重建五斗米道的美術傳統。[75] 巫鴻對漢代四川強烈地域性格的認識是正確的，但是四川物質文化的地域認同並非存在於五斗米道的脈絡裡，而應該將其放在四川本身的地

---

75 巫鴻，〈地域考古與對「五斗米道」美術傳統的重構〉，《禮儀中的美術》（北京：三聯書店，2005），頁502-503。

方脈絡與認同之中，這個脈絡包含四川從三星堆以來的物質文化傳統。

　　三星堆出土的六件青銅樹中，最高的一號神樹高達三‧九五公尺，[76] 很明顯是漢代搖錢樹的前身。從這樣考古的證據可推知，四川的地方傳統結合中原的文化，創造出有別於其他地方的地域傳統。

---

76 四川省文物考古研究所，《三星堆祭祀坑》（北京：文物出版社，1999）；趙殿增、袁曙光，〈從「神樹」到「錢樹」──兼談「樹崇拜」觀念的發展與演變〉，《四川文物》3（2001）：3-12。

結論

　　清末以來，民族國家成為一個國家現代化的重要標誌。知
識分子們開始重寫民族國家觀點下的中國史，梁啟超第一個用
啟蒙的歷史敘述寫作中國歷史，他以西方從中世紀獲得解放的
歷史為樣板，在中國的歷史中複製出了古代、中世紀和現代三
個歷史時期，這種三段式的劃分法廣為中國的史學家所接受。
然而，杜贊奇（Prasenjit Duara）的研究強烈的批評這種歷史
敘述，他將關注點放在民族史的敘述方式，以及為了塑造這種
歷史敘述而利用以及散失的過去，以便達到「一種進步的、啟
蒙的民族主體的目的而採用的方式」。[1]

　　我們可以將民族主義的歷史敘述簡略的劃分為：遙遠的古
代是創造民族與文化的時代，同時是民族最純潔的本源所在，
中國歷史裡的先秦和兩漢文化的形成，繁盛且光榮。然而，中
世紀是衰退期，內亂和外族入侵破壞了這種純潔，但仍有民族

1　Prasenjit Duara, *Rescuing History from the Nation: Questioning Narratives of Modern China* (Chicago: University of Chicago Press, 1995).

文化的核心堅守保留下來，例如魏晉時期的大動盪也有東晉這樣的漢人政權堅守江東。而現代則是再生的時代，我們需要彌補中世紀的斷裂，與過去的歷史連接上。也就是說，要和中世紀的混亂做切割，我們繼承的是古代先賢的傳統與歷史，以實現「中華民族的偉大復興」。這種線性的中國歷史是為了說明中華民族自古以來的一貫性，以說明在中國建立民族國家的合法性，以免中國被視為一個被世界列強瓜分的領土，而不是一個連續的民族主體。

　　然而這種歷史的敘述真的合理嗎？歷史真的是這麼單線條的向前發展的嗎？它是否掩蓋了歷史的多元？杜贊奇批評了這種歷史敘述結構中預設了現代化的烏托邦理想，把追求民族國家的獨立作為唯一的目標，扼殺了多元的歷史記憶和表達。近來的歷史研究，也強化／證實了杜贊奇的研究，像是《湖南人與現代中國》一書，裴士鋒（Stephen Platt）指出湖南人地方認同的重要性，他們有共同的歷史，並且在清末民初的時候展現獨立的民族主義認同。湖南民族主義強盛的時候主張該擺脫中國的束縛，建立自己的國家；弱的時候則與中國人一起。然而，在現代以中國民族建構的歷史敘事中，這種角度根本不存在。事實上，不只近代的歷史敘述是如此，早期中國也是。如果拋開民族敘事下的歷史觀點，早期中華帝國的歷史應該從何談起？我認為必須先了解早期秦漢帝國的本質與殖民主義間的關係。

　　殖民主義不僅是現代歷史的現象，在古代帝國也適用。殖

民主義用來研究早期中國的歷史，對於歷史的理解會更深刻嗎？透過本書的證據，答案是肯定的，這個概念將讓我們理解早期中國在帝國建立過程中所忽略的多元文化，由成都平原所發展起來的古代四川文明被秦漢帝國的強勢文化所掩蓋，進而喪失歷史的記憶與主體性。司馬錯與張儀在爭執東出抑或南進之時，將成都平原視為「戎狄之長」的蠻人。秦國在戰國中、晚期之後，由於變法圖強成功，謀統一東方六國。然而，秦國雖強，卻無法以一敵多。尋求一個廣大的腹地以增加自身的後援基礎，打破七雄在政治、經濟與軍事的均勢狀態，即為秦國統一天下的關鍵，成都平原成為秦國的最佳選擇。成都平原在秦漢帝國形成的過程當中是至關重要的。秦國透過軍事的征伐，取得了當地的統治權。秦在成都平原的政策，經過不斷的學習，由間接的羈縻至直接的統治，改造當地的社會結構。另外，由於秦國的直接統治，對於當地的資源能夠徹底的利用，改變了七雄之間僵持不下的態勢。當秦國能善用成都平原的戰略位置、林礦資源、米糧物資等，統一天下即指日可待。相同的情況也發生在秦漢之際的成都平原。劉邦入蜀後，取得了當地的資源，再反攻關中，取得了戰國晚期秦國統一天下前的情勢。從歷史的發展而言，秦與西漢的建立過程即在於有一個強大的後援基礎與優勢的戰略地位，提供其帝國建立過程當中的相關資源。

　　古代四川被殖民的歷史就是多元走向一統的最好例子，「多元」是指文化與社會認同上的異質性；趨同的「一統」則

是透過政治上的力量強制性的過程。我在闡釋古代四川從多元走向一統的過程當中，也從中觀察中國古代文明的形成。邊緣、側面的思考將使我們對於核心的內涵有更清楚的認識。古代四川可以作為觀察中國古代文明形成的一個側面，由此可以較為清楚的了解「中原中心」、「中國」與秦漢帝國的形成過程。中原國家的擴張以「文明化政策」將自身的宇宙觀與價值體系透過行政與教化系統灌輸於周邊，周邊在中原國家尚未統治前，處於「黑暗」的蠻荒狀態中。當統治者面對不同而且相異的社會時，需要有一套新的理論加以規範各式各樣不同的關係。除了相關的行政組織與法律條文，尚需將各地的思想、風俗、宗教與習慣作為國家所控制與整飭的對象。

　　殖民主義視野下的歷史研究除了要說明古代帝國的政治控制和經濟剝削，也要賦予這些被殖民者主體性——了解「沒有歷史的人」，被殖民者在歷史過程中，如何展現自身的認同，看他們在殖民的情境下如何展現出身的積極性。秦漢帝國不僅有輝煌燦爛的文明，也有黑暗、強迫和暴力的面向。被統治者與被殖民者除了起義反抗，面對帝國的權力，他們尚會尋求其他方式，採取妥協、溝通甚至透過改造帝國中心而來的文化以展現自身的主體性。

　　在本書中，我透過四川人的抗爭、墓葬中的畫像資料和地方知識分子群體等幾個方面說明地方認同不只存在地方的脈絡之中而已，地方認同與當時所流行的文化相互交流、影響而創造出一種新的文化。另一方面，秦漢的殖民主義也非從中心輻

射出來的同質性力量，它是一個動態的過程，在面對不同的被統治者於被殖民者時，會改變、妥協並且與地方的族群合作。故秦漢帝國轄下的不同省分，其文化的歧異性相當的高，也沒有一致性的認同，每個地方的文化與中心的文化形成獨特的混合體。

從新石器時代到秦漢帝國統治下的巴蜀地方文化，具體而微的說明「成為華夏」的過程，同時說明了一個古文明的滅亡與歷史記憶的喪失。「三星堆文化」經常被認為是外星人的文明，在於後來歷史知識的建立過程中，這段記憶被抹除。歷史學家的任務之一，如同卡洛・金茲伯格（Carlo Ginzburg）所說的：「我們對死者有義務。」用不同的理論加以思考古代中國文明的形成，我們看到了一段「沒有歷史的人」，他們的歷史被抹除的過程。

省略語表

AS   *Ancient Sichuan: Treasures from a Lost Civilization*

BDLHTK   *A Biographical Dictionary of Later Han to the Three Kingdoms (23-220 AD)*

CHAC   *Cambridge History of Ancient China: From the Origins of Civilization to 221 BC*

SJ   Shi ji   史記

HS   *Han shu*   漢書

HHS   *Hou Han shu*   後漢書

HYGZ   *Huayang guozhi jiaobu tuzhu*   華陽國志校補圖註

KG   *Kaogu*   考古

SW   *Sichuan wenwu*   四川文物

TP   T'oung Pao

SYSJK   *Zhongyang yanjiu yuan lishi yuyan yanjiusuo jikan*   中央研究院歷史語言研究所集刊

QHW　*Quan shanggu sandai Qin Han Sanguo Liuchao wen*
全上古三代秦漢三國六朝文

SBCK　*Sibu congkan*　四部叢刊

SJS　*Shangjun shu*　商君書

WW　*Wenwu*　文物

ZGC　*Zhanguoce*　戰國策

參考書目

一、古代典籍

《春秋左傳注》（北京：中華書局，1981）。

《讀史方輿紀要》（北京：中華書局，2005）。

《韓非子校釋》陳啟天，（臺北：臺灣商務印書館，1969）。

《漢書》（北京：中華書局，1962）。

《後漢書》范曄，（北京：中華書局，2003）。

《華陽國志校補圖註》任乃強，（上海：上海古籍出版社，1987）。

《全上古三代秦漢三國六朝文》（北京：中華書局，1958）。

《隸釋》（北京：中華書局，1985）。

《論衡校釋》（北京：中華書局，1988）。

《孟子正義》（北京：中華書局，1987）。

《三國志》（北京：中華書局，1997）。

《商君書》（北京：中華書局，2009）。

《史記》（北京：中華書局，2002）。

《通典》（北京：中華書局，1988）。

《通鑑綱目》（北京：中華書局，1983）。

《荀子》（北京：中華書局，1989）。

《四部叢刊》（上海：商務印書館，1934）。

《戰國策》（北京：中華書局，1988）。

二、中、日文參考文獻

大川裕子，〈秦の蜀開発と都江堰──川西平原扇状地と都
　　市・水利〉，《史学雑誌》111.9（2002：9）：1439-1466。

＿＿，〈水利開発よりみる秦漢時代の四川盆地──扇状地と
　　丘陵地の比較から〉，《中国水利史研究》32（2004）：
　　1-14。

小南一郎，〈西王母と七夕伝承〉，《東方学報》46（1974）：
　　33-81。

于豪亮，〈幾塊畫像磚的說明〉，《考古通訊》4（1957）：106-
　　109。

川勝義雄，《六朝貴族制社会の研究》（東京：岩波書店，1982）。

中林史朗，〈東漢時代に於ける益州について〉，《大東文化大学漢学会誌》1978（3）：51-85。

中國畫像石全集編輯委員會編，《中國畫像石全集第七集 四川漢畫像石》（濟南：山東美術出版社，2000）。

中國畫像磚全集編輯委員會編，《中國畫像磚全集：四川漢畫像磚》（成都：四川美術出版社，2006）。

中國青銅器全集編輯委員會編，《中國青銅器全集（第1卷）夏商》（北京：文物出版社，1996）。

久村因，〈秦漢時代の入蜀路に就いて〉（上），《東洋学報》38.2（1955：9）：54-84。

＿＿＿，〈楚・秦の漢中郡に就いて〉，《史学雑誌》65：9（1956：9）：46-61。

王方，〈「錢樹座」側面觀〉，《成都文物》1（1987）：52。

王瑰，〈漢興一百年蜀地民眾國家認同的發展和深化〉，《成都大學學報（社科版）》2012（6）：30-36。

王健文，〈帝國秩序與族群想像——帝制中國初期的華夏意識〉，《新史學》16.4（2005：12）：195-220。

＿＿＿，〈整齊鄉俗與鬼神世界的統一——帝制中國初期的信仰

秩序〉，《成大歷史學報》39（2010：12）：1-40。

王家祐，〈記四川彭縣竹瓦街出土的銅器〉，《文物》1961（11）：28-30。

王吉林，〈試論雲南爨氏之興起及其在南北朝的發展〉，《大陸雜誌》47.1（1973）：37-39。

王明珂，《華夏邊緣：歷史記憶與族群認同》（臺北：允晨文化，1997）。

＿＿＿，〈論攀附：近代炎黃子孫國族建構的古代基礎〉，《中央研究院歷史語言研究所集刊》73.3（2002：9）：596-597。

＿＿＿，《羌在漢藏之間：一個華夏邊緣的歷史人類學研究》（臺北：聯經出版，2003）。

＿＿＿，〈「驚人考古發現」的歷史知識考古——兼論歷史敘事中的結構與符號《中央研究院歷史語言研究所集刊》76.4（2005：12）：569-624。

＿＿＿，《英雄祖先與弟兄民族：根基歷史的文本與情境》（臺北：允晨文化，2006）。

＿＿＿，《游牧者的抉擇：面對漢帝國的北亞游牧部族》（臺北：聯經出版，2008）。

王銘銘，〈士、文章與大一統——從《史記·司馬相如列傳》看人生史〉，收錄於氏著，《人生史與人類學》（北京：三聯書店，2010），頁236-339。

王萍，〈嚴遵、揚雄的道家思想〉，《山東大學學報》1（2001）：
　　72-77。

王雪農、劉建民，《半兩錢研究與發現》（北京：中華書局，
　　2005）。

王青，《揚雄評傳》（南京：南京大學出版社，2000）。

王毅，〈從考古材料看盆西平原治水的起源和發展〉收錄於羅
　　開玉編，《華西考古研究》（成都：成都出版社，1991），
　　頁146-171。

王毅、蔣成，〈成都平原早期城址的發現與初步研究〉收錄於
　　嚴文明和安田喜憲編，《稻作、陶器和都市的起源》（北
　　京：文物出版社，2000）。

王子今，〈秦兼併蜀地的意義與蜀人對秦文化的認同〉，《四
　　川師範大學學報》2（1998）：111-119。

＿＿，〈秦統一原因的技術層面考察〉《社會科學戰線》9
　　（2009）：150-169。

方國瑜，《滇史論叢》（第一輯）（上海：上海人民出版社，
　　1982）。

巴家云，〈漢代四川農業方面幾個問題的探討〉，《四川文物》
　　6（1988）：13-18.

北京大學考古文博院、成都市文物考古研究所，《金沙淘珍》
　　（北京：科學出版社，2002）。

甘懷真，〈秦漢的天下政體：以郊祀禮改革為中心〉，《新史學》16.4（2005：12）：13-56。

＿＿＿，〈漢唐間的京城社會與士大夫文化〉，收錄於邱仲麟編，《中國史新論・生活與文化分冊》（臺北：聯經出版，2013），頁165-198。

古賀登，《四川と長江文明》（東京：東方書店，2003）。

四川大學歷史系編，《中國西南的古代交通與文化》（成都：四川大學出版社，1994）。

四川灌縣文教局，〈都江堰出土東漢李冰像〉，《文物》7（1974）：13-18。

四川省文物管理委員會，〈成都羊子山土臺遺址清理報告〉，《考古學報》4（1957）：1-20。

四川省博物館、重慶市博物館、涪陵縣文化館，〈四川涪陵地區小田溪戰國土坑墓清理簡報〉，《文物》5（1974）：61-65。

四川省博物館、彭縣文化館，〈四川彭縣西周窖藏銅器〉，《考古》6（1981）：496-499。

四川省博物館、郫縣文化館，〈四川郫縣東漢磚墓的石棺畫像〉，《考古》6（1979）：490-496。

四川省博物館、青川縣文化館，〈青川縣出土秦更修田律木牘——四川青川縣戰國墓發掘簡報〉，《文物》1（1982）：

1-21。

四川省文管會、茂縣文化館，〈四川茂汶羌族自治縣石棺葬發掘報告〉，《文物資料叢刊》7（1983）：38-43。

四川省文物考古研究所編，《三星堆祭祀坑》（北京：文物出版社，1999）。

四川省文物管理委員會，〈四川新繁清白鄉東漢畫像磚墓清理簡報〉，《文物參考資料》1956.6：36-44。

四川省文物考古研究所、綿陽市博物館、三臺縣文物管理所編，《三臺郪江崖墓》（北京：文物出版社，2007）。

史念海，〈古代的關中〉收錄於《河山集：中國史地論稿》（臺北：弘文館，1986），頁63-95。

＿＿＿，〈秦嶺巴山間在歷史上的軍事活動及其戰地〉收錄於《河山集》（第四卷）（西安：陝西師範大學出版社，1991），頁121-152。

成都平原國際考古調查隊，〈成都平原區域考古調查〉，《南方民族考古》6（2010）：255-278。

成都市文物考古研究所，〈成都天府廣場東御街漢代石碑發掘簡報〉，《南方民族考古》8（2012）：1-8。

成都市文物考古隊、都江堰市文物局，〈四川都江堰市芒城遺址調查與試掘〉，《考古》1999（7）：14-27。

成都市文物考古隊、郫縣博物館，〈四川省郫縣古城遺址調查與試掘〉，《文物》2001（3）：52-68。

成都市文物考古工作隊、四川聯合大學歷史系考古教研室、溫江縣文管所，〈四川省溫江縣魚鳧村遺址的調查與試掘〉，《文物》1998（12）：38-56。

成都市文物考古研究所、四川大學歷史系考古教研室、早稻田大學長江流域文化研究所，《寶墩遺址》（東京：APR，2000）。

江西省文物考古研究所、江西省博物館、新淦縣博物館，《新淦商代大墓》（北京：文物出版社，1997）。

江玉祥，《古代西南絲綢之路研究》（第一卷）（成都：四川大學出版社，1990）。

江章華，〈巴蜀地區的移民墓研究〉，《四川文物》1（1996）：12-18。

＿＿＿，〈試論鄂西地區商周時期考古學文化的變遷——兼談早期巴文化〉，《考古》11（2004）：1037-1042。

江章華、李明斌，《古國尋蹤——三星堆文化的興起及其影響》（成都：巴蜀書社，2002）。

后曉榮，《秦代政區地理》（北京：社會科學文獻出版社，2009）。

西嶋定生，《中国古代帝国の形成と構造：二十等爵制の研究

（東京：東京大學出版會，1961）。

西江清高，《扶桑與若木：日本學者對三星堆文明的新認識》（成都：巴蜀書社，2002）。

朱萍，《楚文化的西漸─楚國經營西部的考古學觀察》（成都：巴蜀書社，2010）。

朱曉南，〈闕的類型及建築形式〉，《四川文物》6（1992）：13-20。

朱希祖，〈蜀王本紀考〉，《說文月刊》3.7（1942）：117-120。

朱章義、張擎、王方，〈成都金沙遺址的發現、發掘與意義〉，《四川文物》2（2002）：3-10。

杜正勝，《周代城邦》（臺北：聯經出版，1979）。

＿＿＿，〈傳統家族試論〉，《大陸雜誌》65.2（1982）：7-34。

＿＿＿，《編戶齊民》（臺北：聯經出版，1990）。

谷霽光，〈戰國秦漢間重農輕商之理論與實際〉，《中國社會經濟史集刊》7：1（1944：6）：9-11。

林巳奈夫，〈後漢時代の車馬行列〉，《東洋学報》37（1966），頁183-226。

＿＿＿，〈試論三星堆一、二號坑出土的璋〉收錄於西江清高編，《扶桑與若木─日本學者對三星堆文明的新認識》（成都：巴蜀書社，2002），頁100-123。

林聰舜，《漢代儒學別裁：帝國意識形態的形成與發展》（臺北：臺大出版中心，2013）。

林向，〈羊子山建築遺址新考〉，《四川文物》5（1988）：3-8。

周長山，《漢代城市研究》（北京：人民出版社，2001）。

周光倬、仇良虎，〈兩漢太學生考〉，《史地學報》3.1（1924）：75-104。

阿部信幸，〈論漢朝的「統治階級」──以西漢時期的變遷為中心〉，《臺大東亞文化研究》1（2012）：1-32。

何汝泉，〈文翁治蜀考論〉，《西南師範大學學報（人文社科版）》4（1980）：34-51。

何澤雨，〈四川高縣出土「半兩」錢範母〉，《考古》1（1982）：105。

何志國，〈中國最大的搖錢樹及其內涵〉，《文物天地》2（1998）：45-48。

＿＿＿，〈西南地區的漢魏搖錢樹研究〉收錄於中國漢畫學會編，《中國漢畫研究 第二卷》（桂林：廣西師範大學出版社，2006），19-38。

＿＿＿，〈論四川漢代西王母圖像的起源〉，《中華文化論壇》2（2007）：27-32。

東晉次，〈後漢時代の選舉と地方社會〉，《東洋史研究》46.2（1987）：33-60。

＿＿＿，《後漢時代の政治と社會》（名古屋：名古屋大學出版社，1995）。

李伯謙，〈對三星堆文化若干問題的認識〉，《考古學研究》3（1997）：84-94。

李大明，〈相如詞賦研究〉，《巴蜀文化研究》（第一輯）（成都：巴蜀書社，2004）。

李桂芳，〈儒學的傳播與漢代巴蜀的地方教育〉，《中華文化論壇》3（2005）：10-15。

李開元，《漢帝國的建立與劉邦集團：軍功受益階層研究》（北京：三聯書店，2000）。

李水城，〈近年來中國鹽業考古領域的新進展〉，《鹽業史研究》1（2003）：9–15。

李淞，《論漢代藝術中的西王母圖像》（長沙：湖南教育出版社，2000）。

李衛星，〈對四川漢畫「天門」圖像考釋之我見〉，《四川文物》3（1994）：59-61。

李學勤，〈青川郝家坪木牘研究〉，《文物》10（1982）：68-72。

李昭和，〈青川出土木牘文字簡考〉，《文物》1（1982）：24-27。

胡川安，〈由成都平原看中國古代多元走向一統的過程〉（臺北：國立臺灣大學歷史學研究所碩士論文，2006）。

＿＿＿，〈成都天府廣場 2010 年出土之裴君碑譯注〉，《史原》27（2015：9）：211-231。

＿＿＿，〈評 *Picturing Heaven in Early China*〉，《九州學林》34（2014：9）：293-305。

胡適，《中國中古思想史長編》（合肥：安徽教育出版社，2006）。

松岡数充，〈東シナ海沿岸の環境変遷〉收錄於松岡数充和安田喜憲編，《文明と環境 II：日本文化と民族移動》（京都：思文閣），頁 206-210。

板野長八，《儒教成立史の研究》（東京：岩波書店，1995）。

岡田功，〈楚国と呉起変法 —— 楚国の国家構造把握のために〉，《歴史学研究》490（1981：3）：15-30。

金春峰，《漢代思想史》（北京：中國社會科學出版社，1997）。

金發根，〈東漢黨錮人物的分析〉，《中央研究院歷史語言研究所集刊》34（1963）：505-558。

金國永，《司馬相如集校注》（上海：上海古籍出版社，1993）。

房銳，〈文翁化蜀與儒學傳播〉，《中華文化論壇》2005（4）：88-91。

段渝，〈論秦漢王朝對巴蜀的改造〉，《中國史研究》1（1999）：
　　23-35。

高明士，《唐代東亞教育圈的形成——東亞世界形成史的一側
　　面》（臺北：國立編譯館，1984）。

高維剛，《秦漢市場研究》（成都：四川大學出版社，2008）。

高文，〈四川漢代畫像石初探〉，《四川文物》4（1985）：4-8。

＿＿＿編，《四川歷代碑刻》（成都：四川大學出版社，1990）。

＿＿＿，〈野合圖考〉，《四川文物》1（1995）：19-20。

高文、高成剛，《中國畫像石棺藝術》（太原：山西人民出版
　　社，1996）。

常任俠編，《中國美術全集：繪畫編，18：畫像石畫像磚》
　　（上海：上海人民美術出版社，1988）。

馮漢驥，〈四川的畫像磚墓與畫像磚〉，《文物》11（1961）：
　　35-42。

＿＿＿，〈四川彭縣出土的銅器〉，《考古》1980（12）：38-47。

＿＿＿，《馮漢驥考古學論文集》（北京：文物出版社，1985）。

馮修齊，〈《桑間野合》畫像磚考釋〉，《四川文物》3（1995）：
　　60-62。

崔向東，《漢代豪族地域性研究》（北京：中華書局，2012）。

重慶市文化局、重慶市博物館編，《四川漢代石闕》（北京：文物出版社，1992）。

重慶巫山縣文物管理所、中國社會科學院考古研究所三峽工作隊，〈重慶巫山縣東漢鎏金銅牌飾的發現與研究〉，《考古》12（1998）：77-86。

洪石，《戰國秦漢漆器研究》（北京：文物出版社，2006）。

侯虹，〈蒲江鹽井的開發與西漢四川鹽鐵經濟的發展型態〉，《鹽業史研究》3（2002）：18-27.

侯外廬，《中國思想通史》（第二卷）（北京：人民出版社，1957）。

郭德維，〈蜀楚關係新探〉，《考古與文物》1（1991）：91-97。

郭君銘，〈「方言」的創作與揚雄的民族思想〉，《中華文化論壇》43（2004：3）：55-58。

郭榮章，《石門摩崖刻石研究》（西安：陝西人民美術出版社，1985）。

郭勝強，〈蜀與殷商關係芻論——從甲骨文記載談起〉，《鄭州大學學報（哲學社會科學版）》4（2004）：13-20。

陳德安，〈三星堆遺址〉，《四川文物》1（1991）：63-66。

陳德安、魏學峰、李偉綱，《三星堆：長江上游文明中心探索》（成都：四川人民出版社，1998）。

陳芳妹，〈藝術與宗教——以商代青銅藝術的發展與隨葬禮制的互動為例〉，《故宮學術季刊》18.3（2001）：1-92。

陳夢家，〈古文字中之商周祭祀〉，《燕京學報》19（1936）：131-133。

＿＿＿，〈殷墟卜辭綜述〉（北京：中華書局，2013）。

陳明達，〈漢代的石闕〉，《文物》12（1961）：9-10。

陳伯楨，〈世界體系理論觀點下的巴楚關係〉，《南方民族考古》6（2010）：41-68。

陳顯雙，〈四川成都曾家包東漢畫像磚石墓〉，《文物》10（1981）：34-44。

陳彥良，〈先秦法家制度思想研究〉（新竹：清華大學博士論文，2003）。

＿＿＿，〈先秦黃金與國際貨幣系統的形成——黃金的使用與先秦國際市場〉，《新史學》15：4（2004：12）：1-40.

陳顯丹，〈廣漢三星堆一、二號坑兩個問題的探討〉，《文物》1989（5）：11-16。

陳雲洪，〈四川漢代高祿圖畫像磚初探〉，《四川文物》1（1995）：15-18。

陳偉編，《里耶秦簡牘校釋》（第一卷）（武漢：武漢大學出版社，2012）。

黃劍華，〈三星堆文明與中原文明的關係〉，《中原文物》2001（4）：51-56。

黃家祥，〈四川青川縣出土九年呂不韋戈考〉，《文物》1992（11）：23-28。

黃留珠，《秦漢仕進制度》（西安：西北大學出版社，1985）。

黃曉芬，《漢墓的考古學研究》（長沙：嶽麓書社，2003）。

寒峰，〈甲骨文所見的商代軍制數則〉收錄於胡厚宣編，《甲骨探史錄》（北京：三聯書店，1982），頁416-418。

程元敏，〈東漢蜀楊厚經緯學宗傳〉《國立編譯館館刊》17.1（1988）：31-48。

福井重雅，《漢代儒教の史的研究》（東京：汲古書院，2005）。

黎小龍，〈戰國秦漢西南邊疆思想的區域性特徵初探〉，《中國邊疆史地研究》4（2000）：9-15。

鄧聰，〈東亞先秦牙璋諸問題〉，《中國文化研究所學報》6（1997）：325-333。

鄧自欣、田尚，〈試論都江堰經久不衰的原因〉，《中國史研究》3（1986）：101-110。

鄧星盈、黃開國，〈試論嚴君平的學術思想〉，《社會科學戰線》6（1997）：72-77。

葛劍雄、吳松弟、曹樹基，《中國移民史》（第二卷）（福州：

福建人民出版社，1997）。

葛兆光，《屈服史及其他：六朝隋唐道教的思想史研究》（北京：三聯書店，2003）。

顧頡剛，〈古代巴蜀與中原的關係說及其批判〉，《中國文化研究彙刊》1（1941）：229-230。

韓樹峰，〈論秦漢時期的「老」〉，《簡帛》13（上海：上海古籍出版社，2016），頁165-183。

紀國泰，《西道孔子——揚雄》（成都：巴蜀書社，2012）。

荊州地區博物館，〈記江陵岑河廟興八姑臺出土商代銅尊〉，《文物》8（1993）：31, 67-68。

喀左縣文化館，〈遼寧喀左縣北洞村出土的殷周青銅器〉，《考古》6（1974）：364-372。

藍勇，《西南歷史文化地理》（成都：西南師範大學出版社，1997）。

____，〈漢代的豪強及其政治上的關係〉收錄於《古代中國的歷史與文化》（上冊）（臺北：聯經出版，2006），頁132-163。

雷家驥，《中古史學觀念史》（臺北：學生書局，1990）。

廖伯源，〈論漢代徙置邊疆民族於塞內之政策〉收錄於吉林大

學古籍研究所編，〈1-6世紀中國北方邊疆‧民族‧社會國際學術研討會論文集〉（北京：科學出版社，2008）。

劉士莪、趙叢倉，〈論陝南城、洋地區青銅器及其與早期蜀文化的關係〉，收錄於《三星堆與巴蜀文化》（成都：巴蜀書社，1993），頁203-211。

劉文傑、余德章，〈四川漢代陂塘水田模型考述〉，《農業考古》1（1983）：132-135。

劉增貴，《漢代婚姻制度》（臺北：華世出版社，1980）。

＿＿，〈漢代豪族研究—豪族的士族化與官僚化〉（臺北：國立臺灣大學歷史學研究所博士論文，1985）。

＿＿，〈漢代的益州士族〉，《中央研究院歷史語言研究所集刊》60：4（1989：12）：527-577。

＿＿，〈漢代畫像闕的象徵意義〉，《中國史學》10（2000）：97-127。

劉志遠，〈考古材料所見漢代的四川農業〉，《文物》12（1979）：61-69。

＿＿，《四川漢代畫像磚與漢代社會》（北京：文物出版社，1983）。

魯剛，〈雲南昭通〈孟孝琚碑〉史料價值舉隅〉，《中國邊政》141（1998）：14。

盧連成，〈寶雞茹家莊、竹園溝墓地有關問題的探討〉，《文物》2（1983）：12-20。

盧連成、胡智生，《寶雞強國墓地》（北京：文物出版社，1988）。

盧雲，《漢晉文化地理》（西安：陝西人民教育出版社，1991）。

羅二虎，《秦漢時代的中國西南》（成都：天地出版社，2000）。

＿＿＿，〈四川崖墓的初步研究〉，《考古學報》2（1988）：133-68。

＿＿＿，〈西南絲綢之路的考古調查〉，《南方民族考古》5（1993）：372-396。

＿＿＿，〈漢代畫像石棺〉（成都：巴蜀書社，2002）。

羅開玉，〈秦在巴蜀地區的民族政策試析——從雲夢秦簡中得到的啟示〉，《民族研究》4（1982）：27-33。

＿＿＿，《中國科學神話宗教的協合：以李冰為中心》（成都：巴蜀書社，1989）。

＿＿＿，〈秦漢工室、工官初論——四川考古資料巡禮之一〉收錄於四川師範大學歷史系編，《秦漢史論叢》（成都：巴蜀書社，1986）。

馬彪，《秦漢豪族社會研究》（北京：中國書店，2002）。

馬非百，《秦集史》（下冊）（北京：中華書局，1982）。

間瀬收芳，〈秦帝国形成過程の一考察〉，《史林》67.1（1984：1）：1-33。

增淵竜夫，〈漢代における民間秩序の構造と任俠的習俗〉，《一橋論叢》26.5（1951）：97-139。

＿＿＿，〈後漢党錮事件の史評について〉收錄於《中国古代の社会と国家》（東京：1996），頁296-331。

蒙文通，〈巴蜀史的問題〉，《四川大學學報》5（1959）：23。

＿＿＿，《巴蜀古史論述》（成都：四川人民出版社，1981）。

孟露夏（Mengoni, Luisa），〈西元前5-2世紀成都平原的社會認同與墓葬實踐〉，《南方民族考古》6（2010）：99-112。

森正夫，《旧中国における地域社会の特質》平成2-5（1990-93）年度科学研究費補助金一般研究（A）研究成果報告書（名古屋：友人社，1994）。

永田英正編，《漢代石刻集成》（第二卷）（京都：同朋舍，1994）。

難波純子，〈華中型青銅彝器の発達〉，《日本中国考古学会会報》8（1998）：1-31。

＿＿＿，《秦漢帝国》（東京：講談社，1974）。

彭邦本，〈古城、酋邦與古蜀共主政治的起源——以川西平原

古城群為例〉，《四川文物》2（2003）：18-25。

彭錦華，〈沙市郊區出土的大型銅尊〉，《江漢考古》4（1987）：12-18。

錢穆，《兩漢經學今古文平議》（臺北：東大圖書，1983）。

屈小強、李殿元、段渝編，《三星堆文化》（成都：四川人民出版社，1993）。

任繼愈，《中國哲學發展史——秦漢》（北京：人民出版社，1985）。

施勁松，《長江流域青銅器研究》（北京：文物出版社，2003）。

時殷弘，〈文明帝國主義的中國版本——司馬相如《難蜀父老》及其他〉，《文化縱橫》8（2011）：97-100。

島邦男，《殷墟卜辭研究》（東京：汲古書院，2004）。

睡虎地秦墓竹簡整理小組編，《睡虎地秦墓竹簡〔釋文注釋〕》（北京：文物出版社，1990）。

曾布川寬，〈崑崙山と昇仙圖〉，《東方學報》51（1979）：158-163。

宋治民，《蜀文化與巴文化》（成都：四川大學出版社，1998）。

＿＿，〈略論四川的秦人墓〉，《考古與文物》2（1984）：23-29。

孫華，〈關於三星堆器物坑若干問題的辨證〉，《四川文物》4
（1993）：21-25。

＿＿＿，〈成都十二橋遺址群分期初論〉收錄於四川省文物考
古研究所編，《四川考古論文集》（北京：文物出版社，
1996）。

＿＿＿，《四川盆地的青銅時代》（北京：科學出版社，2000）。

孫華、蘇榮譽，《神祕的王國——對三星堆文明的初步理解和
解釋》（成都：巴蜀書社，2003）。

孫作雲，〈洛陽西漢卜千秋墓壁畫考釋〉，《文物》6（1977）：
17-22。

孫智彬，〈忠縣中壩遺址的性質─鹽業生產的思考與探索〉，
《鹽業史研究》1（2003）：25-30。

佐藤武敏，《中國古代工業史の研究》（東京：吉川弘文館，
1962）。

唐長壽，〈四川樂山麻浩一號崖墓〉，《考古》2（1990）：
111-115。

＿＿＿，〈漢代墓葬門闕考辨〉，《中原文物》3（1991）：67-
74。

＿＿＿，《樂山崖墓和彭山崖墓》（成都：電子科技大學出版
社，1994）。

唐長孺，〈東漢末期的大姓名士〉收錄於氏著，《魏晉南北朝史論拾遺》（北京：中華書局，1983），26-27。

唐光孝，〈試析四川漢代葬俗中的商品化問題〉，《四川文物》5（2002）：53-60。

唐蘭，《天壤閣甲骨文存並考釋》（北京：輔仁大學，1939）。

陶德臣，〈中國古代茶葉國內市場的發展〉，《安徽史學》1（1999）：7-10。

田昌五，〈秦國法家路線的凱歌——讀雲夢出土秦簡札記〉，《文物》6（1976）：15-19。

田餘慶，〈說張楚〉收錄於《秦漢魏晉史探微》（北京：中華書局，1993），頁1-29。

童恩正，《古代的巴蜀》（重慶：重慶出版社，2004）。

＿＿＿，〈試論我國從東北到西南的邊地半月形文化傳播帶〉收錄於氏著，《南方文明》（重慶：重慶出版社，2004），頁134-146。

鶴間和幸，〈漢代豪族の地域的性格〉，《史学雑誌》87.12（1978：12）：1677-1714。

＿＿＿，〈古代巴蜀的治水傳說及其歷史背景〉收錄於四川大學歷史系編，《中國西南的古代交通與文化》（成都：四川大學出版社，1994），頁131-14。

上田早苗，〈巴蜀の豪族と国家権力——陳寿とその祖先たち
　　を中心に〉，《東洋史研究》25.4（1967：3）：1-22。

宇都宮清吉，〈僮約研究〉收於氏著《漢代社會經濟史研究》
　　（東京：弘文堂，1955），頁 256-374。

渡邊義浩，《後漢国家の支配と儒教》（東京：雄山閣出版，
　　1995）。

魏京武，〈陝南巴蜀文化的考古發現與研究——兼論蜀與商周
　　的關係〉收錄於《三星堆與巴蜀文化》，頁 131-139。

信立祥，《漢代畫像石綜合研究》（北京：文物出版社，
　　2000）。

邢義田，〈中國皇帝制度的建立與發展〉收錄於氏著，《秦漢
　　史論稿》（臺北：東大圖書公司，1987），頁 43-84。

＿＿＿，〈允文允武：漢代官吏的一種典型〉收錄於氏著，《天
　　下一家：皇帝、官僚與社會》（北京：中華書局，2011）。

＿＿＿，〈東漢孝廉的身分背景〉收錄於氏著，《天下一家：皇
　　帝、官僚與社會》，頁 285-354。

＿＿＿，〈漢代壁畫的發展和壁畫墓〉收錄於氏著，《畫為心聲：
　　畫像石、畫像磚與壁畫》（北京：中華書局，2011），頁
　　9-27。

熊偉業，《司馬相如研究》（成都：電子科技大學出版社，
　　2013）。

徐復觀，《兩漢思想史》（第二卷）（臺北：學生書局，2000）。

徐中舒，《論巴蜀文化》（成都：四川人民出版社，1982）。

許倬雲，〈西漢政權與社會勢力的交互作用〉，《中央研究院歷史語言研究所集刊》35（1964）：261-281。

＿＿＿，〈漢代中國體系的網絡〉收錄於《中國歷史論文集》（臺北：臺灣商務印書館，1986），頁1-28。

嚴耕望，《兩漢太守刺史表》（上海：商務印書館，1948）。

＿＿＿，《中國地方行政制度史：秦漢地方行政制度》（臺北：中央研究院歷史語言研究所，1961）。

＿＿＿，〈漢唐褒斜道考〉，《新亞學報》8.1（1967）：101-56。

＿＿＿，〈秦漢郎吏制度考〉，《中央研究院歷史語言研究所集刊》23（1951）：89-143。

＿＿＿，〈戰國時代列國民風與生計——兼論秦統一天下之背景〉收錄於氏著，《嚴耕望史學論文選集》（臺北：聯經出版，1991），頁95-112。

楊靜剛，〈《山海經》的作者及時代及其與四川漢代畫像磚石上所見之西王母〉，《九州學林》6.2（2008：6）：2-55。

楊寬，〈論商鞅變法〉，《歷史教學》5（1955）：30-35。

＿＿＿，《戰國史》（臺北：臺灣商務印書館，1997）。

＿＿＿＿，〈秦都咸陽西「城」東「郭」連結的布局〉，收錄於氏
　　著，《中國古代都城制度史研究》（上海：上海人民出版
　　社，2003），頁 96-103。

＿＿＿＿，〈釋青川秦牘的田畝制度〉，收錄於氏著，《楊寬古史
　　論文選集》（上海：上海人民出版社，2003），頁 35-39。

＿＿＿＿，〈穆天子傳真實來歷的探討〉，《中華文史論叢》55
　　（1996）：182-204。

楊聯陞，〈東漢的豪族〉，《清華學報》11：4（1936）：1007-
　　1063。

楊民，《秦漢西晉中央與巴蜀地方關係研究》（成都：巴蜀書
　　社，2011。

楊善群，〈《穆天子傳》的真偽及其史料價值〉，《中華文史論
　　叢》54（1995）：227-251。

楊生民，〈僮約新探〉，《中國史研究》1986（3）：26-35。

＿＿＿＿，〈漢武帝「罷黜百家，獨尊儒術」新探——兼論漢武帝
　　「尊儒術」與「悉延（引）百端之學」〉，《首都師範大學
　　學報》5（2000）：6-11。

楊偉立，〈賨人建國始略〉，《西南民族大學學報》3（1980）：
　　42-50。

楊遠，〈西漢鹽、鐵、工官的地理分布〉，《香港中文大學中
　　國文化研究所學報》9（1978）：219-244.

楊煜達，《南中大姓與爨氏家族研究》（北京：民族出版社，2002）。

＿＿＿，〈試論漢魏時期南中地區大姓的形成和漢族社會的嬗變〉，《民族研究》5（2003）：75-82。

楊兆榮，〈西漢南越王相呂嘉遺族入滇及其歷史影響試探〉，《中國史研究》4（2004）：23-33。

葉紅，〈司馬相如和漢武帝時代的西南開發〉，《西南民族學院學報（哲學社會科學版）》21.9（2000）：126-128。

閻步克，〈「奉天法古」的王莽「新政」〉，收錄於氏著，《士大夫政治演生史稿》（北京：北京大學出版社，1998），頁360-411。

閻秀霞，〈兩漢蜀郡太守考述〉，《鄭州航空工業管理學院學報（社會科學版）》26：1（2007：2）：48-49。

吉川忠夫，〈蜀における讖緯の學の傳統〉收錄於安居香山編，《讖緯思想の綜合的研究》（東京：国書刊行会，1984），頁193-215。

余德章、劉文傑，〈試論四川漢代畫像磚的分布地區、刻塑技法及其史料價值〉，《考古與文物》5（1986）：13-17。

岳陽市文物管理所，〈岳陽市新出土的商周青銅器〉，《湖南考古輯刊》2（1984）：26-28。

俞偉超、李家浩，〈馬王堆一號漢墓出土漆器製地諸問題：

從成都市府作坊到蜀郡工官作坊的歷史變化〉,《考古》
1975(6):344-348。

余英時,〈東漢政權之建立與士族大姓之關係〉收錄於氏著,
《中國知識階層史論:古代篇》(臺北:聯經出版,1980),
頁109-203。

_____,〈漢代循吏與文化傳播〉,收錄於氏著《中國思想傳統
的現代詮釋》(臺北:聯經出版,1987),頁67-258。

_____,〈漢代循吏與文化傳播〉收錄於氏著《中國思想傳統的
現代詮釋》(臺北:聯經出版,1987),頁217-285。

張昌平,〈論殷墟時期南方的尊和罍〉,《考古學集刊》15
(2004:2):116-128。

張榮芳,〈論兩漢太學的歷史作用〉,《中山大學學報(哲學
社會科學版)》2(1990):68-76。

張肖馬,〈「祭祀坑說」辨析〉,收錄於四川省文物考古研究
所編,《四川考古論文集》(北京:文物出版社,1996),
頁70-78。

張勛燎,〈成都東御街出土漢碑為漢代文翁石室學堂遺存
考——從文翁石室、周公禮殿到錦江書院發展史簡論〉,
《南方民族考古》8(2012):107-172。

張增祺,《滇國與滇文化》(昆明:雲南美術出版社,1997)。

趙殿增,〈天門考——兼論四川漢畫像磚石的組合與主題〉,

《四川文物》6（1990）：3-11。

鍾柏生，《殷商卜辭地理論叢》（臺北：藝文印書館，1989）。

趙叢倉，〈城固洋縣銅器群綜合研究〉，《文博》4（1996）：17-25。

鄭德坤，《四川古代文化史》（成都：巴蜀書社，2004）。

鄒衡，〈三星堆文化與夏商文化的關係〉，收錄於《四川考古論文集》，頁 57-58。

三、西文參考文獻

Allard, Francis. "Frontiers and Boundaries: The Han Empire from Its Southern Periphery." In Miriam T. Stark ed., *Archaeology of Asia*, 233-254. Oxford: Blackwell Publishing, 2006.

Alcock, Susan E. et al., eds., *Empires: Perspectives from Archaeology and History*. Cambridge: Cambridge University Press, 2001.

Bagley, Robert W. "P'an-lung-ch'eng: A Shang City in Hubei." *Artibus Asiae* 39 (1977): 165-219.

_____. *Shang Ritual Bronzes in the Arthur M. Sackler Collections*. Cambridge: Harvard University Press, 1987.

_____. "Sacrificial Pits of the Shang Period at Sanxingdui in

Guanghan County, Sichuan Province." *Arts Asiatiques* 43 (1988): 78-86

____. "A Shang City in Sichuan Province." *Orientations* 21.11(1990): 52-67.

____. "Changjiang Bronzes and Shang Archaeology." In National Palace Museum ed., *Zhonghua minguo jianguo bashinian Zhongguo yishu wenwu taolunhui: qiwu*；《中華民國建國八十年中國藝術文物討論會：器物》（臺北：國立故宮博物院，1992），頁 209-255。

____. "Shang Archaeology." In Michael Loewe and Edward L. Shaughnessy eds., *The Cambridge History of Ancient China: From the Origins of Civilization to 221 B.C.*, 232-291. Cambridge: Cambridge University Press, 1999.

____, ed. *Ancient Sichuan: Treasures from a Lost Civilization.* Princeton: Princeton University Press, 2001.

Barbieri-Low, Anthony. *Artisans in Early Imperial China.* Seattle: University of Washington Press, 2007.

Bauman, Zygmunt. *Culture as Praxis.* London: Sage, 1999.

Berkowitz, Alan J. *Patterns of Disengagement: The Practice and Portrayal of Reclusion in Early Medieval China.* Stanford: Stanford University Press, 2000.

Bielenstein, Hans. "The Census of China during the Period 2-742 A.D." *Bulletin of the Museum of Far Eastern Antiquities* 19 (1947): 125-163.

＿＿＿. "Lo-yang in Later Han Times." *Bulletin of the Museum of Far Eastern Antiquities* 48 (1976): 1-147.

Bunker, Emma C. "Gold in the Ancient Chinese World: A Cultural Puzzle." *Artibus Asiae* 53:1/2 (1993): 27-50.

Burbank, Jane, and Frederick Cooper. *Empires in World History: Power and the Politics of Difference.* Princeton: Princeton University Press, 2010.

Burkhart, Louise. *The Slippery Earth: Nahua-Christian Moral Dialogue in Sixteenth-Century Mexico.* Tucson: University of Arizona Press, 1989.

Cammann, Schuyler. "Archaeological Evidence for Chinese Contacts with India during the Han Dynasty." Sinologica 5.1 (1956): 6-23.

Chang Chun-shu 張春樹 . *The Rise of the Chinese Empire, Volume One: Nation, State, & Imperialism in Early China, ca. 1600 B.C.-A.D. 8.* Ann Arbor: University of Michigan Press, 2007.

＿＿＿. *The Rise of the Chinese Empire, Volume Two: Frontier, Immigration, & Empire in Han China, 130 B.C.-157 A.D.* Ann Arbor: University of Michigan Press, 2007.

Chang Kwang-chih. *Shang Civilization*. New Haven: Yale University Press, 1980.

Chen Chi-yun. *Hsun Yueh (AD 148-209): The Life and Reflections of an Early Medieval Confucian*. Cambridge: Cambridge University Press, 1975.

____. "Han Dynasty China: Economy, Society, and State Power, a Review Article." *TP* 70 (1984): 127-148.

Chen Fa-Hu, Cheng Bo and Zhao Hui, et al. "Post-glacial Climate Variability and Drought Events in the Monsoon Transition Zone of Western China." In David B. Madsen, Fa-Hu Chen and Xing Gao eds., *Late Quaternary Climate Change and Human Adaptation in Arid China*, 25-39. Amsterdam and New York: Elsevier, 2007.

Chen Pochan. "Salt Production and Distribution from the Neolithic Period to the Han Dynasty in the East Sichuan Basin, China." PhD dissertation, UCLA, 2004.

Chen Xuan. *Eastern Han (AD 25-220) Tombs in Sichuan*. Oxford: Archaeopress, 2015.

Ching, Leo T. S. "Colonizing Taiwan." In idem, *Becoming Japanese: Colonial Taiwan and the Politics of Identity Formation*, 28-57. Berkeley: University of California Press, 2001.

Chou Wan-yao. "The *Kōminka* Movement: Taiwan under Wartime Japan, 1937-1945." Ph.D dissertation, Yale University, 1992.

Conklin, Alice L. *A Mission to Civilize: The Republican Idea of Empire in France and West Africa 1895–1930.* Stanford: Stanford University Press, 1983.

Csikszentmihalyi, Mark, and Michael Nylan. "Constructing Lineages and Inventing Traditions through Exemplary Figures in Early China." *TP* 89 (2003): 59-99.

Ch'ü T'ung-tsu. *Han Social Structure.* Seattle and London: University of Washington Press, 1972.

de Blij, Harm. *The Power of Place: Geography, Destiny, and Globalization's Rough Landscape.* Oxford: Oxford University Press, 2009.

de Crespigny, Rafe. "Political Protest in Imperial China: The Great Proscription of Later Han, 167-184." *Papers in Far Eastern History* 11 (1975): 1-36.

____. "Politics and Philosophy under the Government of Emperor Huan 159-168 A.D." *TP* 66 (1980): 41-83.

____. *A Biographical Dictionary of Later Han to the Three Kingdoms (23-220 AD).* Leiden: Brill, 2007.

DeWoskin, Kenneth. *Doctors, Diviners, and Magicians of Ancient China: Biographies of Fang-shih.* New York: Columbia University Press, 1983.

Doyle, Michael. *Empires.* Ithaca: Cornell University Press, 1986.

Dull, Jack. "A Historical Introduction to the Apocryphal (Ch'an-wei) Texts of the Han Dynasty." PhD dissertation, University of Washington, 1966.

_____. "Determining Orthodoxy." In Frederick P. Brandauer and Huang Chuan-chieh eds., *Imperial Rulership and Cultural Change in Traditional China,* 3-27. Seattle: University of Washington Press.

Duara, Prasenjit. *Rescuing History from the Nation: Questioning Narratives of Modern China.* Chicago: University of Chicago Press, 1995.

Ebrey, Patricia Buckley. *The Aristocratic Families of Early Imperial China: A Case Study of the Po-ling Ts'ui Family.* Cambridge: Cambridge University Press, 1978.

_____. "Later Han Stone Inscriptions." *Harvard Journal of Asiatic Studies* 40: 2 (1980): 325-353.

_____. "Patron-Client Relations in the Late Han." *Journal of the American Oriental Society* 103 (1983): 533-542.

____. "Toward a Better Understanding of the Later Han Upper Class." In Albert E. Dien ed., *State and Society in Early Medieval China*, 49-72. Hong Kong: Hong Kong University Press, 1990.

Egami Namio 江上波夫. "Migration of the Cowrie-Shell Culture in East Asia." *Acta Asiatica* 26 (1974): 1-52.

Erickson, Susan N. "Eastern Han Dynasty Cliff Tombs of Santai Xian, Sichuan Province." *Journal of East Asian Archaeology* 5 (2006): 401-469.

____. "Money Trees of the Eastern Han Dynasty." *Bulletin of the Museum of Far Eastern Antiquities* 66 (1994): 5-115.

Falkenhausen, Lothar von. "On the Historiographical Orientation of Chinese Archaeology." *Antiquity* 67 (1993): 839-850.

____. "The Regional Paradigm in Chinese Archaeology." In Philip L. Kohl and Clare Fawcett eds., *Nationalism, Politics and the Practice of Archaeology,* 198-216. Cambridge: Cambridge University Press, 1995.

____. "Some Reflections on Sanxingdui." In Xing Yitian 邢義田 ed., *Disan jie guoji Hanxue huiyi lunwen ji: zhong shiji yiqian de diyu wenhua, zongjiao yu yishu*；《第三屆國際漢學會議論文集：中世紀以前的地域文化、宗教與藝術》（臺北：中央研究院歷史語言研究所，2002），頁 59-97。

Farmer, Michael. "Art, Education, and Power: Illustrations in the Stone Chamber of Wen Weng." *TP* 86 (2000): 100-135.

_____. *The Talent of Shu: Qiao Zhou and the Intellectual World of Early Medieval China.* Albany: State University of New York Press, 2007.

Flad, Rowan K. *Salt Production and Social Hierarchy in Ancient China: An Archaeological Investigation of Specialization in China's Three Gorges.* Cambridge: Cambridge University Press, 2011.

Flad, Rowan, and Chen Pochan. *Ancient Central China: Centers and Peripheries along the Yangzi River.* Cambridge: Cambridge University Press, 2013.

Fu Poshek. *Passivity, Resistance, and Collaboration: Intellectual Choices in Occupied Shanghai, 1937-1945.* Stanford: Stanford University Press, 1993.

Gale, Esson M. *Discourses on Salt and Iron: a Debate on State Control of Commerce and Industry in Ancient China.* Leiden: Brill, 1931.

Ge Yan and Katheryn M. Linduff. "Sanxingdui: A New Bronze Age Site in Southwest China." *Antiquity* 64 (1990): 505-513.

Ge Yan. "The Coexistence of Artistic Styles and the Pattern of Interaction: Sanxingdui during the Second Millennium BC."

PhD dissertation, University of Pittsburgh, 1997.

Gladney, Dru. *"Representing Nationality in China*: *Refiguring Majority / minority Identities."* Journal of Asian Studies 53.1 (1994:2): 92-123.

Glahn, Richard von. *The Country of Streams and Grottoes: Expansion, Settlement, and the Civilizing of the Sichuan Frontier in Song Times.* Cambridge: Harvard University, 1987.

_____. *The Economic History of China: From Antiquity to the Nineteenth Century.* Cambridge: Cambridge University Press, 2016.

Goldin, Paul R. "The Motif of the Woman in the Doorway and Related Imagery in Traditional Chinese Funerary Art." *Journal of the American Oriental Society* 121 (2001): 539-548.

Gosden, Chris. *Archaeology and Colonialism: Cultural Contact from 5000 BC to the Present.* Cambridge: Cambridge University Press, 2004.

Harrell, Stevan. "Civilizing Projects and the Reaction to Them." In idem ed., *Cultural Encounters in China's Ethnic Frontiers,* 3-36. Seattle: University of Washington Press, 1995.

Harrist, Robert. *The Landscape of Words: Stone Inscriptions in Early and Medieval China.* Seattle: University of Washington Press, 2008.

Herman, John. *Amid the Clouds and Mist: China's Colonization of Guizhou, 1200-1700.* Cambridge: Harvard University Press, 2007.

Hingley, Richard. *Globalizing Roman Culture: Unity, Diversity and Empire.* London: Routledge, 2005.

Hou, Sharon S. J. "Wang Bao." In William Nienhauser, Jr., ed., *The Indiana Companion to Traditional Chinese Literature,* 871-892. Bloomington: Indiana University Press, 1986.

Huang Yijun 黃義軍, "Chang'an's Funerary Culture and the Core Han Culture", In Michael Nylan and Griet Vankeerberghen, eds., *Chang'an 26 BCE: An Augustan Age in China,* 153-174. Seattle: Washington University Press, 2015.

Hulsewé, A. F. P. (Hulsewé, Anthony). *China in Central Asia.* Leiden: Brill, 1979.

＿＿＿. *Remnants of Ch'in Law: An Annotated Translation of the Ch'in Legal and Administrative Rules of the 3rd Century B.C. Discovered in Yun-meng Prefecture, Hu-pei Province, in 1975.* Leiden: Brill, 1985.

Hui, Victoria Tin-bor. *War and State Formation in Ancient China and Early Modern Europe.* Cambridge: Cambridge University Press, 2005.

Hurst, Henry, and Sara Owen eds. *Ancient Colonization: Analogy,*

Similarity and Difference. London: Duckworth, 2005.

Jablonski, Witold. "Wen Weng." *Rocznik Orientalistyczny* 21 (1957): 135-136.

James, Jean M. "An Iconographic Study of Xiwangmu during the Han Dynasty." *Artibus Asiae* 55 (1995): 17-41.

Jerónimo, M. B. *The 'Civilising Mission' of Portuguese colonialism*. Hampshire: Palgrave Macmillan, 2015.

Keay, Simon, and Nicola Terrenato eds. *Italy and the West: Comparative Issues in Romanization*. Oxford: Oxbow Press, 2001.

Keightley, David N. *Sources of Shang History: The Oracle-Bone Inscriptions of Bronze Age China*. Berkeley: University of California Press, 1978.

____. "The Shang: China's First Historical Dynasty." In Michael Loewe and Edward L. Shaughnessy eds., *The Cambridge History of Ancient China: From the Origins of Civilization to 221 B.C.*, 232-291. Cambridge: Cambridge University Press, 1999.

Kern, Martin. *The Stele Inscriptions of Ch'in Shih-huang: Text and Ritual in Early Chinese Imperial Representation*. New Haven: American Oriental Society, 2000.

_____. "The "Biography of Sima Xiangru" and the Question of the *Fu* in Sima Qian's *Shiji.*" *Journal of the American Oriental Society* 123.2 (2003): 303-316

Kleeman, Terry. *Great Perfection: Religion and Ethnicity in a Chinese Millennial Kingdom.* Hawaii: University of Hawaii Press, 1998.

Knauer, Elfriede R. "The Queen Mother of the West: A Study of the Influence of Western Prototypes on the Iconography of the Taoist Deity." In Victor H. Mair ed., *Contact and Exchange in the Ancient World,* 62-115. Honolulu: University of Hawaii Press, 2006.

Knechtges, David R. *The Han Rhapsody: A Study of the Fu of Yang Hsiung (53 BC – AD 18).* Cambridge: Cambridge University Press, 1976.

_____. *The Biography of Yang Xiong (53 BC–AD 18).* Tempe: Center for Asian Studies, Arizona State University, 1982.

_____. "The Liu Hsin/Yang Hsiung Correspondence on the *Fang Yan.*" *Monumenta Serica* 33 (1977-78): 318-25.

_____. "Uncovering the Sauce jar: a Literary Interpretation of Yang Hsiung's 'Chu Ch'in mei Hsin.'" In David T. Roy and Tsien Tsuen-hsuin eds., *Ancient China: Studies in Early Civilization,* 229-252. Hong Kong: The Chinese University Press, 1978.

Kramers, Robert P. "The Development of the Confucian Schools." In Denis Twitchett and Michael Loewe eds., *The Cambridge History of China vol. 1: The Ch'in and Han Empires, 221 B.C.–A.D. 220*, 747-765. Cambridge: Cambridge University Press, 1986.

Kyong-McClain, Jeffrey, and Geng Jing. "D. C. Graham in Chinese Intellectual History: Foreigner as National Builder." In D. M. Glover et al. eds., *Explorers and Scientists in China's Borderlands, 1880-1950*, 211-239. Seattle: University of Washington Press, 2011.

Lao Kan. "Population and Geography in the Two Han Dynasties." In E-Tu Zen Sun and John de Francis eds., *Chinese Social History: Translations of Selected Studies*, 83-102. Washington, DC: American Council of Learned Societies, 1956.

Leslie, D. D., and K. H. J. Gardiner, The Roman Empire in Chinese Sources. Rome: Department of Oriental Studies, University of Rome, 1996.

Lewis, Mark Edward. *The Early Chinese Empires: Qin and Han.* Cambridge and London: The Belknap Press of Harvard University Press, 2007.

Li Feng. "'Feudalism' and Western Zhou China: A Criticism." *Harvard Journal of Asiatic Studies* 63.1 (2003): 115-144.

_____. *Landscape and Power in Early China*. Cambridge: Cambridge University Press, 2006.

_____. *Bureaucracy and the State in Early China: Governing the Western Zhou*. Cambridge: Cambridge University Press, 2008.

Lim, Lucy ed. *Stories from China's Past*. San Francisco: The Chinese Culture Foundation of San Francisco, 1987.

Lin Kuei-chen. "Pottery Production and Social Complexity of the Bronze Age Cultures on the Chengdu Plain, Sichuan, China." Ph.D dissertation, University of California, Los Angeles, 2013.

Liu Li and Chen Xingcan, *State Formation in Early China*. London: Duckworth, 2003.

Loewe, Michael. *Ways to Paradise: the Chinese Quest for Immortality*. London: George Allen and Unwin, 1979.

_____. *Chinese Ideas of Life and Death: Faith, Myth and Reason in the Han Period (202 BC–AD 220)*. London: George Allen & Unwin Ltd., 1982.

_____ ed., *Early Chinese Texts: a Bibliographical Guide*. Berkeley: The Society for the Study of Early China, 1993.

_____. *Divination, Mythology and Monarchy in Han China*.

Cambridge: Cambridge University Press, 1994.

____. *Dong Zhongshu, a 'Confucian' Heritage and the Chunqiu Fanlu.* Leiden: Brill, 2012.

Lyon, Claire, and John Papadopulos eds. *The Archaeology of Colonialism.* Los Angeles: Getty Research Institute, 2002.

Ma Lifang et al eds. *Geological Atlas of China.* Beijing: Geological Publishing House, 2002.

Mattingly, David, ed. *Dialogues in Roman Imperialism: Power, Discourse, and Discrepant Experiences of the Roman Empire.* Ann Arbor: Journal of Roman Archaeology, 1997.

____. *Imperialism, Power and Identity: Experiencing the Roman Empire.* Princeton: Princeton University Press, 2010.

Mengoni, Luisa. "Identity Formation in a Border Area: The Cemeteries of Baoxing, Western Sichuan (Third Century BCE - Second Century CE)." *Journal of Social Archaeology* 10:2 (2010): 198-229.

Moseley, George. *The Consolidation of the South China Frontier.* Berkeley: University of California Press, 1973.

Mutschler, Fritz-Heiner, and Achim Mittag eds. *Conceiving the Empire: Rome and China Compared.* Oxford University Press, 2008.

Needham, Joseph. *Science and Civilisation in China*, vol. 2. Cambridge: Cambridge University Press, 1956.

Nienhauser, William H., Jr. et al., trans. *The Grand Scribe's Records Volume VII.* Bloomington: Indiana University Press, 1994.

Nylan, Michael. *The Canon of Supreme Mystery: A Translation with Commentary of the T'ai Hsüan Ching.* Albany: State University of New York Press, 1993.

____. "The Chin Wen/Ku Wen Controversy in Han Times." *TP* 80 (1994): 45-83.

____. "Ordinary Mysteries: Interpreting the Archaeological Record of Han Sichuan." *Journal of East Asian Archaeology* 5 (2006): 375-400.

____. *Exemplary Figures: A Complete Translation of Yang Xiong's Fayan.* Seattle: University of Washington Press, 2013.

Osterhammel, Jürgen. *Colonialism: A Theoretical Overview.* Princeton: Markus Wiener Publishers, 2005.

Platt, Stephen. *Provincial Patriots: The Hunanese and Modern China.* Cambridge: Harvard University Press, 2007.

Powers, Martin J. *Art and Political Expression in Early China.* New Haven and London: Yale University Press, 1991.

_____. "Pictorial Art and Its Public in Early Imperial China." *Art History* 7.2 (1984): 135-63.

Pulleyblank, Edwin G. "The Roman Empire as Known to Han China." *Journal of the American Oriental Society* 119 (1999): 71-79.

Rawson, Jessica. "Statesmen or Barbarians, the Western Zhou as Seen Through Their Bronzes." *Proceedings of the British Academy* LXXV (1989): 71-95.

_____. "Contact between Southern China and Henan during the Shang Period." *Transactions of the Oriental Ceramic Society* 57 (1994): 1-24.

_____. *Mysteries of Ancient China: New Discoveries from the Early Dynasties.* New York: George Braziller, 1996.

_____. "Tombs and Tomb Furnishings of the Eastern Han Period (AD 25-220)." In Robert Bagley ed., *Ancient Sichuan: Treasures from a Lost Civilization,* 253-262. Princeton: Princeton University, 2000.

Ren Mei'e, Yang Renzhang and Bao Haosheng. *An Outline of China's Physical Geography.* Beijing: Foreign Languages Press, 1985.

Rice, Prudence. "Contexts of Contact and Change: Peripheries, Frontiers, and Boundaries." In J.G. Cusick ed., *Studies of*

Culture Contact: Interaction, Culture Change and Archaeology. Carbondale: Center for Archaeological Investigations, Southern Illinois University, 1998.

Sage, Steven F. *Ancient Sichuan and the Unification of China.* Albany: State University of New York Press, 1992.

Scheidel, Walter ed. *Rome and China: Comparative Perspectives on Ancient World Empires.* Oxford: Oxford University Press, 2009.

_____ ed. *State Power in Ancient China and Rome.* Oxford and New York: Oxford University Press, 2015.

Shaughnessy, Edward L. "Shang shu." In idem, *Rewriting Early Chinese Texts,* 370-375. Albany: SUNY, 2006.

Shelach, Gideon, and Yuri Pines. "Secondary State Formation and the Development of Local Identity: Change and Continuity in the State of Qin (770-221 B.C.)." In Miriam T. Stark ed., *Archaeology of Asia,* 202-230. Oxford: Blackwell Publishing, 2006.

Schwartz, Seth. *Imperialism and Jewish Society 200 B.C.E. to 640 C.E.* Princeton: Princeton University Press, 2001.

Shen, Chen. *Anyang and Sanxingdui: Unveiling the Mysteries of Ancient Chinese Civilizations.* Toronto: Royal Ontario Museum, 2002.

Shin, Leo K. *The Making of the Chinese State: Ethnicity and Expansion on the Ming Borderland.* Cambridge: Cambridge University Press, 2006.

Shryock, John K. *The Origin and Development of the State Cult of Confucius.* New York: Paragon, 1966.

Spence, J. E. "Kueichou: An Internal Chinese Colony." *Pacific Affairs* 13.2 (1940): 162-172.

Spencer-Oatey, Helen. "Unpacking Culture." In Helen Spencer-Oatey et al. eds., *Intercultural Interaction - A Multidisciplinary*, 13-49. London: Palgrave Macmillan, 2009.

Stein, Gil. *Rethinking World-Systems: Diasporas, Colonies, and Interactions in Uruk Mesopotamia.* Tuscon: Arizona University Press, 1999.

____. ed. *The Archaeology of Colonial Encounters: Comparative Perspectives.* Santa Fe: School of American Research, 2005.

Tomlinson, John. *Cultural Imperialism: A Critical Introduction.* London: Continuum, 1991.

Swann, Nancy Lee. *Food and Money in Ancient China: The Earliest Economic History of China to A.D. 25.* Princeton: Princeton University Press, 1950.

Thote, Alain. "The Archaeology of Eastern Sichuan at the End of the Bronze Age (5th to 3rd Century BC)." In Robert Bagley ed., *Ancient Sichuan: Treasures from a Lost Civilization*, 203－252. Princeton: Princeton University, 2000.

Tjan, Som Tjoe (Zhusen Zhen). *Po Hu T'ung Vol. 1.* Westport: Hyperion Press, reprint 1973.

Tong Enzheng. "Thirty Years of Chinese Archaeology (1949-1979)." In Philip Kohl and Clare Fawcett eds., *Nationalism, Politics and the Practice of Archaeology*, 177-97. Cambridge: Cambridge University Press, 1995.

Torrance, T. "Burial Customs in Sz-chuan." *Journal of the North China Branch of the Royal Asiatic Society* 41 (1910): 57-75.

Tseng, Lillian Lan-ying. "Picturing Heaven: Image and Knowledge in Han China." Ph.D dissertation, Harvard University, 2001.

＿＿. "Representation and Appropriation: Rethinking the TLV Mirror in Han China." *Early China* 29 (2004): 186-91.

＿＿. *Picturing Heaven in Early China.* Cambridge: Harvard University Press, 2011.

Tuan Yi-Fu. *Space and Place: The Perspective of Experience.* Minneapolis: University of Minnesota Press, 1977.

Vervoorn, Aat. "Zhuang Zhun: a Daoist Philosopher of the Late First Century B.C." *Monumenta Serica* 38 (1988-1989): 69-94.

____. *Men of the Cliffs and Caves: The Development of the Chinese Eremitic Tradition to the End of the Han Dynasty.* Hong Kong: Chinese University Press, 1990.

Wagner, Donald B. *Iron and Steel in Ancient China.* Leiden: Brill, 1993.

Watson, Burton. *Records of the Grand Historian of China: The Shih chi of Ssu-Ma Ch'ien Vol. 1.* New York: Columbia University Press, 1961.

Weber, Max. "Bureaucracy." In H. H. Gerth and C. Wright Mills trans. and eds., *From Max Weber: Essays in Sociology*, 198-204. New York: Oxford University Press, 1946.

Webster, Jane, and Nick Cooper eds. *Roman Imperialism: Post-colonial Perspectives.* Leicester: School of Archaeological Studies, University of Leicester, 1996.

White, Richard. *The Middle Ground: Indians, Empires, and Republics in the Great Lakes Region, 1650-1815.* Cambridge: Cambridge University Press, 1991.

Wilbur, Martin. S*lavery in China during the Former Han Dynasty, 206 B.C.—A.D. 25.* New York: Russell and Russell, 1967.

Williams, Caroline A. *Between Resistance and Adaptation: Indigenous Peoples and the Colonisation in the Choco,* 1510-1753. Liverpool: Liverpool University Press, 2005.

Wolf, Eric. *Europe and the People Without History.* Berkeley: University of California Press, 1982.

Woolf, Greg. "Beyond Roman and Natives." *World Archaeology* 28 (1997): 339-350.

_____. "The Roman Cultural Revolution in Gaul." In Simon Keay and Nicola Terrenato eds., *Italy and the West: Comparative Issues in Romanization,* 173-86. Oxford: Oxford University Press, 2001.

Wu Hung. "Myths and Legends in Han Funerary Art: Their Pictorial Structure and Symbolic Meanings as Reflected in Carvings on Sichuan Sarcophagi." In Lucy Lim ed., *Stories from China's Past,* 54-63.San Francisco: The Chinese Culture Foundation of San Francisco, 1987.

_____. "Xiwangmu, the Queen Mother of the West." *Orientations* 4 (1987): 24-33.

_____. *The Wu Liang Shrine: The Ideology of Early Chinese Pictorial Art.* Stanford: Stanford University Press, 1989.

_____. *Monumentality in Early Chinese Art and Architecture.* Stanford: Stanford University Press, 1995.

_____. "All about the Eyes: Two Groups of Sculptures from the Sanxingdui Culture." *Orientations* 28.8 (1997): 58-66.

_____. "Mapping Early Taoism: The Visual Culture of Wudoumi Dao." In Stephan Little and Shawn Eichman eds., *Taoism and the Arts of China,* 77-93. Chicago: University of Chicago Press, 2000.

Xu Zhuoyun (Hsu Cho-yun) 許倬雲. *Han Agriculture: The Formation of Early Chinese Agrarian Economy (206 B.C.-A.D. 220)*. Seattle and London: University of Washington Press, 1980.

_____. "The Roles of the Literati and of Regionalism in the Fall of the Han Dynasty." In Norman Yoffee and George L. Cowgill eds., *The Collapse of Ancient States and Civilizations*. 176-195. Tucson: University of Arizona Press, 1988.

_____. "The Activities and Influences of Fang-shih." *Asian Culture* 19.2 (1991): 59-86.

Yang Bin. *Between Winds and Clouds: The Making of Yunnan (Second Century BCE to Twentieth Century CE)*. New York: Columbia University Press, 2009.

Yang Lien-sheng. "An Additional Note on the Ancient Game Liu-po." *Harvard Journal of Asiatic Studies* 15 (1952): 138-39.

_____. "Great Families of the Eastern Han." In E-Tu Zen Sun and John de Francis eds., *Chinese Social History: Translations of Selected Studies*, 103-136. Washington, DC: American Council of Learned Societies, 1956.

Yates, Robin D. S. "Social Status in the Ch'in: Evidence from the Yun-meng Legal Documents, Part One: Commoners." *Harvard Journal of Asiatic Studies* 47.1 (1987): 197-237.

_____. "The City-State in Ancient China." In Deborah L. Nichols and Thomas H. Charlton eds., *The Archaeology of City-States: Cross-Cultural Approaches*, 71-90. Washington and London: Smithsonian Institution Press, 1997.

_____. "Law and the Military in Early China." In Nicola Di Cosmo ed., *Military Culture in Imperial China*, 23-44. Cambridge, MA: Harvard University Press, 2009.

_____. "Cosmos, Central Authority, and Communities in the Early Chinese Empire." In Susan E. Alcock et al., eds., *Empires, Perspectives from Archaeology and History*. Cambridge: Cambridge University Press, 2001.

_____. "Soldiers, Scribes, and Women: Literacy among the Lower Orders in Early China." In Li Feng and David Branner, eds., *Writing and Literacy in Early China,* 339-369. Washington: University of Washington Press, 2011.

Yü Ying-shih. *Trade and Expansion in Han China: A Study in the Structure of Sino-barbarian Economic Relations.* Berkeley: University of California Press, 1967.

____. "Han Foreign Relations." In Denis Twitchett and Michael Loewe eds., *The Cambridge History of China vol. 1: The Ch'in and Han Empires, 221 B.C.–A.D. 220*, 377-462. Cambridge: Cambridge University Press, 1986.

Zhen Dekun (Cheng Te-k'un). "An Introduction to Szechwan Archaeology." *West China Union University Museum Guide Book Series* 3 (1947): 1-34.

歷史大講堂

秦漢帝國與沒有歷史的人：殖民統治下的古代四川

2021年5月初版　　　　　　　　　　　　　　　定價：新臺幣390元
2021年11月初版第二刷
有著作權・翻印必究
Printed in Taiwan.

著　　　者	胡	川	安	
叢書編輯	黃	淑	真	
製　　　圖	蔡	杏	元	
	蓓	姬	拉	
校　　　對	馬	文	穎	
內文排版	極	翔企	業	
封面設計	許	晉	維	

出　版　者	聯經出版事業股份有限公司	副總編輯	陳　逸　華
地　　　址	新北市汐止區大同路一段369號1樓	總　編　輯	涂　豐　恩
叢書編輯電話	(02)86925588轉5322	總　經　理	陳　芝　宇
台北聯經書房	台北市新生南路三段94號	社　　　長	羅　國　俊
電　　　話	(02)23620308	發行人	林　載　爵
台中分公司	台中市北區崇德路一段198號		
暨門市電話	(04)22312023		
台中電子信箱	e-mail：linking2@ms42.hinet.net		
郵政劃撥帳戶第0100559-3號			
郵撥電話	(02)23620308		
印　刷　者	文聯彩色製版印刷有限公司		
總　經　銷	聯合發行股份有限公司		
發　行　所	新北市新店區寶橋路235巷6弄6號2樓		
電　　　話	(02)29178022		

行政院新聞局出版事業登記證局版臺業字第0130號

國家圖書館出版品預行編目資料

秦漢帝國與沒有歷史的人：殖民統治下的古代四川／
胡川安著．初版．新北市．聯經．2021年5月．336面＋8面彩色．
14.8×21公分（歷史大講堂）
ISBN 978-957-08-5831-0（平裝）
［2021年11月初版第二刷］

1.中國史 2.秦漢史 3.四川省

610.9   110007020